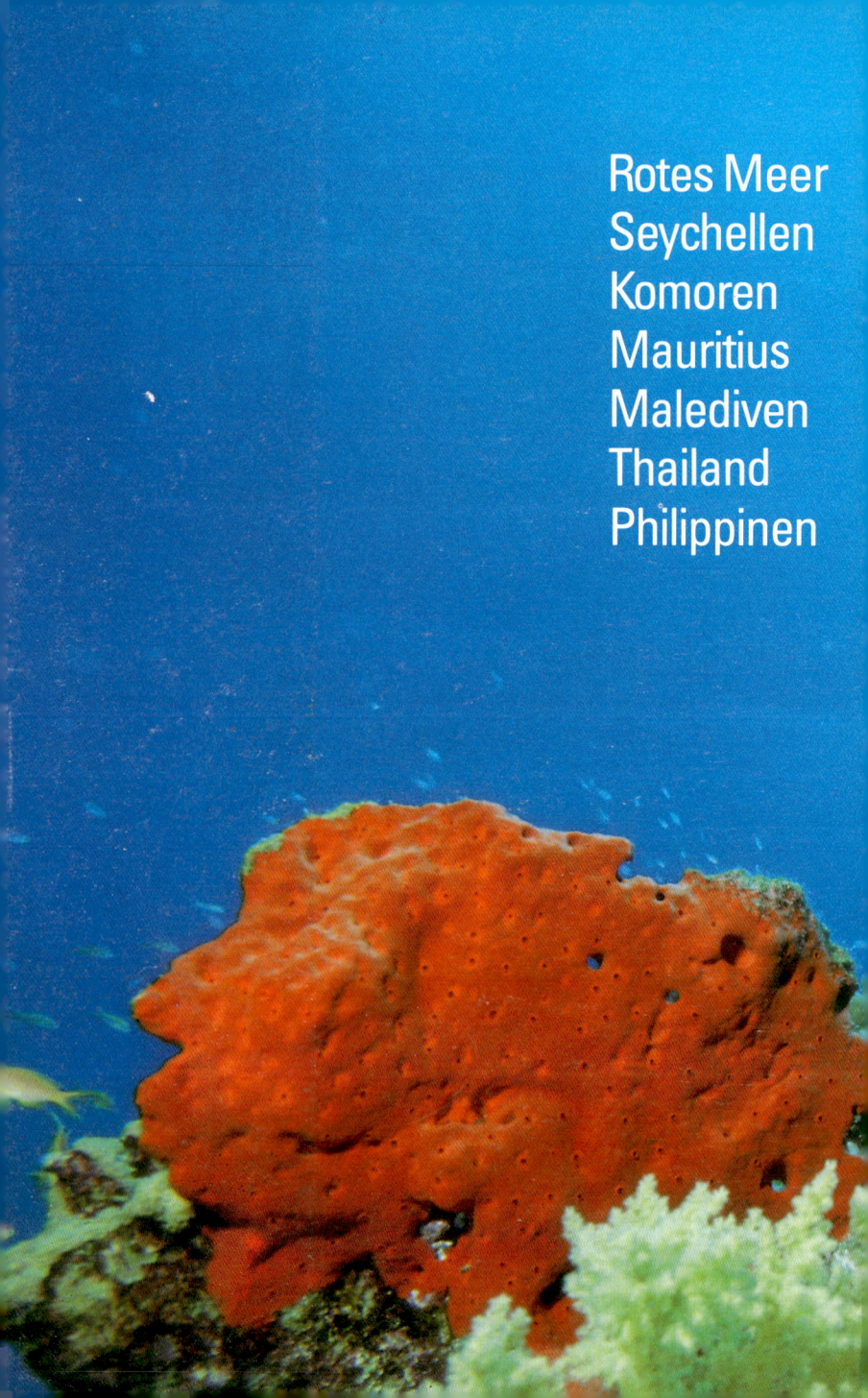

Rotes Meer
Seychellen
Komoren
Mauritius
Malediven
Thailand
Philippinen

Dieter Eichler

TROPISCHE MEERESTIERE

Bestimmungsbuch für Taucher und Schnorchler

BLV

Die Deutsche Bibliothek –
CIP-Einheitsaufnahme

Tropische Meerestiere: Bestimmungsbuch
für Taucher und Schnorchler; Rotes Meer,
Seychellen, Komoren, Mauritius, Malediven,
Thailand, Philippinen / Dieter Eichler. –
München; Wien; Zürich: BLV, 1991
    ISBN 3-405-14116-8
NE: Eichler, Dieter

Bildnachweis

DIVEMEDIA, Nürnberg: 209
P. Fischbacher: 65 u, 101 M, 159 M l, 187 u
E. Lieske: 195 o
A. Koffka: 89 u l
A. Rödiger/MTI-Press: 93 o
E. Schraml: 195 M l
UW-Fototechnik, A-Steyr: 208

Farbtafeln Seite 123, 145 und 171: E. Lieske

Alle anderen Fotos sowie die Grafiken
stammen vom Autor

Bestimmung der Fische und fachliche
Beratung: Ewald Lieske
Bestimmung der Wirbellosen: Dr. Dietrich
Kühlmann

Umschlagentwurf: F & H Werbeagentur
GmbH, München

BLV Verlagsgesellschaft mbH
München Wien Zürich
8000 München 40

Lektorat: Dr. Friedrich Kögel
Herstellung: Ernst Großkopf
Satz und Druck: Appl, Wemding
Bindung: Auer, Donauwörth

Printed in Germany · ISBN 3-405-14116-8

Inhalt

Hinweise zur Benutzung des Buches

Die Korallenriffe tropischer Meere sind der dichtbesiedeltste Lebensraum unserer Erde und erfreuen sich immer größerer Beliebtheit. Immer mehr Menschen suchen hier schnorchelnd oder tauchend Erholung und Entspannung. Die Freude, Neues zu entdecken, läßt in vielen den Wunsch aufkommen, mehr über das Gesehene zu erfahren. Die verwirrende Vielfalt unterschiedlicher Tiere oder Gebilde, die man zunächst gar nicht für Lebewesen hält, scheint unüberschaubar.

Ein Bestimmungsbuch über alle Arten wäre ein so umfangreiches Werk, daß man es nicht mit auf Reisen nehmen könnte und die Anschaffung wahrscheinlich für viele unerschwinglich wäre. So befassen wir uns hauptsächlich mit der Bestimmung häufiger Tiergruppen, die man anhand äußerer Merkmale erkennen kann. Auch Verhalten, Biotop und geografische Verbreitung können Aufschluß geben, zu welcher Familie oder Ordnung die Tiere gehören. Erwarten Sie also nicht, jedes Tier in diesem Buch zu finden, das Ihnen im Meer begegnet.

Die abgebildeten Arten wurden – soweit das möglich war – bestimmt. Niedere Tiere können aber oft nur dann genau bestimmt werden, wenn man sie tötet. Da dies aber weder im Sinne der meisten Taucher ist, noch sich mit dem heutigen Umweltbewußtsein vereinbaren läßt, wurde bei den in diesem Buch abgebildeten Tieren teilweise darauf verzichtet. Ebenso auf Zahlenangaben der Schuppen, Zähne und Flossenstrahlen. Es fehlen zum Teil auch deutsche Namen, weil solche noch nie in der Literatur verwendet wurden.

In diesem Buch finden Sie nur Tiere, die im Roten Meer und Indischen Ozean und einigen angrenzenden Gebieten vorkommen. Die Größenangaben der Tiere sind Maximalmaße, außer bei den Niederen Tieren; bei diesen sind die Größen nach den abgebildeten Arten geschätzt. Jede Tiergruppe ist auf 1 oder 2 Doppelseiten beschrieben und mit einigen Fotobeispielen versehen. Auf diese Weise können Sie beim Lesen optische Merkmale vergleichen ohne umblättern zu müssen. Die Erklärung der Fachwörter finden Sie auf Seite 219.

Bei den Abbildungen im Bestimmungsteil wurden auch die englischen Namen (in Klammern) genannt, damit bei Reisen in tropische Gebiete eine bessere Verständigung mit internationalem Publikum möglich ist.

Das Buch enthält 3 grafische Farbtafeln mit den entsprechenden Beschreibungen der Arten, die mir von dem Biologen Ewald Lieske aus seinem noch nicht veröffentlichtem Buch freundlicherweise zur Verfügung gestellt wurden. Ewald Lieske hat mir bei der Entstehung dieses Buches beratend zur Seite gestanden und mich in vielen Dingen unterstützt, wofür ich mich an dieser Stelle ganz herzlich bedanke.

Ferner danke ich den Biologen Dr. Doris Roth, Dr. Dietrich Kühlmann, Klaus Fiedler und dem Leiter der Sub-Aqua-Tauchbasis Axel Horn, Ellaidhoo Malediven, für ihre Unterstützung.

Auch den Tauchern der Tauchbasis SANTANA in Phuket, Thailand, die mir oft bei schwierigen Aufnahmen hilfreich zur Seite standen, möchte ich an dieser Stelle danken.

Das biologische System

Jeder Organismus ist nach entwicklungsgeschichtlicher Verwandtschaft bestimmten systematischen Gruppen zugeordnet. Dieses hierarchische System ist in seinem schematischen Aufbau bei jeder Art gleich. Am Beispiel des Imperator-Kaiserfisches wird es dargestellt.

Reich:	Tiere	Animalia
Unterreich:	Vielzeller	Metazoa
Abteilung:	Gewebetiere	Eumetazoa
Stamm:	Chordatiere	Chordata
Unterstamm:	Wirbeltiere	Vertebrata
Überklasse:	Fische	Pisces
Klasse:	Knochenfische	Osteichthyes
Ordnung:	Barschartige	Perciformes
Familie:	Kaiserfische	Pomacanthidae
Gattung:	Eigentliche Kaiserfische	*Pomacanthus*
Art:	Imperator-Kaiserfisch	*imperator*

Die wissenschaftliche Bezeichnung einer Art setzt sich aus 2 Namen zusammen: Der Gattung und der Art, in unserem Beispiel *Pomacanthus imperator*. In seltenen Fällen kann noch ein 3. Name hinzugefügt werden, der Unterarten oder Formen kennzeichnet. Häufig wird der wissenschaftlichen Bezeichnung der Name des Verfassers, der die Art erstmals beschrieben hat, nachgestellt.

Das System ist nicht starr und wird bei neuen Erkenntnissen dem jeweiligen Wissensstand angepaßt. So waren noch vor relativ kurzer Zeit die Kaiserfische und Falterfische in der Familie Borstenzähner (Chaetodontidae) zusammengefaßt; beide Gruppen hatten also den Status von Unterfamilien. Heute bilden sie jeweils eine eigene Familie.

Bei der biologischen Folge der Gruppen herrscht leider keine Einheitlichkeit. Für interessierte Laien ist es etwas verwirrend, wenn in jedem Buch eine andere Reihenfolge zu finden ist. Auf Anraten von Experten wurden hier folgende Systeme verwendet:
• Niedere Tiere nach Prof. Dr. Rupert Riedl,
• Haie nach Leonard J. V. Compagno,
• Knochenfische nach J. S. Nelson.

Obwohl sich sicher nicht viele Leser für die wissenschaftlichen Namen der Meerestiere interessieren, hier ein Hinweis, der manchem eine Hilfe sein kann. Alle Namen von Familien enden mit *idae*, Unterfamilien (falls vorhanden) mit *inae* und von Ordnungen (zumindest bei den Fischen) mit *iformes*. Die anderen Gruppen weisen keine Regelmäßigkeiten auf.

System der Meerestiere

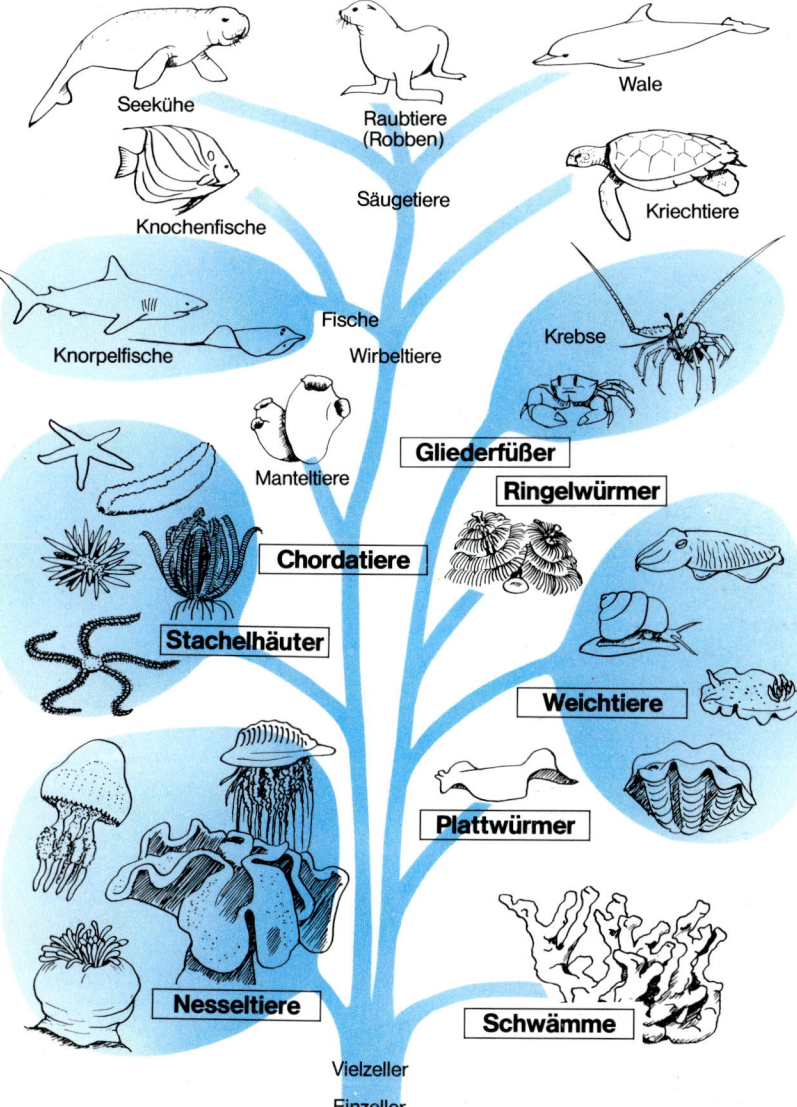

Seekühe

Raubtiere (Robben)

Wale

Knochenfische

Säugetiere

Kriechtiere

Fische

Krebse

Knorpelfische

Wirbeltiere

Gliederfüßer

Manteltiere

Ringelwürmer

Chordatiere

Stachelhäuter

Weichtiere

Plattwürmer

Nesseltiere

Schwämme

Vielzeller

Einzeller

System der Knochenfische – Osteichthyes

Lebensgrundlagen im Meer

Plankton –
Nahrung der Meerestiere

Der Begriff Plankton stammt von Victor Hensen aus dem Jahre 1887 und bedeutet »das Dahintreibende«; das Wort stammt aus dem Altgriechischen.

Plankton besteht aus Organismen, die frei im Wasser schweben. Sie alle sind mit Einrichtungen ausgestattet, die ein Absinken verhindern: Manche können rhythmische Bewegungen ausführen (Quallen, Krebse), andere schweben durch Gas- oder Öleinlagerungen; bei einigen reicht der Unterschied des spezifischen Gewichts zwischen dem Salzwasser und der Körperflüssigkeit aus, den Schwebezustand zu erhalten.

Diese Organismen werden in zwei Gruppen eingeteilt; das Phytoplankton und das Zooplankton.

Phytoplankton ist pflanzliches Plankton, das aus mikroskopisch kleinen einzelligen Algen, Algenkolonien oder großen Algenarten wie Tang besteht. Die größte treibende Algenart ist das Sargassum, das nur im Sargassomeer vorkommt.

Das Zooplankton besteht aus tierischen Organismen, die sich in verschiedenen Entwicklungsstadien befinden: Eier, Larven, Medusen und voll entwickelte Tiere, deren Eigenbewegungen nicht ausreichen, gegen die Strömung des Wassers anzukommen. Ein Teil dieser Tiere führt in allen Stadien ihres Lebens ein planktonisches

Die seßhafte Lebensweise der Korallen macht sie von Nahrung abhängig, die ihnen die Strömung zuträgt. Es entstehen die faszinierendsten Formen, die den Reiz eines Korallenriffes ausmachen.

Luftaufnahme einer Insel im Nord-Male-Atoll der Malediven, im Hintergrund einige Miniatolle. Ohne das Wachstum der Steinkorallen gäbe es diese Inselgruppe nicht.

Dasein, während andere nur bestimmte Entwicklungsphasen planktonisch durchleben.

Viele Knochenfische laichen im freien Wasser, und die Eier treiben als Plankton davon. Auch die nach einiger Zeit schlüpfenden Larven leben planktonisch, bis sie sich kurz vor ihrer Umwandlung zum Fisch im Riff ansiedeln. Nun beginnt der Jungfisch sein nektonisches Leben. Zum Nekton gehören alle Tiere, die sich aus eigener Kraft gegen die Bewegungen des Wassers vorwärtsbewegen können.

Zwischen dem Plankton und Nekton gibt es nicht immer klare Abgrenzungen. Eine Qualle, die sich bei ruhigem Wasser mit ihrer Eigenbewegung schneller bewegt als das Wasser, gehört zum Nekton; wenn aber die Wasserbewegung schneller wird (z.B. durch Gezeitenströmungen) gehört das gleiche Tier zum Plankton.

Die unvorstellbare Arten- und Individuenzahl des meist winzigen Planktons, das die Meere bevölkert, ist die Nahrungsgrundlage vieler, meist kleiner Tiere, die wiederum die Nahrung größerer sind. Zu den Planktonfressern gehören auch die Korallen.

Was sind Korallen?

Korallen sind Gebilde, die meist von vielen winzigen Tieren, den Korallenpolypen, gebaut und bewohnt werden. Es sind also Tierkolonien, die sich ihren Wohnraum selbst bauen. Von dem verwendeten Material, z.B. Horn

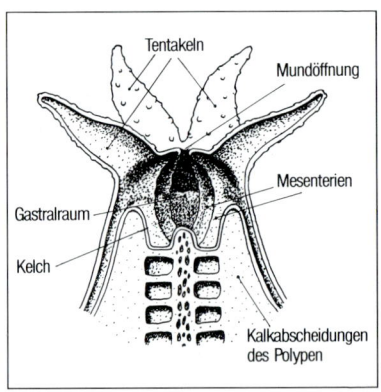

Korallenriff mit verschiedenen Steinkorallenarten in der Andaman-See, Thailand.

oder Kalk, hängt es unter anderem ab, welchen biologischen Gruppen sie zugeordnet werden. Alle Korallen sind, zusammen mit anderen Blumentieren, Quallen und Polypen, im Stamm Nesseltiere (Cnidaria) zusammengefaßt. Es gibt Korallen, die sich nach ihrem Absterben fast rückstandslos auflösen und somit auf das Wachstum eines Riffes kaum einen Einfluß haben. Die für die Entstehung eines Korallenriffes wichtigsten Korallen sind:

Steinkorallen.
Die Polypen der Steinkorallen besitzen die Fähigkeit, an der Außenfläche ihres Körpers Kalk abzusondern, den sie dem Meerwasser entnehmen. Wenn sich ein Korallenpolyp auf einem festen Untergrund ansiedelt, bildet er zunächst um sich herum ein becherförmiges Kalknest, in das er sich zurückziehen kann und vor Freßfeinden relativ sicher ist (vgl. Grafik). Wenn das Kalkgerüst eine bestimmte

Höhe hat, vermehrt sich der Polyp durch Knospung und es entstehen weitere Polypen, die sich um den Primärpolypen entwickeln.
Eine weitere Art der Vermehrung ist die Teilung der Polypen durch Abschnürung. Aus einem Polyp entstehen erst 2, dann 4, 8, usw. Eine Koral-

Schematischer Aufbau eines Steinkorallen-Polypen.

le ist einem Hochhaus nicht unähnlich, nur mit dem Unterschied, daß die jeweils nächsten Etagen erst gebaut werden, wenn die darunterliegenden Wohnungen bereits bezogen sind.

Die vielen verschiedenen Polypenarten haben unterschiedliche Bauweisen, die zu dem großen Formenreichtum in den Korallenriffen führt. Die Arbeitsleistung dieser winzigen Tiere ist so gewaltig, daß die größten von Menschen erbauten Bauwerke winzig neben dem größten Korallenriff erscheinen. Das Große Barriere-Riff vor Australiens Nordostküste ist über 2000 km lang!

Aber nicht alle Steinkorallen sind zum Bau der Korallenstöcke fähig, es gibt einzeln (solitär) lebende Korallenpolypen. Die häufigsten sind die Pilzkorallen der Gattung *Fungia;* sie sind scheibenförmig rund, oval oder länglich und liegen lose auf dem Grund (s. Seite 55 unten).

Es gibt Steinkorallenarten bis in große Tiefen und auch in kalten Gewässern, die aber kleinwüchsig sind und keine Riffe bilden können.

Riffbildende Korallen müssen relativ schnell wachsen, was nur durch einen wichtigen chemischen Prozeß möglich wird:

In Korallenriffen ist die Raumkonkurrenz groß: 2 Steinkorallenarten kämpfen um jeden Millimeter, der Licht und Nahrung bedeutet.

Die Photosynthese

Darunter versteht man die Synthese organischer Verbindungen aus anorganischen Ausgangsstoffen in Pflanzen mit Hilfe des Lichtes. Aus Wasser und Kohlendioxid entstehen durch Sonnenenergie Traubenzucker und Sauerstoff.

Durch Photosynthese produzieren alle grünen Pflanzen mit Hilfe des Farbstoffes Chlorophyll organische Stoffe. Auch im Meer vollbringen Algen durch Photosynthese gewaltige Leistungen; sie sind die Sauerstoffproduzenten der Erde. Bestimmte Algen, die Zooxanthellen, sind in Korallenpolypen eingelagert; sie leben in Symbiose (s. Seite 28). Die Algen ernähren die Korallen teilweise durch ihr Stoffwechselprodukt Traubenzucker und beschleunigen die Kalkabscheidung der Polypen um ein Vielfaches. Somit ist die Photosynthese ein wichtiger chemischer Prozeß für die Entstehung der Korallenriffe.

$$6\ CO_2 + 6\ H_2O \quad + \text{Lichtenergie} \quad \rightarrow C_6H_{12}O_6 + 6\ O_2$$

Kohlendioxid + Wasser   → Traubenzucker + Sauerstoff

Die Riffbildung

Riffe können sich nur entwickeln, wo das Wasser klar und lichtdurchlässig für die Photosynthese ist. In einer Tiefe von 40–50 m ist das Tageslicht von der Filterwirkung des Wassers so weit absorbiert, daß kein schnelles Korallenwachstum mehr möglich ist.
Der zweite wichtige Faktor für die Wachstumsgeschwindigkeit ist die Wassertemperatur. Korallen wachsen am schnellsten zwischen 27 und 30°C. Unter 20 und über 30°C kann kaum noch Kalk abgeschieden werden.
Durch den Temperaturwechsel zwischen Sommer und Winter kann es nördlich und südlich des Wendekreises des Krebses nicht zu einer Riffbildung kommen. Wie weit Korallenriffe im Norden und Süden gedeihen können, hängt weitgehend von warmen Strömungen ab und wie konstant diese das ganze Jahr hindurch sind.

Die von Osten nach Westen laufenden Äquatorialströme erwärmen sich an der Oberfläche. Wenn sie im Westen auf Landmassen stoßen, teilen sie sich nord- und südwärts. Deshalb findet man vor den Ostküsten der Kontinente die Korallenriffe wesentlich weiter nach Norden und Süden verbreitet, als an den Westküsten.
Korallenriffe wachsen entweder vom Ufer seewärts oder vom Grund bis nahe der Oberfläche. Aus diesen beiden Wachstumsrichtungen entstehen alle Rifftypen, die wir kennen.
Das natürliche Riffwachstum ist in vielen Atollen der Malediven gut zu erkennen. Die großen Lagunen dieser Atolle sind häufig zwischen 25 und 50 m tief. An einer Untiefe (Verengung zwischen Grund und Oberfläche) kommt es oft zu einer stärkeren Strömung. Auf diese Weise werden

Junge Steinkoralle, die ein großes »Fundament« angelegt hat, damit die Statik für das Gewicht und den Strömungswiderstand der ausgewachsenen Koralle ausreicht.

**Riffbildung durch Korallen-
wachstum**

Auf einer Untiefe mit festem
Untergrund wachsen Koral-
len wegen des stärkeren
Lichteinfalls und des größeren Nahrungangebotes
schneller; es entsteht ein
Flecken- oder Hügelriff.

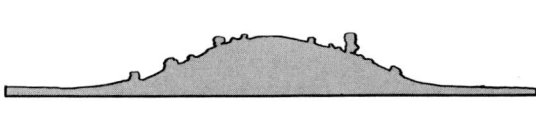

Wenn das Hügelriff die Wasseroberfläche (bei Ebbe) erreicht hat, kann es nur noch
nach außen wachsen; es entsteht ein Plattformriff.

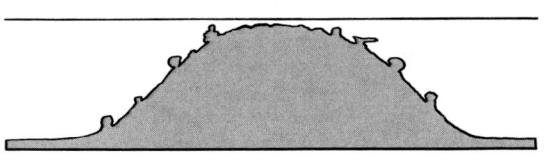

Das Riffdach eines Platt-
formriffes ist großflächig. Es
kann zur Inselbildung durch
Sandanhäufung kommen.

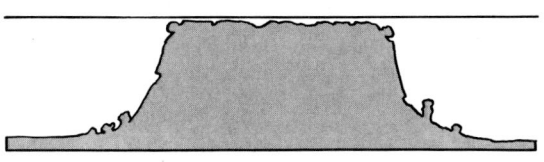

Ein Miniatoll entsteht, wenn
der mittlere Teil des Riff-
daches durch Erosion ab-
sinkt und sich eine Lagune
bildet; Dieser Rifftyp ist kein
echtes Atoll.

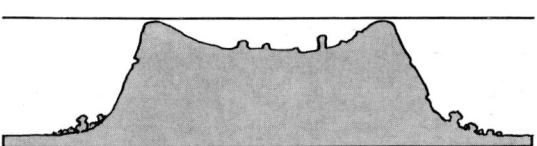

die Korallen besser mit Nahrung versorgt. Es siedeln neue Korallen an, die
sich vermehren. Je höher die Untiefe
wächst, um so mehr Licht bekommen
die Korallen, was das Wachstum be-
schleunigt. Es entsteht ein Flecken-
oder Hügelriff (siehe Grafik). Wenn
die Korallen die Oberfläche bei Ebbe
erreichen, kann das Riff sich nur noch
nach außen ausweiten. Das Riffdach
vergrößert sich und es entsteht ein
Plattformriff. An der Riffkante werden die Korallenpolypen am besten
mit Nahrung versorgt, so daß sich das
Plattformriff ständig vergrößert.
Aber Korallenriffe wachsen nicht nur,
sondern sie werden auch durch natürliche Vorgänge an bestimmten Stellen
wieder zerstört. Ein Saumriff (siehe
Seite 20), das bis nahe der Wasser-
fläche gewachsen ist, bildet eine Art
Wall, der auf einer Seite eine Still-
wasserzone schafft. Auf diese Weise
wird der Wasserstrom gemindert, so
daß die Korallen nicht mehr so gut mit
Plankton versorgt werden. Meist
kommt noch dazu, daß diese Zonen relativ flach sind und die Wassertemperatur wegen der unzureichenden Zir-
kulation beachtlich ansteigen kann.
Wie wir schon wissen, können Korallen bei über 30 °C kaum noch Kalk ab-
scheiden; das Wachstum kommt fast
zum Erliegen. Nachts, wenn das Was-

ser abgekühlt ist, fehlt die Sonnenenergie für die Photosynthese.

Das bereits bestehende Riff wird aber auch durch die unterschiedlichsten Organismen von innen zermürbt. Schwämme, Muscheln, Seeigel und Algen bohren mechanisch oder chemisch Löcher in das Kalkgestein, bis der Korallenstock oder auch ganze Riffpartien in sich zusammenbrechen. Meist geschieht das dann, wenn durch Stürme eine starke Brandung entsteht. Auch gesunde Korallenbestände können bei starker Brandung abbrechen, wenn sie zu filigran in ihrer Form sind. Ein Riff kann sich aber nur entwickeln, wenn das Wachstum schneller voranschreitet als die Zerstörung. Durch diesen ständigen Wechsel entstehen die unterschiedlichsten Rifformen.

Saumriffe sind die am häufigsten vorkommenden Riffe; sie herrschen im Roten Meer vor. Wie der Name schon sagt, bildet das Riff einen Saum, der mehr oder weniger parallel zur Küste verläuft. Wie breit ein Saumriff werden kann, hängt von der Beschaffenheit des Grundes und der Tiefe ab. Je weiter das Saumriff seewärts wächst, um so schlechter werden die Lebensbedingungen für die Korallen zwischen Außenriff und Küste. Ist die

Zerstörung des Kalkgesteins in diesem Bereich weit genug vorangeschritten, beginnt der Grund abzusinken. Es entsteht eine Lagune und das Saumriff wird zum Lagunensaumriff. Wenn das Lagunensaumriff weit seewärts gewachsen ist, kann man es von einem Barriereriff kaum unterscheiden.

Saumriffe sind auch heute noch der wirksamste Schutz gegen die landabtragende Brandung des Meeres. Kein von Menschenhand erbauter Wellenbrecher leistet nur annähernd diesen dauerhaften Widerstand wie ein Korallenriff.

Barriereriffe unterscheiden sich von den Saumriffen dadurch, daß sie nicht von der Küste seewärts gewachsen sind, sondern vom Grund zur Oberfläche streben. Sie ziehen sich bandartig vor der Küste entlang, oft viele Kilometer davon entfernt. Das bekannteste Barriereriff befindet sich vor der Nordostküste Australiens.

Plattformriffe entwickeln sich aus Hügelriffen, die ringsum von relativ gleich tiefem Wasser umgeben sind, z. B. in Atoll-Lagunen. Das Hügelriff wächst zunächst bis knapp unter die Wasseroberfläche und dehnt sich dann nach allen Seiten aus, so daß sich

Schematische Darstellung eines Saumriffes.

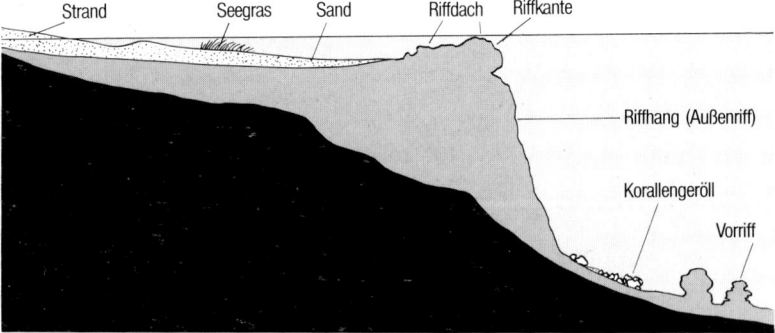

Die Grundformen der Korallenriffe

Lineare Riffe

Saumriffe verlaufen immer in Küstennähe und wachsen seewärts – wie weit, hängt von der Tiefe und Beschaffenheit des Grundes ab.

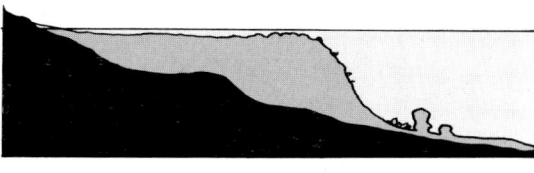

Barriereriffe sind der Küste vorgelagert, oft viele Kilometer entfernt, und wachsen aus einer Tiefe von höchstens 50 m nach oben (an der Küste verläuft ein Saumriff).

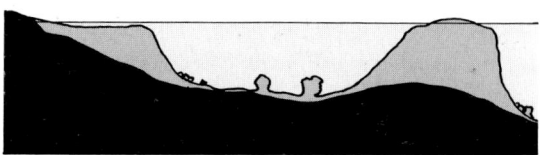

Zirkuläre Riffe

Plattformriffe entwickeln sich auf festem Grund, der nicht tiefer als 50 m sein darf; das Riffdach ist großflächig.

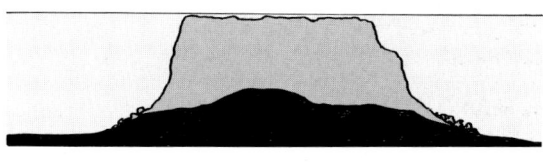

Atolle sind meist von sehr tiefem Wasser umgeben und wachsen kranzförmig (siehe auch Seite 22, Atollentstehung).

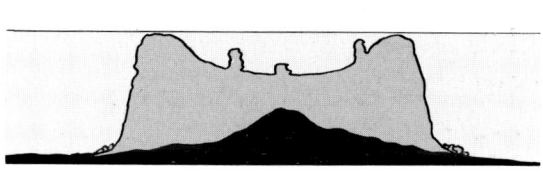

eine Plattform bildet. Die Form kann rund oder länglich sein und eine Länge von über 10 km erreichen.

Im fortgeschrittenem Stadium senkt sich im ältesten Teil das Riffdach durch Erosion ab, so daß eine Lagune entsteht. Ringförmige Riffe werden oft als Kranzriffe bezeichnet. Ist dieses groß genug, ist es von einem Atoll nur schwer zu unterscheiden. Diese Pseudoatolle, die in den Atollen der Malediven häufig vorkommen, werden Miniatolle genannt.

Atolle sind ringförmige Riffe, die immer von sehr tiefem Wasser umgeben

sind, das mehrere hundert bis tausend Meter abfallen kann.

Über die Entstehung dieser ungewöhnlichen Naturgebilde gibt es viele Theorien. Die wohl bekannteste ist die Darwinsche Senkungstheorie (1837), die besagt, daß eine Insel mit einem Saumriff so langsam absinkt, daß die Korallen schnell genug im lichtdurchfluteten, oberflächennahen Wasser nachwachsen können. Wenn die Insel bis unter die Oberfläche abgesunken ist, entsteht aus dem Saumriff ein Atoll (siehe Grafik S. 22).

Darwins Theorie konnte bis jetzt in zwei Fällen nachgewiesen werden, als

Atollentstehung
nach Darwin (1837)

Ein Saumriff entwickelt sich
um eine Felseninsel.

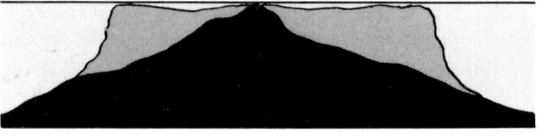

Durch langsames Absinken
der Insel wachsen die Korallen im lichtdurchfluteten
Oberflächenwasser nach.

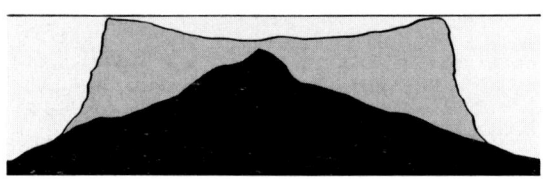

Wenn das Felsgestein bis
unter die Oberfläche abgesunken ist, wachsen die
äußeren Korallen schneller,
und es bildet sich eine
Lagune.

Bei kontinuierlichem Absinken des Grundes wächst nur
noch der Riffkranz nach
oben; es entsteht ein Atoll.

man 1951 im Bikini-Atoll bei Bohrungen in 800 m Tiefe immer noch Kalkgestein fand. Im Eniwetok-Atoll stieß
man gar erst in 1400 m Tiefe auf Urge-
stein. Wie wir bereits wissen, können
in dieser lichtlosen Tiefe keine riffbildenden Korallen mehr wachsen. Derartige Bohrungen sind sehr aufwendig,
so daß es bei diesen Ergebnissen
bis heute blieb.
Eine andere Theorie, die Eiszeit-
Theorie nach Penck und Daly, besagt,
daß während der Eiszeit der Meeresspiegel wesentlich tiefer lag als heute.
Am Ende der Eiszeit wuchsen die Korallen mit dem langsamen Ansteigen
des Wassers nach oben. Diese Theorie
kann zumindest im Falle der bereits
genannten Bohrungen nicht stimmen,
da der Meeresspiegel nie 800, geschweige 1400 m absinken konnte. Es
ist auch bekannt, daß während der Eiszeit die Temperaturen auf der Erde um
ca. 8 °C niedriger lagen als heute. Es ist
also fraglich, ob zu dieser Zeit riffbildende Korallen wachsen konnten.

Man kann diese Theorie aber nicht ganz von der Hand weisen, da in manchen Gebieten die Wassertemperatur heute ganzjährig zwischen 26 °C und 30 °C liegt. Das wären zur Eiszeit 18–22 °C gewesen, also ausreichend für das Korallenwachstum. Außerdem muß die Differenz zwischen der Lufttemperatur nicht mit der Wassertemperatur identisch gewesen sein. Es ist aber anzunehmen, daß nur in relativ wenigen Gebieten ein Riffwachstum möglich war.

Das Absinken von Riffen oder Inseln kann sowohl durch das Eigengewicht auf einem relativ lockeren Untergrund bewirkt werden, als auch durch eine geologisch bedingte Bodenabsenkung. Diese Absenkungen und auch Anhebungen sind in Bereichen der Kontinentalverschiebungen recht häufig. Auf einer Insel im Roten Meer fand ich etwa 30 m über dem Meeresspiegel versteinerte Korallen und Muscheln, die durch das niederschlagsfreie Klima sehr gut erhalten waren.

Es gibt aber auch fossile Korallenriffe, die kaum noch als solche zu erkennen sind; sogar in Europa. Das Kalkgestein der Dolomiten und der Dachstein sind Zeugen, daß einst in Europa tropisches Klima herrschte, also Korallenwachstum und Riffbildung möglich waren.

Lebensraum Korallenriff

Lebensformen

Im Meer gibt es die unterschiedlichsten Lebensformen, die sich besonders in tropischen Korallenriffen zu den ausgefallensten Spezialisierungen entwickelt haben, weil hier aufgrund der hohen Konzentration von Tieren auf engstem Raum der Konkurrenzdruck ungeheuer groß ist. Jede heute noch existierende Art hat sich im Laufe der Entwicklung eine sogenannte ökologische Nische erobert, was nicht nur räumlich zu verstehen ist. Auch wenn z. B. mehrere Arten am gleichen Ort leben, können sie durch Nutzung unterschiedlicher Nahrung Konkurrenz vermeiden – eine weitere Möglichkeit der »Nischen-Besetzung«. Die Dichte der Organismen im Korallenriff konnte nur entstehen, weil es dort sehr viele Versteckmöglichkeiten gibt und die Strömung genügend Nahrung für so viele Individuen in Form von Plankton heranträgt. Diese Nahrungszufuhr ermöglicht einer großen Zahl von Tieren ortsgebunden zu leben.
Korallenriffe sind so vielgestaltig, daß die Besiedlung sehr verschieden sein kann. An einem Außenriff leben zum Teil ganz andere Arten als an einem Innenriff, und an der Riffkante tummeln sich andere Fische als in 30 m Tiefe. Die Zusammensetzung der Fauna wird auch beeinflußt durch Brandung, Strömung, Planktonangebot, Algenbewuchs und Riffgröße. Jeder Lebensraum hat seine charakteristischen Merkmale und Tierarten.
Auch auf Sand- und Geröllböden und in Seegraswiesen gibt es spezialisierte Bewohner, die sich diesen Lebensbedingungen angepaßt haben. Andere leben im freien Wasser, teils in großen Schwärmen, scheinbar ungeschützt den Raubfeinden ausgeliefert.

Nachts ändert sich das Bild im Riff; die tagaktiven Tiere haben sich zwischen den Korallen versteckt und die nachtaktiven sind auf Nahrungssuche. – Zwei völlig verschiedene Welten!

Biologie der Fische

In der englischen Sprache gibt es für Knochen und Gräten nur ein Wort = »bone«; in unserem Sprachgebrauch wird klar zwischen diesen beiden Begriffen unterschieden – außer in der Biologie. Hier heißen alle Fische, die Gräten besitzen »Knochenfische«, sie bilden eine eigene Klasse.
Es gibt etwa 23 000 Knochenfischarten, sie sind damit wesentlich artenreicher, als ihre nächsten Verwandten, die Knorpelfische; obwohl diese stammesgeschichtlich wesentlich älter sind. Während Knochenfische in allen Gewässern der Erde vorkommen, sind Knorpelfische meist Meeresbewohner, die aber gelegentlich stromaufwärts in Flüsse einwandern können. Nur der Stör ist ein Süßwasserfisch.
Die etwa 800 Arten umfassenden Knorpelfische unterteilt man in 2 Unterklassen – die Haie und Rochen. Alle anderen im Meer lebenden Fische sind Knochenfische (mit Ausnahme der Chimaeren). Das Skelett der Knorpelfische hat keine Knochen, auch die Zähne enthalten keine Knochensubstanz, sie sind aus Dentin aufgebaut. Außerdem unterscheiden sich Knorpelfische von den Knochenfischen dadurch, daß sie weder Schwimmblase, noch Kiemendeckel oder Schuppen besitzen.
Die Haut der Haie wird durch winzige, pilzähnliche Hautzähne geschützt, die sehr widerstandsfähig sind. Es ist fast unmöglich, mit einem Messer die

Morphologie der Fische

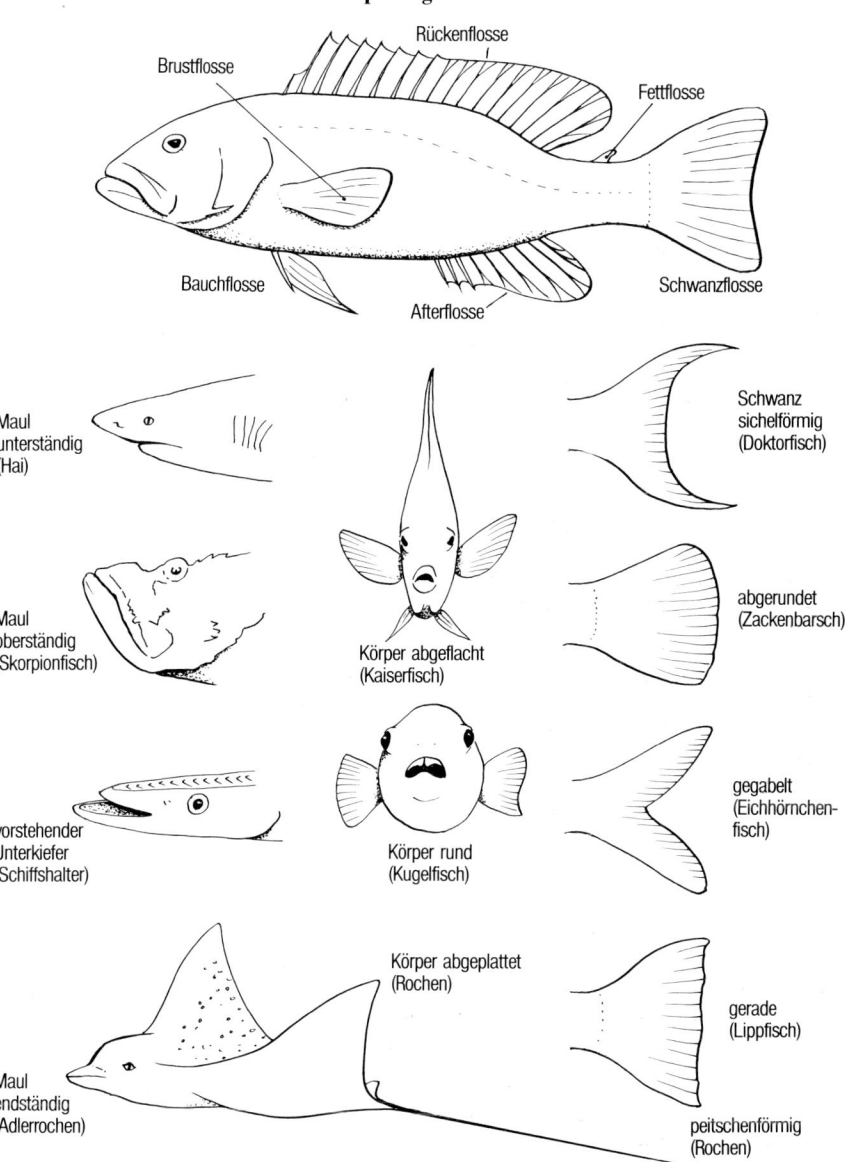

Rückenflosse

Brustflosse

Fettflosse

Bauchflosse

Afterflosse

Schwanzflosse

Maul
unterständig
(Hai)

Schwanz
sichelförmig
(Doktorfisch)

Maul
oberständig
(Skorpionfisch)

Körper abgeflacht
(Kaiserfisch)

abgerundet
(Zackenbarsch)

vorstehender
Unterkiefer
(Schiffshalter)

Körper rund
(Kugelfisch)

gegabelt
(Eichhörnchen-
fisch)

Körper abgeplattet
(Rochen)

gerade
(Lippfisch)

Maul
endständig
(Adlerrochen)

peitschenförmig
(Rochen)

Kopf-, Körper- und Schwanzformen
sind wichtige Bestimmungsmerkmale bei Fischen.

Haihaut von außen aufzuschneiden. Sie ist so rauh, daß sie früher als »Schleifpapier« verwendet wurde. Alle Fische haben paare und unpaare Flossen; zu den paaren gehören die Brust- und Bauchflossen, zu den unpaaren die Rücken-, After- und Schwanzflosse. Sie sind bei vielen Arten zum Teil mit Stacheln ausgerüstet. Fische besitzen meistens sehr gut entwickelte Sinnesorgane; sie können sehen, hören, riechen, schmecken und fühlen. Diese sind unterschiedlich entwickelt; tagaktive Raubfische haben meist ein gutes Sehvermögen (Haie, Barsche), während nachtaktive Räuber ein gut entwickeltes Geruchsorgan besitzen (Muränen). Ein zusätzliches Organ, welches Landtieren fehlt, ist das Seitenlinienorgan; es ist bei manchen Arten als Punktlinie zu erkennen. Durch Poren in den Schuppen können Druckwellen registriert werden. Dies ermöglicht den Fischen, andere Tiere, Hindernisse und Ufernähe bei schlechten Sichtverhältnissen wahrzunehmen.

Die Sauerstoffversorgung der Fische erfolgt hauptsächlich über Kiemen, aber auch die Haut kann Sauerstoff aufnehmen. Knochenfische besitzen fast alle bewegliche Kiemendeckel, was die Wasserzirkulation durch die Kiemen gewährleistet. Bei Knorpelfischen (Haie und Rochen) erfolgt die Sauerstoffversorgung beim Ruhen durch sogenannte Spritzlöcher, nasenähnliche Öffnungen unter den Augen, die Wasser ansaugen können und durch die Kiemen leiten. Beim Schwimmen öffnen Knorpelfische das Maul unmerklich, so daß eine größere Wassermenge die Kiemen umspült und somit der höhere Sauerstoffbedarf gedeckt wird. Die weit verbreitete Meinung, Haie müssen von der Geburt bis zum Tod schwimmen, damit sie mit Sauerstoff versorgt werden, trifft nur auf Hochseehaie zu. Die Kiemen der Fische haben auch

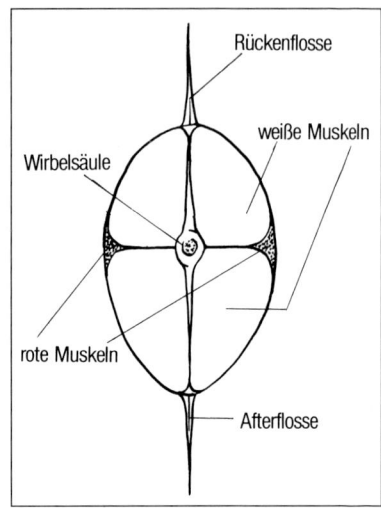

Schnittzeichnung eines Knochenfisches in Höhe der Afterflosse.

Stoffwechselfunktion, indem sie den Salzgehalt im Blut steuern und Stoffwechselprodukte in Form von Ammoniak ausscheiden. Die Niere produziert hauptsächlich Hormone.

Im Gegensatz zu den Säugetieren besitzen Fische zwei unterschiedliche Arten von Muskeln (vgl. Grafik). Die rote Muskulatur arbeitet bei langsamer Dauerleistung, während die weiße bei kurzzeitiger, hoher Geschwindigkeit eingesetzt wird. Die weißen, schwach durchbluteten Muskeln machen den größten Teil des Fleisches aus. Die roten, stark durchbluteten Muskeln ziehen sich entlang der Seiten zwischen den oberen und unteren weißen Muskeln. Bei schnellen Dauerschwimmern, wie Thunfischen, Makrelen und einigen Haiarten, sind die roten Muskeln relativ stark ausgeprägt. Ein Fisch, der seine weißen Muskeln über längere Zeit einsetzen muß, z. B. wenn er an einem Angelhaken kämpft, braucht etwa 24 Stunden, bis sich seine Energiereserven voll regeneriert haben.

Das Wachstum der meisten Fische endet nicht hormonabhängig, sondern läuft weiter. Je älter ein Fisch ist, um so größer ist er auch.

Namen – sind »Schall und Rauch«
Nirgends paßt dieser Spruch besser, als zu den Namen tropischer Fische. Nicht nur hier in Europa, weit weg von den tropischen Meeren, haben viele Fische die unterschiedlichsten Namen. Auch in tropischen Gebieten, wo die Fische direkt vor der Haustür schwimmen, gibt es in einem Land manchmal 6 oder 8 Namen für die gleiche Art. Das ist nicht nur dialektbedingt, sondern die Entfernungen zwischen den Inseln, die oft weit voneinander entfernt liegen, verhinderten eine einheitliche Benennung gleicher Tiere.
Sogar die wissenschaftlichen Namen sind nicht immer einheitlich – einfach deshalb, weil man Tiere in verschiedenen Gebieten fing und nicht nachweisen konnte, daß es sich um dieselbe Art handelte. So wurde z.B. der Graue Riffhai, *Carcharhinus amblyrhynchos*, auch *C. menisorrha, C. wheeleri* und *C. spallanzani* genannt. Dieser Hai wird oft fälschlich als Grauhai bezeichnet. Es gibt tatsächlich einen Grauhai, der aber mit dem Grauen Riffhai nicht viel zu tun hat. Er ist im Gegensatz zum Grauen Riffhai extrem selten, gehört zur Ordnung Hexanchiformes und fällt deutlich auf, da ihm die typische Rückenflosse der Haie fehlt. Grauhaie leben gewöhnlich in Tiefen, in die Sporttaucher nicht vordringen.
Bei deutschen und wissenschaftlichen Namen neigt man emotional dazu, den Namen zu verwenden, den man als ersten gehört hat. Dies trägt dazu bei, daß eindeutig als falsch erkannte Namen noch lange Zeit weiterbenutzt werden. Ob auf diesem Gebiet jemals Einheitlichkeit erzielt wird, ist fraglich.

Tarnung und Warnung

Jede Tarnung hilft entweder Friedfische vor Freßfeinden zu schützen oder Beutefängern an Nahrung zu gelangen. Auch in diesem Bereich gibt es ausgefallene Spezialisierungen. Manche Arten sind in ihrer Körperform und Färbung ihrer Umgebung so perfekt angepaßt, daß meist nur geübte Augen die Tarnkünstler entdecken können. Einige passen sich wie Chamäleons in sekundenschnelle farblich dem Untergrund an, andere imitieren ein welkes Blatt, das im Wasser hin- und herschaukelt (Mimese, siehe auch Seite 30). Manche haben die Fähigkeit sich kopfüber im Sand einzugraben oder durch Flossenschläge ihren Körper mit Sand zu bedecken.
Auch das Leben im Schwarm stellt ein Tarnverhalten dar. Viele glauben, ein

Fische, die im Freiwasser leben, schließen sich zu ihrem Schutz häufig zu großen Schwärmen zusammen.

Raubfisch braucht nur mit offenem Maul in einen Fischschwarm zu schwimmen, um sich sattzufressen. Schwarmfische können einem solchen Angriff mühelos ausweichen. Die Jäger müssen ein einzelnes Opfer anvisieren, damit sie erfolgreich bei der Jagd sind. Durch die Bewegungen des fliehenden Schwarmes verliert ein Räuber das anvisierte Tier im Gewirr der gleichfarbigen Körper leicht aus den Augen, was einer Tarnung gleichkommt.

Im Gegensatz zur Tarnung gibt es auch Fische, die ihre Gefährlichkeit deutlich erkennen lassen, z. B. die Rotfeuerfische. Sie sind geschickte Jäger und haben wenig Feinde, so daß sie auf eine Tarnung verzichten können.

Tarnung und Warnung können aber auch bei einer einzigen Art verwirklicht sein. Der Buckeldrachenkopf und der Teufelsfisch, die als Mitglieder der Familie Skorpionfische über gefährliche Giftstacheln und eine perfekte Tarnung verfügen, können durch Wenden der Brustflossen Warnfarben zeigen (siehe Seite 119).

Auch harmlose Fische können ihr Äußeres verändern, um Feinde abzuschrecken. Igel- und Kugelfische vergrößern ihr Körpervolumen beträchtlich, indem sie Wasser schlukken; sie täuschen damit einen größeren Gegner vor. Einige Falterfische verändern ihre Färbung und Zeichnung in der Dämmerung, wenn die Räuber der Riffe auf Jagd gehen. Auf den Seiten wird die obere Hälfte dunkel, nur zwei helle Flecken bleiben stehen. Bei schlechten Lichtverhältnissen täuschen die Seiten ein großes Augenpaar vor.

Viele Falterfische besitzen dunkle Augenflecken, meist in der Nähe des Schwanzes. Das Auge selbst ist bei den meisten Arten durch einen dunklen Streifen getarnt. Man nimmt an, daß ein Angreifer sich dadurch in der angenommenen Fluchtrichtung der Beute täuscht. Diesen kleinen Zeitgewinn nutzt der Falterfisch aus, um sich zwischen den Korallen zu verstecken.

Die Symbiose

Eine andere Art des Schutzes vor Feinden sind Lebensgemeinschaften von 2 verschiedenen Organismen, die verwandtschaftlich sehr weit auseinander liegen können. Man spricht nur dann von Symbiose, wenn beide Arten einen Nutzen von der Lebensgemeinschaft haben. Die Symbiosen können aus 2 Wirbeltierarten bestehen; aus einer Wirbeltierart und einem Niederen Tier oder aber aus einem Niederen Tier und Algen.

Die Symbiose mit Algen ist in tropischen Gewässern sehr häufig. Korallen, Muscheln und Hydroiden haben in ihren Geweben Zooxanthellen eingelagert, die wichtige Funktionen haben (s. Photosynthese, Seite 17).

Die zu den Riffbarschen zählenden Anemonenfische leben in enger Gemeinschaft mit Anemonen, die zum Stamm der Nesseltiere gehören. Die Fische sind ihr Leben lang an ihre Anemone gebunden; ohne sie hätten sie kaum eine Überlebenschance. Nur ein Wechsel zu einer anderen nahegelegenen Anemone ist möglich (siehe auch Seite 164).

Eine weitere bekannte Lebensgemeinschaft ist die Putzersymbiose. Spezialisierte Fische oder auch Krebse entfernen in einem bestimmten Revier Fischen die Parasiten von der Haut und den Kiemen, von denen sie sich ernähren.

Die Putzerstation

Die bekanntesten Putzerfische, wie *Labroides dimitiatus* und *L. bicolor*, unterhalten sogenannte Putzerstationen. Unterschiedliche Fischarten suchen diese Stellen auf und geben durch Signale zu erkennen, daß sie ge-

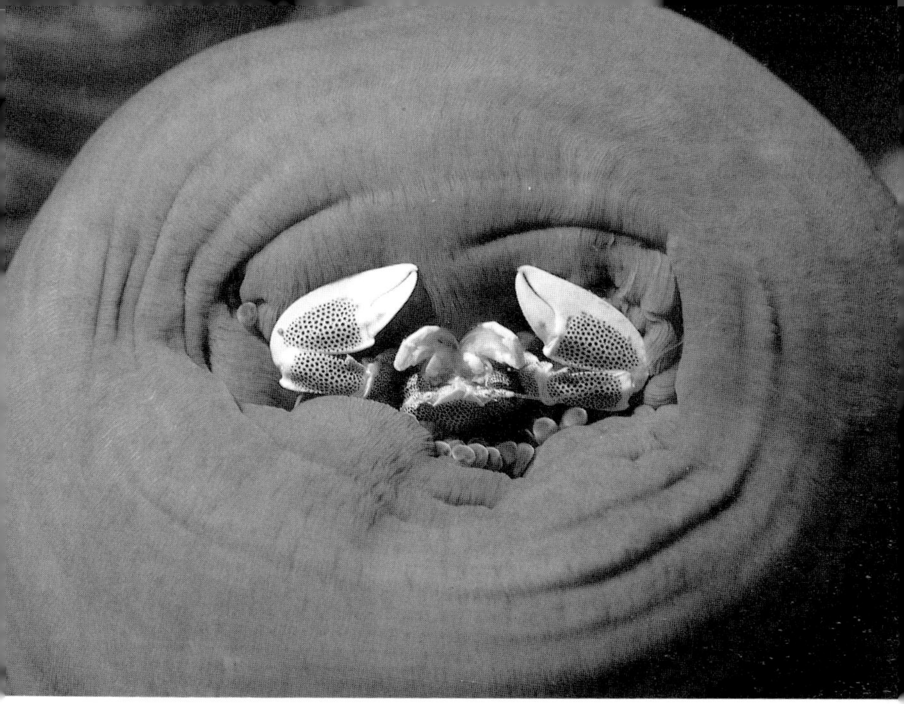

Porzellankrabben sieht man oft in Anemonen, mit denen sie in Symbiose leben.

Ein kleiner Putzerfisch (Pfeil!) der Familie Lippfische reinigt einem großen Drückerfisch die Kiemen; er wagt sich auch in das Maul.

putzt werden möchten. Das Abspreizen der Brustflossen und Abheben der Kiemendeckel oder das Öffnen des Mauls verrät dem Putzerfisch, daß es sich um einen »Putzkunden« handelt, der von seinen Parasiten befreit werden möchte.

Die Putzerfische entfernen aber nicht nur die Parasiten von der Körperoberfläche, sondern schwimmen auch in das Maul oder unter die Kiemendekkel. Bei Gefahr wird der Putzerfisch durch Zucken der Kiefer – einer ritualisierten Schließbewegung – gewarnt, der daraufhin die Mundhöhle verläßt.

In dicht besiedelten Gebieten kann man gelegentlich beobachten, daß mehrere »Kunden« an einer Putzerstation geduldig warten, bis sie an der Reihe sind.

Ist kein Kunde da, macht der Putzerfisch durch einen bestimmten »Tanz« auf sich aufmerksam. Dieses auffällige Verhalten sowie seine Färbung sind ein Schutz gegen das Gefressenwerden; Putzerfische sind für Raubfische tabu.

Den Schutz, den die Putzerfische genießen, macht sich der räuberisch lebende Falsche Putzerfisch *Aspidontus taeniatus* zunutze, indem er den »echten« Putzerfisch imitiert.

Mimikry

Mimikry wird die Nachahmung der Gestalt und des Verhaltens einer anderen Art genannt, die sowohl der Verteidigung, als auch dem Angriff dient. Der räuberisch lebende Falsche Putzerfisch der Familie Schleimfische imitiert einen Putzerfisch aus der Familie Lippfische, damit er an einen »getäuschten Kunden« nahe genug herankommt. Dann stürzt er sich auf ihn und reißt mit seinen scharfen Zähnen Stücke aus Körper oder Flossen.

Mimese

Als Mimese bezeichnet man die Fähigkeit eines Tieres, die Umgebung, z. B. leblose Gegenstände, in Form und Färbung nachzuahmen. Steinfische und Skorpionfische sind typische Vertreter dieser Gruppe.

Kraken können zudem ihre relativ glatte Oberfläche in Sekunden so verformen, daß der Körper – mit stachelig wirkenden Noppen besetzt – wie eine Koralle aussieht. Diese Tarnung dient nicht nur der Jagd, sondern wird auch beim Erscheinen von Feinden angewandt.

Ein Skorpionfisch ahmt ein abgestorbenes Korallenstück nach und lauert gut getarnt auf Beute.

Nahrung

Jeder Organismus, der im Meer heranwächst, ist gleichzeitig auch Nahrung für andere Lebewesen. Pflanzliche Stoffe werden von Vegetariern gefressen und diese von Raubtieren oder sie dienen, falls sie eines natürlichen Todes sterben, den Aasfressern als Futter.

Die Schönheit tropischer Riffe täuscht oft über den harten Existenzkampf hinweg, der sich hier täglich abspielt; der Kampf ums Fressen und Gefressenwerden dauert seit 2 Milliarden Jahren an. Alle Arten, die sich nicht durchsetzen konnten, wurden im Laufe der Evolution ausgeschieden. Nur die am besten Angepaßten hatten eine Überlebenschance.

Meerestiere ernähren sich sehr vielfältig, z.B. von Algen, Seegras, Tang, Phyto- und Zooplankton, Bakterien, Schwämmen, Detritus, Korallen und Fischen. Es gibt die unterschiedlichsten Nahrungsspezialisten. Ergänzend zu diesem Kapitel finden sich genauere Angaben im Bestimmungsteil.

Korallen sind Filtrierer; sie halten ihre Tentakeln passiv in die Strömung und fangen Plankton. An den 8 gefiederten Armen ist zu erkennen, daß es sich um eine Koralle aus der Gruppe Octocarallia handelt.

Niedere Tiere

Unter den Niederen Tieren findet man viele sessile Formen, die an einen bestimmten Platz gebunden sind, den sie meist Zeitlebens nicht verlassen können. Sie fangen ihre Nahrung – das Plankton – auf unterschiedliche Weise: Zu den Strudlern gehören Schwämme, Manteltiere und Muscheln, die durch Geißel- und Wimpernschläge einen Wasserstrom erzeugen, der durch ihren Körper geleitet wird. An den Wimpern bleiben alle verdaubaren Stoffe hängen, die das Tier als Nahrung benötigt.

Filtrierer nennt man alle Tiere, die sich Plankton fangen, indem sie ihre gefiederten Tentakeln passiv in die Strömung halten, z.B. Röhrenwürmer.

Korallen und Hydroiden gehören zu den Nesseltieren, die mit ihren giftigen Nesselkapseln Tiere töten und mit Klebekapseln die Beute festhalten. Bei den Nesseltieren finden wir aber auch Arten, die keine gefiederten Tentakeln besitzen, wie Anemonen und Zylinderrosen.

Andere sessile Tiere, die keine Nesseltiere sind, erzielen einen ähnlichen Erfolg, indem sie Klebefallen auslegen. Das können sowohl Tentakeln als auch Schleimfäden sein, an denen die Nahrung hängenbleibt. Dieser Fangmethode bedienen sich Wurmschnekken; die Schleimfäden werden mit den hängengebliebenen Partikeln eingesaugt. Die Rankenfüßer der Klasse Krebse sind gleichzeitig Strudler und Filtrierer. Sie führen mit ihren gefiederten Beinen aktive Schlagbewegungen aus und erbeuten so ihre Nahrung.

Zu den vagilen, also freilebenden Niederen Tieren gehören Haarsterne, verschiedene Seegurken- und Schlangensternarten, die ihre gefiederten oder weitverzweigten Arme in die Strömung halten. Vagile Strudler erzeugen auch durch Wimpernschläge einen Wasserstrom, der aber nicht durch den Körper fließt, sondern die Nahrung der Mundöffnung zuleitet.

Korallenfresser gefährden in der Regel nicht die Existenz der Korallenriffe; nur die Dornenkronen, die sich ausschließlich von Korallenpolypen ernähren, haben in den letzten Jahren große Schäden angerichtet. Sie stülpen sich über Steinkorallen und töten die Polypen, indem sie Verdauungssekrete ausstoßen; anschließend werden die Polypen aus ihren Kelchen gesaugt. Das Kalkskelett der Korallen sieht dann schneeweiß aus (siehe Foto rechts).

Diese Seesternart vermehrt sich in manchen Gebieten extrem stark und zerstört ganze Riffgebiete. Vergleichsweise harmlos dagegen sind andere Korallenfresser, wie Kissenseesterne und einige Schneckenarten, die aber keine bleibenden Schäden an den Korallen hinterlassen.

Bei den Niederen Tieren finden wir auch Räuber, die Fische fressen. So können einige Schneckenarten gezielt Giftpfeile auf Fische abschießen, die sie betäuben und im ganzen verschlingen.

Zu den Weidegängern gehören See-igel, die sich vegetarisch ernähren und Schnecken, die mit ihren Raspelzungen unterschiedlichen Bewuchs abweiden.

Unter den Krebsen gibt es spezialisierte Garnelen, die sich als »Putzer« betätigen und die Hautparasiten von Fischen fressen (siehe Seite 76).

Detritus – organische Schwebe- und Sinkstoffe – wird hauptsächlich von am Boden lebenden Tieren, wie die meisten Seegurkenarten, gefressen.

Fische

Bei den Fischen gibt es viele Planktonfresser. Nicht nur die kleinsten, sondern auch die größten, wie Mantas und Walhaie, ernähren sich von Plankton. Sie schwimmen mit geöffnetem Maul, oft nahe der Oberfläche, und filtrieren die Schwebeorganismen aus dem Wasser. Die kleinen Planktonfresser, wie Fahnenbarsche und Schläfergrundeln, schwimmen in der Strömung und machen Jagd auf Zooplankton.

Doktorfische, Kammzahnschleimfische, Kaninchenfische und einige Kaiserfischarten weiden die Algen von Felsen oder Korallengestein ab.

Korallen werden auf unterschiedliche Weise gefressen: Einige Spezialisten zupfen mit ihrer verlängerten, spitzen Schnauze die Polypen ganz oder teilweise aus ihren Kelchen. Zu ihnen gehören Falterfische und einige Lipp- und Feilenfische. Papageien- und Drückerfische können mit ihren starken Gebissen Korallenäste abbeißen oder die Oberfläche abschaben.

Ein großer Teil der in Korallenriffen lebenden Tierarten ernähren sich räuberisch: Haie, Barrakudas, Barsche, Skorpionfische, Schnapper, Muränen, Soldatenfische und viele andere. Auch Allesfresser und Mischköstler gibt es unter den Fischen; typische Vertreter sind Halfter- und Kugelfische.

Der Dornenkronen-Seestern ist ein Feind der Steinkorallen. In kurzer Zeit tötet er die Korallenpolypen und saugt sie aus ihren Kelchen, bis nur das weiße Kalkskelett übrigbleibt (links oben).

Der größte Fisch ist der Walhai, er ernährt sich von den kleinsten Organismen – dem Plankton.

Vermehrung und Entwicklung

Niedere Tiere

Bei dieser Gruppe gibt es geschlechtliche und ungeschlechtliche Vermehrung. Die ungeschlechtliche erfolgt über Teilung oder Knospung.

Bei der <u>Teilung</u> entstehen aus einem Individuum durch eine Abschnürung zwei gleichwertige Tiere.

<u>Knospung</u> nennt man die Entstehung neuer Individuen, die sich aus einem Mutterpolypen entwickeln. Zuerst bildet sich ein knospenartiger Auswuchs (Name), der sich zu einem kompletten Tier entwickelt und sich schließlich vom Muttertier löst. Die Jungtiere verbleiben z. B. bei Steinkorallen direkt neben dem Mutterpolypen; sie sind identisch und bilden eine Kolonie.

Bei anderen Nesseltieren entwickeln sich die Knospen der Polypen zu <u>Medusen</u>, das sind im Freiwasser lebende Quallen. Wenn sie geschlechtsreif werden, entwickeln sie Eier und Sperma. Aus den befruchteten Eiern schlüpfen Larven, die zunächst planktonisch leben und sich dann zu sessilen Polypen entwickeln. Jede Generation hat also die gleiche Gestalt wie die »Großeltern«, aber nie die der »Eltern«. Der Generationswechsel erfolgt immer von Medusen zu sessilen Formen oder umgekehrt und kommt bei fast allen Nesseltieren vor.

Bei der geschlechtlichen Vermehrung der Niederen Tiere gibt es außer der getrenntgeschlechtlichen Fortpflanzung auch viele Zwitter.

<u>Zwitter</u> produzieren sowohl Eier als auch Sperma und können sich gegenseitig befruchten. Diese Vermehrung ist bei Arten, die sich selten begegnen, für die Erhaltung der Art von Bedeutung, da kein andersgeschlechtlicher Partner gesucht werden muß. Eine Selbstbefruchtung wird dadurch vermieden, daß das Sperma zuerst ausgestoßen wird und die Eier später.

Bei der getrenntgeschlechtlichen Vermehrung unterscheidet man äußere und innere Befruchtung. Manche Schneckenarten haben Kopulationsorgane entwickelt und bei den Oktopoden (Kraken) führt das Männchen

Bei der Paarung der Sepien führt das Männchen ein »Samenpaket« mit einem seiner 10 Arme in die Mantelhöhle des Weibchens ein.

mit einem bestimmten Arm dem Weibchen ein Samenpaket in die Mantelhöhle. Aber auch bei sessilen Arten kennt man innere Befruchtung: Schwämme und einige Steinkorallen strudeln das ins Freiwasser ausgestoßene Sperma bei der Sauerstoff- und Nahrungsaufnahme in den Körper ein. Dabei werden die in den Körperhohlräumen befindlichen reifen Eier befruchtet.

Manche Steinkorallen betreiben sogar Brutpflege. Erst wenn die Larven schlüpfen, werden sie ins Freiwasser ausgestoßen. Die Weibchen vieler Oktopusarten bewachen die Eier, bis die Jungtiere schlüpfen. Während dieser Brutpflege nehmen sie keine Nahrung zu sich und sterben dann.

Bei der äußeren Befruchtung werden Sperma und Eier ins Freiwasser abgegeben. Die befruchteten Eier entwickeln sich also während einer planktonischen Lebensphase.

Das Gelege einer Nacktschnecke ist spiralförmig angeordnet. Diese zarten Gebilde kann man in verschiedenen Farben sehen.

Viele Korallenarten vermehren sich geschlechtlich; männliche Korallen geben das Sperma ins Wasser ab, welches von weiblichen Polypen dann in den Gastralraum eingestrudelt wird.

Knorpelfische

Sie vermehren sich durch innere Befruchtung bei der Kopulation und sind häufig lebendgebärend (vivipar); es werden aber auch Eier abgelegt (ovipar). Außerdem gibt es in dieser Gruppe noch eine dritte Variante: Die Eier, die sich in der Gebärmutter entwickeln, werden nicht ausgestoßen, sondern bleiben im Eileiter, bis die Jungtiere lebensfähig sind und schlüpfen (ovovivipar).

Die Eier der Haie und Rochen besitzen eine kissenähnliche Form und sind an den Ecken mit spiraligen Haftfäden versehen. Damit verhängen sie sich an Pflanzen oder Korallen und werden nicht von der Strömung verdriftet. Wenn die Jungtiere schlüpfen, sind sie voll entwickelt und beginnen mit der Nahrungssuche.

Bei den lebendgebärenden Haien trennen sich Männchen und Weib-

chen vor der Geburt der Jungen. Die trächtigen Weibchen suchen bestimmte Gebiete auf, wo die Jungtiere zur Welt kommen. So wird verhindert, daß männliche Haie die Neugeborenen fressen. Die weiblichen Tiere haben während und nach der Geburt eine Beißhemmung und können in dieser Zeit, in der die Jungen gefährdet sind, nicht fressen.

Knochenfische

Die meisten Knochenfische sind ovipar, d. h. sie legen Eier. Lebendgebärende Arten sind bei Knochenfischen selten. Bei ihnen gibt es im allgemeinen auch keine innere Befruchtung.

Die Eier der Knochenfische sind gewöhnlich sehr klein, etwa um 1 mm Durchmesser, und es dauert durchschnittlich eine Woche, bis die Larven schlüpfen.

Eine Larve ist ein Jugendstadium, das sich von den erwachsenen Tieren im Köperbau unterscheidet. Zum Vergleich denken wir an eine Kaulquappe, die ein Larvenstadium des Frosches ist.

Fischlarven sind oft mit einem Dottersack ausgerüstet, von dem sie sich anfangs ernähren. Manche Arten können sich von Geburt an selbst mit Phytoplankton versorgen. Sie treiben mit der Strömung und gehören damit zum Zooplankton.

Mit der Entwicklung der Larven bilden sich oft Stacheln und Knochenplatten, die einen gewissen Schutz vor Räubern bieten.

Die Länge des Larvenstadiums variiert stark und kann die Verbreitung einer Art beeinflussen. Kurzlebige Larven können keine großen Strecken treiben. Oft sind deshalb solche Arten auf ein relativ kleines Gebiet beschränkt. Man spricht dann von endemischen Arten.

Wenn das Larvenstadium zu Ende geht, müssen die Jungtiere vieler Arten im relativ flachen Wasser eine geeignete Stelle finden, wo sie ansiedeln können. Im offenen Meer haben sie kaum eine Überlebenschance.

Die Larven verwandeln sich in wenigen Tagen zum Jungfisch. Pigmente, Schuppen und alle Flossen werden in kürzester Zeit entwickelt.

Viele Knochenfischarten machen während ihrer Entwicklung eine Geschlechtsumwandlung durch. Anemonenfische z. B. werden männlich geboren und können sich bei Bedarf in Weibchen umwandeln. Bei Barschen ist es umgekehrt, sie sind als Jungtiere meist weiblich.

Das Wachstum der Fische verläuft bei vielen Arten kontinuierlich, das bedeutet, daß ein großer Fisch auch entsprechend alt ist. Andere Arten wachsen bis zu einer bestimmten Größe relativ rasch, dann aber nur noch langsam. Das Wachstum kann u. a. auch durch eine soziale Rangordnung gehemmt werden (s. Seite 164).

Bei den Knochenfischen gibt es Kurzzeit- und Langzeitbindungen, Einehen und Vielehen (Harem). Männliche Fahnenbarsche besitzen einen Harem mit 6–8 Weibchen. So lange dieses Verhältnis stimmt, kann sich kein Weibchen in ein Männchen verwandeln. Erst wenn das Männchen stirbt, verändert das ranghöchste Weibchen das Geschlecht. Die Geschlechtsumwandlung wird durch die Rangordnung gesteuert.

Knochenfische laichen paarweise oder in Gruppen. Entweder werden die Eier ins Freiwasser abgegeben oder auf vorbereiteten Untergrund angeheftet; nur wenige bauen Nester und betreiben Brutpflege. Drückerfische, Anemonenfische, Schleimfische und Grundeln bewachen und hegen das Gelege, bis die Larven schlüpfen, die dann mit der Strömung davontreiben; das planktonische Stadium beginnt.

Eine spezielle Form der Brutpflege

betreiben die Maulbrüter; ein Elternteil nimmt die befruchteten Eier ins Maul, wo sie vor Freßfeinden sicher sind. Maulbrüter entlassen erst die fertigen Jungfische. Bei den Kardinalfischen übernehmen die Männchen die Brutpflege, deshalb haben sie wahrscheinlich einen größeren Kopf. Noch einige Zeit nach dem Schlüpfen flüchten die Jungfische bei Gefahr in das Maul des Vaters.

Noch ungewöhnlicher ist die Fortpflanzung der Seepferdchen und Seenadeln. Die weiblichen Tiere verstauen die Eier in Bruttaschen, die sich am Bauch der Männchen befinden! Darin werden die Eier befruchtet und ausgebrütet. Wenn die Jungen schlüpfen, werden sie »vom Vater zur Welt gebracht«!

Knochenfische laichen teilweise in dem Gebiet, in dem sie leben, andere unternehmen weite Wanderungen, damit sie geeignete Laichplätze erreichen. Diese Wanderungen und auch anderes Paarungsverhalten werden durch bestimmte Mondphasen und Jahreszeiten zeitlich gesteuert. Die Tiere laichen häufig in der Abenddämmerung bei Ebbe; dadurch werden nicht so viele Eier von Riffbewohnern gefressen.

Das offene Meer ist wesentlich dünner besiedelt als Riffe. Die Überlebensrate ist trotzdem relativ gering, wenn man bedenkt, daß manche größeren Fische bis zu 1 Million Eier freisetzen. Trotzdem wird nur ein kleiner Teil davon erwachsen und garantiert den Fortbestand der Art.

Viele Fischarten verändern während ihrer Entwicklung Form, Farben und Muster. Der Bäumchen-Lippfisch ist nur im Jugendstadium so attraktiv, erwachsen ist er unscheinbar (s. auch Seite 173, Papageifische).

Schwämme – Porifera

Stamm Schwämme. Etwa 5000 Arten. Von wenigen Millimetern bis fast 2 m groß.
Erkennungsmerkmale: Schwämme sind am Untergrund festgewachsene Tiere, die keine Eigenbewegungen ausführen können. Die Formen variieren sehr stark: Knollen, Röhren, Krusten, Bäumchen, Äste, Becher, Kugeln und andere bizarre Formen. Die meisten Arten wachsen asymmetrisch und sind in allen Helligkeitsstufen in braun, grau, gelb, rot, violett bis blau zu finden. Nur selten kommt eine Musterung vor. Auf ihrer Oberfläche sind oft Poren zu erkennen.
Vorkommen: Weltweit, bis in Tiefen von 50 m häufig. Vorwiegend auf Steinen, aber auch auf Korallen und Schalen von Weichtieren, unter Überhängen und in Höhlen.
Lebensweise: Die Oberfläche der Schwämme ist eine von Poren durchlöcherte Zellschicht. Im Inneren befindet sich ein mit Kragengeißelzellen ausgekleideter zentraler Hohlraum, der mit den Poren durch dünne Kanäle verbunden ist. Durch Geißelschlag erzeugen die Kragengeißelzellen einen Wasserstrom, der den Schwamm mit Sauerstoff und Nahrung versorgt. Die Nahrungspartikel bleiben an den Kragengeißelzellen hängen. Das filtrierte Wasser wird zu einer großen Ausströmöffnung, dem Osculum geleitet. Ein Schwamm kann mehrere Oscula haben. Diese Ernährungsweise macht Schwämme von der Meeresströmung unabhängig; man findet sie deshalb oft an schattigen Plätzen, wie Höhlen und unter Überhängen, die nicht so dicht besiedelt sind. In den inneren Zellschichten befinden sich Skelettelemente, die aus Kalk (Kalkschwämme) oder Kieselsäure (Kieselschwämme) bestehen. Die Kieselnadeln können durch elastisches Spongin zu einem Gerüst verbunden sein. Die harten Kalk- und Kieselnadeln schützen die Tiere vor dem Gefressenwerden; beim Menschen können sie Hautreizungen verursachen. Muskeln, Organe und Nerven fehlen. Wird ein Schwamm, z. B. durch einen Anker beschädigt, können die Stücke unter günstigen Bedingungen wieder regeneriert werden.
Nahrung: Plankton und Schwebstoffe, wie Bakterien, Kleinalgen, Detritus.
Fortpflanzung: Meist ungeschlechtlich durch Knospung, aber auch geschlechtlich. Das ins Wasser ausgestoßene Sperma männlicher Schwämme gelangt in ein weibliches Tier, wo die Befruchtung erfolgt. Die Entwicklung vom Ei bis zur Larve erfolgt im Muttertier. Die Larven beginnen dann ihr planktonisches Leben.

Roter Busch-schwamm (Branching Sponge); etwa 30 cm. Die Wuchsform erinnert sehr an eine Koralle. Foto: Malediven.

Grauer Röhren-schwamm, *Siphonochalina* sp. (Branching Tubular Sponge); etwa 60 cm. Diese Art ist im Roten Meer häufig. Foto: Ägypten. ▶

Roter Waben-schwamm, *Cinachyra* sp. (Red Ball Sponge); etwa 15 cm. Foto: Malediven. ▶▶

Feuerkorallen – Milleporidae

Familie Feuerkorallen, Klasse Hydrozoa, Stamm Nesseltiere (Cnidaria). Siehe auch Seite 42. Größe etwa 1 m.
Erkennungsmerkmale: Sie sind den Steinkorallen sehr ähnlich, aber durch ihre beige bis bräunliche Färbung mit weißen verdickten Spitzen zu unterscheiden. Sie wachsen fächerförmig; gitter- oder geweihartig, manchmal auch flächig. Sie stehen meist quer zur Hauptströmung.
Vorkommen: Tropische Meere; in relativ flachem Wasser.
Lebensweise: Feuerkorallen sind tagaktiv, da die Freßpolypen von sehr stark nesselnden Wehrpolypen umgeben sind. Diese dienen nicht nur der Feindabwehr, sonden fangen auch Beute, die sie an die Freßpolypen weiterreichen. Feuerkorallen sind zur Kalkabscheidung, also zum Skelettbau fähig. Das poröse Kalkskelett, das den Körper der Polypen umgibt, ist mit vielen Kanälen (Stolonen) durchzogen, durch die die Polypen in Verbindung stehen und mit Nahrung versorgt werden. Sie leben in Symbiose mit Zooxanthellen.
Nahrung: Zooplankton.
Fortpflanzung: Feuerkorallen entwickeln spezielle Polypen von denen sich winzige planktonische Medusen ablösen.

Vorsicht! Das Nesselgift aller Hydrozoa kann schmerzhafte Verbrennungen verursachen.

Hydroiden – Hydroidea

Ordnung Hydroiden, Klasse Hydrozoa. Etwa 2000 Arten. Bis 15 cm.
Erkennungsmerkmale: Die Hydropolypen bilden Kolonien in Form von Federn, dünnen Bäumchen oder Sträuchern. Sie siedeln häufig auf festem Untergrund. Die Färbung variiert.
Vorkommen: Weltweit; an schattigen Plätzen.
Lebensweise: Aufgrund ihres seßhaften Lebens sind sie auf Strömung angewiesen, die ihnen die Nahrung zuträgt. Die Einzelpolypen werden von trichterförmigen Schutzhüllen umgeben, in die sie sich zurückziehen können.
Nahrung: Vorwiegend tierisches Plankton.
Fortpflanzung: Der Hydroidenstock vergrößert sich durch ungeschlechtliche Knospungen. Durch spezielle Knospungen entstehen Hydromedusen, kleine quallenähnliche Gebilde, die sich pulsierend im Wasser bewegen. Die Hydromedusen vermehren sich geschlechtlich, d. h. ein Ei wird befruchtet, aus dem eine Larve entsteht. Wenn die Larve auf dem Grund ansiedelt, entsteht wieder ein Hydropolyp, der durch Knospung einen neuen Stock bildet. Eine Art existiert also in zwei völlig unterschiedlichen Formen.

Verzweigte Feuerkoralle, *Millepora tortuosa* (Fire coral); bis 2 m. Sie siedeln an erhöhten Stellen nahe der Oberfläche.
Foto: Thailand.

Brettartige Feuerkoralle, *Millepora platyphylla* (Fire coral); etwa 1,5 cm. Alle Feuerkorallen besitzen Nesselkapseln.
Foto: Thailand.

Fieder-Hydrozoe, *Lytocarpus philippinus* (White Stinging Hydroid); etwa 10 cm. Diese pflanzenähnlichen Tierkolonien nesseln stark.
Foto: Thailand.

Nesseltiere – Cnidaria

Nesseltiere sind mit Klebe- und Nesselkapseln ausgestattet. Nesselkapseln sind mikroskopisch kleine, längliche, mit Nesselgift gefüllte Bläschen, die bei geringen Berührungsreizen explodieren. Dabei dringt ein im Inneren befindlicher, peitschenartiger Schlauch, der zusammengerollt unter Spannug steht, dem Opfer in die Haut. Das Nesselgift wird durch diesen Schlauch injiziert. Die Klebekapseln sind ähnlich gebaut, aber mit einer klebrigen Substanz gefüllt. Der herausgeschleuderte Schlauch bleibt an der Oberfläche der Beute kleben, die dann zur Mundöffnung transportiert wird.

Vorsicht! Nesseltiere verursachen bei vielen Menschen starke Hautreizungen. Die Wirkung ist unterschiedlich und hängt von der Haut und ihrer allergischen Reaktion ab. Die gefährlichsten Nesseltiere findet man in der Klasse der Würfelquallen. Am bekanntesten ist die Seewespe *Chironex fleckeri*, die für einige Todesfälle verantwortlich ist. Sie kommt fast nur in australischen Gewässern vor und erscheint nur zu bestimmten Jahreszeiten. Nach Kontakt mit Nesseltieren befinden sich oft noch geladene Kapseln auf der Haut. Durch Reiben entladen sie sich und verschlimmern die Wirkung.

Wurzelmund-Qualle, *Mastigias papua* (Jellyfish); etwa 60 cm. Junge Bastard-Stachelmakrelen (Carangidae) schnappen nach Plankton; bei Gefahr suchen sie Schutz unter dem Schirm.
Foto:Thailand.

Schirmquallen – Scyphozoa

Klasse Schirmquallen, Stamm Nesseltiere (Cnidaria). Über 250 Arten. Größe bis 1 m Durchmesser.
Erkennungsmerkmale: Meist mit halbkugel- oder glockenförmigem Schirm, unter dem sich verdickte bis traubenartige Tentakeln befinden. Einige Arten besitzen dünne Tentakeln am Rand des Schirmes. Sie sind häufig transparent, gelegentlich leicht bläulich oder rötlich.
Vorkommen: Weltweit in allen Meeren.
Lebensweise: Schirmquallen bewegen sich durch Kontraktionen des Schirmes vorwärts. Mit ihren nesselnden Tentakeln fangen sie ihre Nahrung.
Nahrung: Zooplankton und kleine Fische.
Fortpflanzung: Zumeist getrenntgeschlechtlich. Aus den Eiern schlüpfen bewimperte Larven, die sich bald ansiedeln, aber keine Kolonien bilden. Der sich bildende Polyp vermehrt sich durch Abschnürung neuer kleiner Medusen.

Sternhimmel-Qualle, *Mastigias* sp. (Jellyfish); etwa 40 cm. Die traubenartigen Gebilde sind nesselnde Tentakeln.
Foto: Thailand.

Die Giftwirkung der Schirmquallen ist gering.

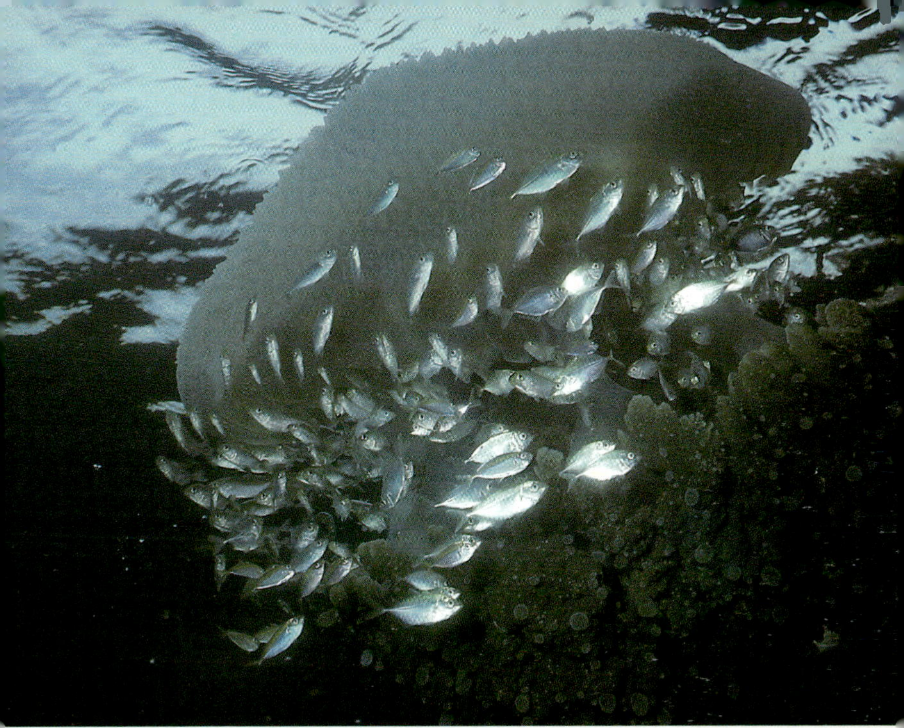

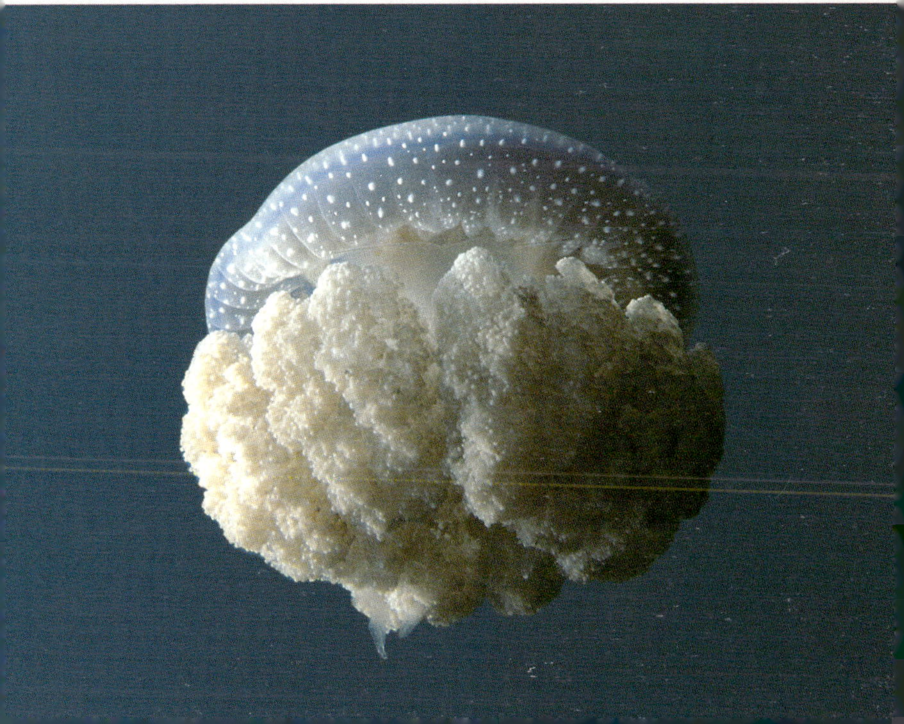

Schwarze Korallen – Antipathidae

Familie Schwarze Korallen, Ordnung Dörnchenkorallen (Antipatharia), Unterklasse Hexacorallia, Klasse Blumentiere (Anthozoa), Stamm Nesseltiere (Cnidaria). In Tiefen von 50 m bis mehrere Meter groß. Etwa 150 Arten.

Erkennungsmerkmale: Koloniebildende, baumartige Stöcke mit kräftigem Stamm. An den Enden der Verzweigungen befinden sich dünne, rotbraune Hornruten, die an Kiefernadeln erinnern und unter Wasser dunkelgrün aussehen. Das hornartige harte Skelett ist dunkelbraun oder schwarz und ist mit einer Haftscheibe auf festem Grund verankert. Man fertigt daraus Schmuck und Rosenkränze.

Vorkommen: Tropische Meere, meist tiefer als 10 m.

Lebensweise: Schwarze Korallen wachsen sehr langsam und brauchen viele Jahre, bis sie sich zu einem großen »Baum« entwickelt haben. Sie werden am größten an strömungsexponierten Stellen in etwa 50 m Tiefe. Diese schönen Tierkolonien fallen aber oft der Habgier der Menschen zum Opfer.

Nahrung: Microplankton und Detritus.

Fortpflanzung: Polypen getrenntgeschlechtlich; in einem Stock können männliche und weibliche Tiere auftreten. Ungeschlechtliche Vermehrung erfolgt durch Knospung, wodurch die Kolonie wächst.

Schwarze Koralle, *Antipathes* sp. (Bushy Black Coral); etwa 1,8 m. Diese Tierkolonien können mehrere Meter groß werden. Foto: Thailand.

Drahtkoralle – Cirripathes

Gattung Drahtkorallen, Familie Schwarze Korallen (Antipathidae). Bis max. 6 m lang.

Erkennungsmerkmale: Lange, dünne Koralle, die sich kaum verjüngt. Sie besitzt niemals Verzweigungen und hat keine einheitliche Form. Sie wächst nicht geradlinig und nur selten nach oben, sondern immer vom Riff in Richtung freies Wasser. Die unregelmäßigen Krümmungen verlaufen oft spiralförmig. Bei näherer Betrachtung kann man die Korallenpolypen erkennen. Die Färbung ist bräunlich.

Vorkommen: Tropische Meere; meist tiefer als 15 m auf festem Untergrund; vorwiegend an steilen Riffen mit viel Strömung.

Lebensweise: Drahtkorallen besitzen ein kräftiges, zähelastisches Skelett, das sich auch bei starker Strömung nur geringfügig zur Seite drücken läßt.

Drahtkoralle, *Cirripathes* sp. (Black Whip Coral); etwa 1 m. Foto: Malediven.

Vorsicht! In der Nähe dieser Koralle muß man aufpassen, daß man nicht hängen bleibt, z. B. mit den sogenannten Jetdüsen der Schwimmflossen. Man kann diese Koralle weder schneiden noch brechen.

Zylinderrosen – Ceriantharia

Ordnung Zylinderrosen, Unterklasse Hexacorallia, Klasse Blumentiere (Anthozoa). Größe bis 40 cm.
Erkennungsmerkmale: Der langgestreckte Körper des Tieres steckt immer in einer selbstgefertigten Wohnröhre, die im Bodensediment steckt. Sie besteht aus einer gallertartigen Substanz, die den Sand zusammenhält. Bei Gefahr zieht sich das Tier sehr schnell darin zurück. Diese Wohnröhre kann bis zu 1 m lang sein und schließt häufig in Höhe des Bodens ab, so daß der äußere Tentakelkranz auf dem Grund als Klebefalle ausliegt. Die spitz zulaufenden Tentakeln sind mit vielen Klebekapseln ausgestattet. Die Röhre kann aber auch weit über dem Boden enden. Ein typisches Erkennungsmerkmal sind die wesentlich längeren Tentakeln der äußeren Reihen und die kurzen, leicht fluoreszierenden Tentakeln des Zentrums. Die Färbung variiert von braun, violett, gelb, weiß bis grün.
Vorkommen: Tropische und kalte Gewässer, bis 35 m Tiefe, auf Böden mit Sedimentablagerung.
Lebensweise: Die ortsgebundene Zylinderrose hat nur einen kleinen Bewegungsspielraum in ihrer Wohnröhre. Sie besitzt kein Skelett und fängt sich wie alle Blumentiere vorbeidriftende Beute.
Nahrung: Zooplankton und kleine Tiere.
Fortpflanzung: Geschlechtlich, Larven leben planktonisch.

Krustenanemonen – Zoantharia

Ordnung Krustenanemonen, Unterklasse Hexacorallia, Klasse Blumentiere (Anthozoa) Stamm Nesseltiere (Cnidaria). Etwa 10 Arten, nur wenige Zentimeter groß.
Erkennungsmerkmale: Fast ausnahmslos koloniebildende Polypen, die sich ein zapfenartiges Außenskelett aus siliziumhaltigen Partikeln von Schwämmen und Einzellern aufbauen. Die Polypen leben oft eingezogen, kommen aber nachts und bei starker Strömung zum Beutefang heraus. Sie besitzen meist 24 oder mehr gelbe Tentakeln, die um die längliche, orangene Mundöffnung stehen. Die Polypen sind untereinander durch Kanälchen (Stolonen) verbunden. Bei eingezogenen Polypen kann man den oberen gezackten Rand der Skelette sehen.
Vorkommen: Weltweit, an strömungsexponierten Stellen, in Höhlen und an Steilwänden, oft in sehr großer Zahl.
Lebensweise: Ihr Nesselgift schützt sie weitgehend vor Fischen und weidenden Wirbellosen. Ihre Seßhaftigkeit macht sie von Nahrung abhängig, die von der Strömung herangetragen wird.
Fortpflanzung: Wahrscheinlich ovipare Zwitter.

Zylinderrose, *Cerianthus filiformis* (Tube Anemone); etwa 12 cm Durchmesser. An ihren kurzen Innententakeln sind sie von Anemonen leicht zu unterscheiden. Foto: Philippinen.

Krustenanemone, ▶ *Tubastrea coccinea* (Daisy Coral); etwa 6 cm. Links: Am Tage sind die Polypen eingezogen. Rechts: ▶▶ Nachts und bei Strömung entfalten sich die Tentakeln in voller Pracht. Fotos: Malediven und Thailand.

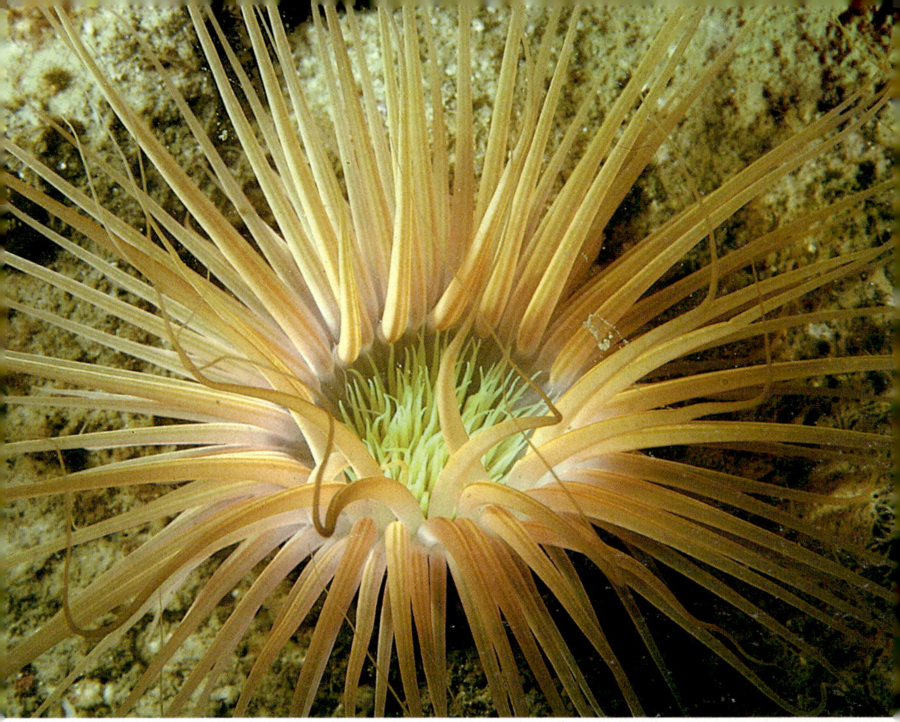
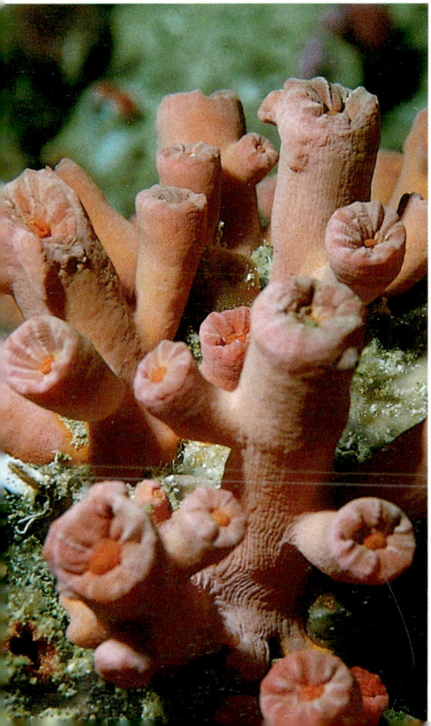
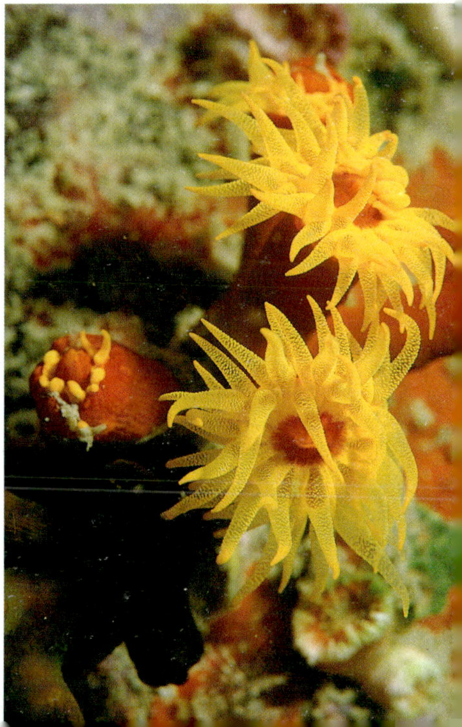

Anemonen – Actiniaria

Ordnung Anemonen, Unterklasse Hexacorallia. 35 Arten, bis 1,5 m Durchmesser und damit größter Polyp.

Erkennungsmerkmale: Der meist scheibenartige Körper wird am Tag weit geöffnet, so daß die vielen Tentakeln zu sehen sind. Die Tiere leben häufig mit mehreren der gleichen Art auf engem Raum zusammen und bilden eine Art »Rasenfläche«. Wenn es dunkel wird, zieht sich der Außenrand zusammen und die Tentakeln verschwinden in einem ballonartigen Mantel; dann sind die Einzeltiere gut zu unterscheiden. So kann man auch die an der Basis befindliche große Fußscheibe gut erkennen, mit der sich das Tier auf Hartböden mit Klebekapseln anheftet. In nährstoffreichen Gewässern kommt es oft vor, daß sie sich schon am Tag schließen, wahrscheinlich weil ihr Nahrungsbedarf gedeckt ist. Anemonen besitzen unterschiedlich lange Tentakeln. Die Färbung ist unauffällig graugrün oder beige, in seltenen Fällen fluoreszierend rötlich. Der Mantel hat häufig sehr kräftige Farben: violett, blau, rot, aber auch grau, braun und grünlich. In tropischen Gewässern kann man oft Anemonenfische zwischen ihren Tentakeln sehen; diese leben aber nur mit 10 Anemonenarten in Symbiose.

Vorkommen: In warmen und kalten Gewässern, meist in relativ flachem Wasser; die kleinen Schmarotzeranemonen leben auf den Gehäusen von Einsiedlerkrebsen.

Lebensweise: Anemonen führen ein seßhaftes (sessiles) Leben, können sich aber langsam kriechend fortbewegen. Sie besitzen kein Skelett. Bei Anemonen sind Symbiosen sehr häufig. Am bekanntesten ist die mit Anemonenfischen. Der Anemonenfisch ist zwischen den nesselnden und klebenden Tentakeln vor Raubfischen sicher. Andererseits verteidigt er seine Anemone gegen spezialisierte Feinde, die versuchen, die Tentakeln abzubeißen. Außerdem schleppt er größere Futterbrocken aus der Umgebung heran, die die Anemone nicht erreichen kann. In Anemonen kann man auch verschiedene Krebsarten beobachten, die gegen das Nesselgift offensichtlich auch immun sind. Die kleinen Schmarotzeranemonen, die auf den Gehäusen von Einsiedlerkrebsen leben, werden auf diese Weise herumgetragen und kommen so zu unterschiedlicher Nahrung; der Krebs wird durch die nesselnden Tentakeln geschützt (s. auch Foto Seite 81).

Nahrung: Zooplankton und Fische.

Fortpflanzung: Meist getrenntgeschlechtlich, einige Arten betreiben Brutpflege bis die Larven schlüpfen. Andere vermehren sich ungeschlechtlich durch Abschnürung an der Basis oder Teilung des ganzen Tieres. Sie haben kein Medusenstadium.

Rote Riesenaktinie, *Gyrostoma helianthus* (Sea Anemone); etwa 80 cm. Am Tag sieht man meist nur die Tentakeln. Foto: Ägypten.

Rosa Riesenanemone, *Radianthus ritteri* (Common Sea Anemone); etwa 40 cm. In der Dämmerung zieht sich der Mantel zusammen, bis alle Tentakeln umhüllt sind. Foto: Malediven.

Meeresanemone, *Stoichactis* sp. (Sea Anemone); etwa 20 cm. Diese Art wird von Anemonenfischen gemieden. Foto: Thailand.

Steinkorallen – Madreporaria

Ordnung Steinkorallen, Unterklasse Sechsstrahlige Korallen (Hexacorallia), Klasse Blumentiere (Anthozoa). Stamm Nesseltiere (Cnidaria). Etwa 2500 heute lebende Arten. Größe der Polypen 1 mm bis ca. 40 cm. Größe der Stöcke bis mehrere Meter.

Erkennungsmerkmale: Steinkorallen sind bis auf wenige Ausnahmen fest am Grund angewachsene harte und unbewegliche Gebilde. Die Formen variieren sehr stark. Man findet Kugeln, Säulen, Becher, Platten, Bäumchen, Geweihe und viele andere. Steinkorallen sind vorwiegend bräunlich und grünlich gefärbt. Eine Kolonie wird von vielen, sehr kleinen Korallenpolypen gebaut und bewohnt. Je nach Art sind die Polypen mehr oder weniger gut erkennbar. Am Tag leben die Tiere eingezogen, aber nachts werden die Tentakeln zum Fang von Nahrung ausgestreckt. Jeder Polyp besitzt sechs ungefiederte Tentakeln. Im Zentrum befindet sich eine kleine, längliche Mundöffnung.

Vorkommen: Weltweit in tropischen Meeren; bis 50 m Tiefe. In sonnendurchflutetem Wasser mit einer Mindesttemperatur von 18° C ganzjährig.

Lebensweise: Korallenpolypen produzieren zum Bau ihrer ständig wachsenden Skelette Kalk (Kalziumkarbonat), der im Meerwasser reichlich in Form von gelöstem Kalzium vorhanden ist. Die chemische Umwandlung von Kalk zu Kalkstein ist in atmosphärischer Luft durch die Aufnahme von Kohlendioxyd (CO_2) sehr einfach. Unter Wasser ist es aber ein sehr komplizierter Prozeß. Ein Korallenriff kann aber nur entstehen, wenn der Aufbau der Kalkskelette schneller voranschreitet als die Zerstörung. Riffe werden duch viele Faktoren zerstört, auf die wir später zurückkommen. Korallenpolypen können nur mit Hilfe der Zooxanthellen – winziger Algen – schnell genug Kalk produzieren, daß es zur Riffbildung kommt. Die Polypen leben mit den Zooxanthellen in Symbiose; diese befinden sich in großer Zahl in den Geweben der riffbildenden (hermatypischen) Steinkorallen. Die Zooxanthellen können durch Photosynthese organische Verbindungen aufbauen und nehmen bei diesem Prozeß Kohlendioxyd aus dem Organismus des Polypen auf. Das fördert die Ausscheidung von Aragonitkristallen, dem Baustoff für das Kalkskelett der Korallen. Die Kalkproduktion wird dadurch um das 10-fache gesteigert. Riffbildende Korallen wachsen mit zunehmender Wassertiefe langsamer, denn sie bekommen weniger Licht. Die meisten Steinkorallenarten kommen nur bis in 50 m Tiefe vor. Vereinzelt gibt es auch Korallen in Tiefen, in die nie ein Lichtstrahl durchdringt. Ohne die Symbiose zwischen den Zooxanthellen und den Korallenpolypen gäbe es weder das große Barriere-Riff in Australien, noch die Malediven.

Korallenriff mit verschiedenen Steinkorallenarten der Gattung *Acropora* (Coral Reef with Hard Corals). Foto: Thailand.

Geweihkoralle, *Acropora elseyi* (Staghorn Coral). Diese und ähnliche Arten besiedeln oft riesige Gebiete. Foto: Malediven.

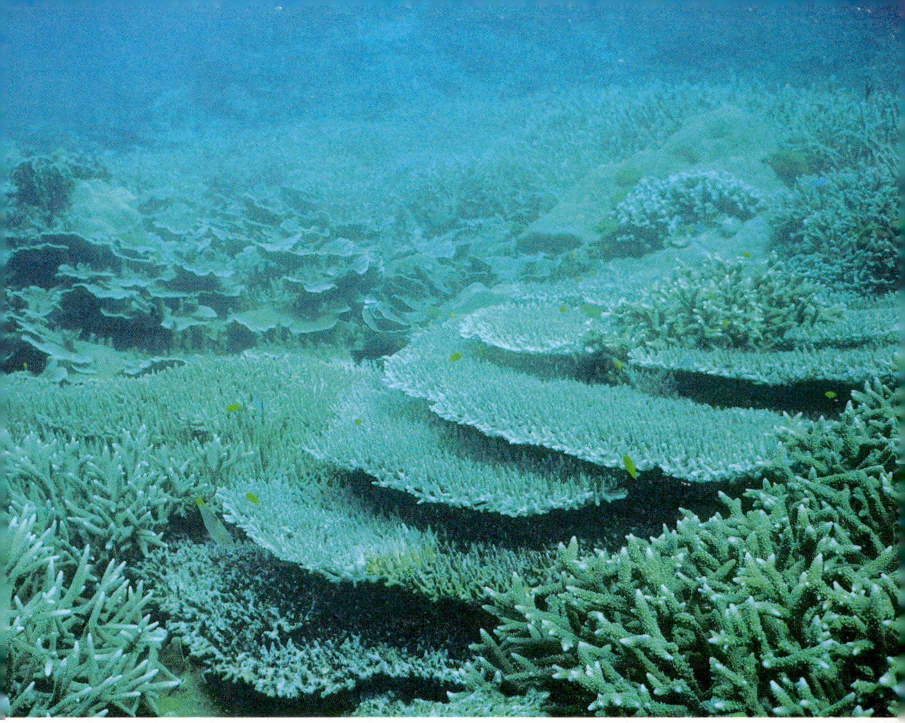

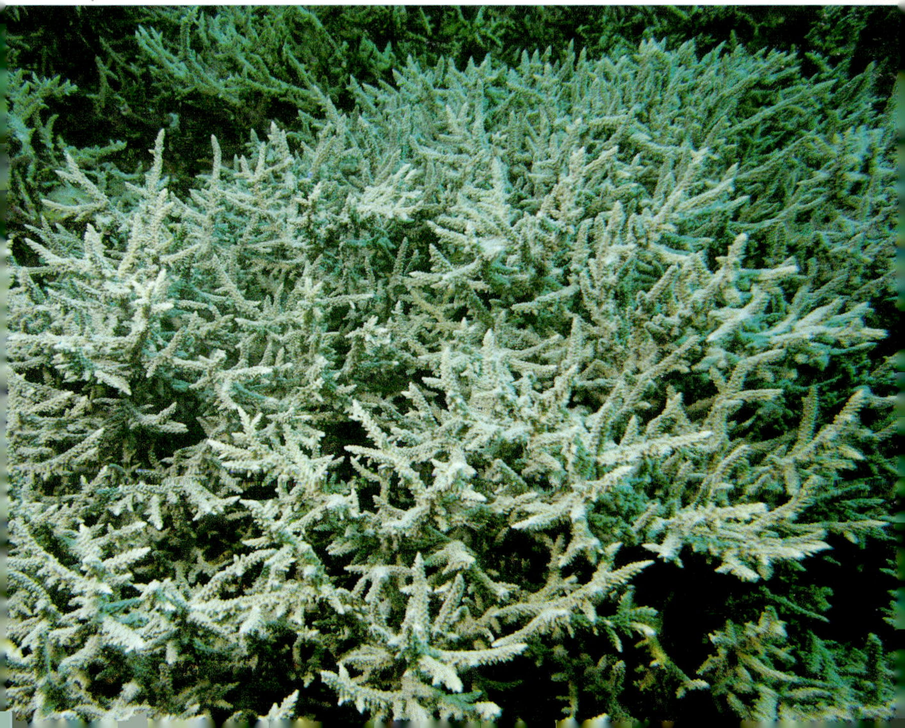

Steinkorallen (Fortsetzung)

Obwohl die Polypen fast nur am Tag den Kalk produzieren können, sind sie nachtaktive Tiere, die in der Dunkelheit aus ihrer Kalkfestung kommen, wenn die Korallenfische schlafen. Würden sie am Tag ihre Tentakeln nach Plankton ausstrecken, wären sie schnell Opfer vieler Korallenfischarten – z. B. einiger Feilen- und Falterfische. Sobald ein tierischer Planktonorganismus mit den Polypen in Berührung kommt, wird er durch Nesselkapseln betäubt oder getötet und zur Mundöffnung geführt. Die gifthaltigen Nesselkapseln, die sich in großer Zahl besonders auf den Tentakeln konzentrieren, dienen auch der Feindabwehr. Korallen sind aber nicht nur auf diese eine Art der Ernährung angewiesen.

Steinkorallen wachsen am schnellsten in nährstoffarmem Wasser bei einer Temperatur von 25–30° C. Das liegt daran, daß das Licht, welches für die Photosynthese so dringend benötigt wird, durch den geringeren Planktonanteil tiefer in das Wasser eindringen kann. Auch die Wärme ist für den chemischen Prozeß von großer Bedeutung. Deshalb gibt es auch in Gebieten, wo kaltes Wasser aus tieferen Schichten aufsteigt, keine Korallenriffe. Wegen der Nährstoffarmut des Wassers sind die Korallenpolypen auf weitere Nahrungsquellen angewiesen. Die Natur hat sie mit mikroskopisch feinen Wimpern ausgestattet, die sich auf der Körperoberfläche befinden. Alle Partikel, die als Nahrung erkannt werden, werden in Richtung Mundöffnung transportiert. Nicht verdaubares, wie z. B. Sand, wird nach außen befördert. So reinigt sich die Koralle selbst. Auch mikroskopisch kleine Organismen, wie Bakterien, werden als Nahrung genutzt. Die Polypen können ihre Oberfläche mit einem Schleim bedecken, an dem diese Mikroorganismen haften bleiben. Die Wimpern transportieren den Schleim dann zum Mund. Außerdem nehmen die Polypen Zucker und Aminosäuren auf – die Stoffwechselprodukte der Zooxanthellen. Die letzte, wenn auch minimale Nahrungsquelle, stellen organische Lösungen dar, die sich im Meerwasser befinden und über die Körperoberfläche aufgenommen werden können.

Eine weitere Voraussetzung für das Leben der Polypen ist der Salzgehalt des Wassers. Wenn bei extremer Ebbe die Korallen trocken in der heißen Sonne liegen, können sie durch eine schützende Schleimschicht 1 bis 2 Stunden überleben. Wenn es aber in dieser Zeit regnet, werden die Polypen in kurzer Zeit getötet. Vor Flußmündungen findet man in keinem Gebiet der Erde Korallen. Das hängt aber nicht nur mit dem verminderten Salzgehalt des Brackwassers zusammen. Alle Flüsse tragen ungeheure Mengen von Sedimenten ins Meer. Sie sind der größte Feind der Korallen.

Gleichmäßige Folienkoralle, *Turbinaria frondens* (Disk Coral); etwa 70 cm. Foto: Malediven.

Feinverzweigte Tischkoralle, *Acropora spicifera* (Table Coral); etwa 1,5 m. Unter günstigen Bedingungen können die Tierkolonien mehrere Meter groß werden. Foto: Thailand.

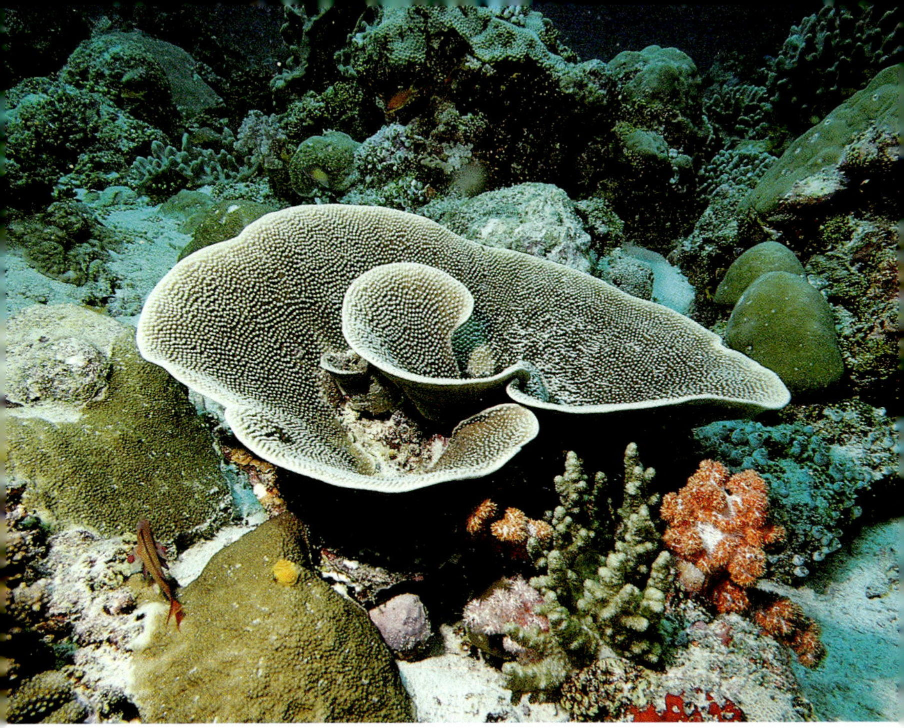

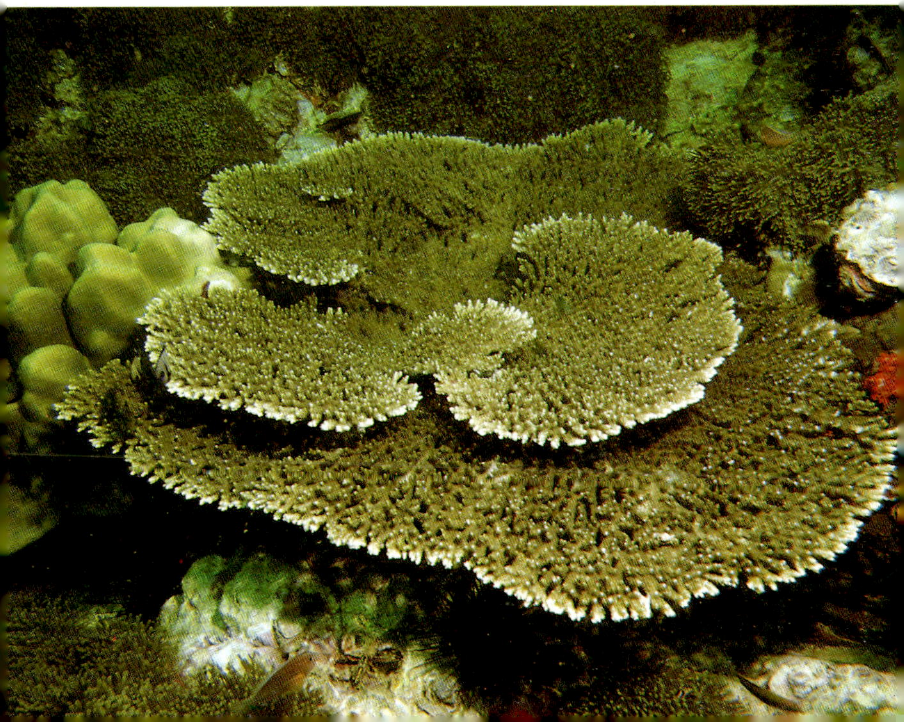

Steinkorallen (Fortsetzung)

Sobald die Sedimentmenge größer ist, als die Koralle bei ihren Reinigungsarbeiten abtransportieren kann, versandet sie und stirbt ab. In Gebieten mit stärkerer Sedimentablagerung können sich deshalb steil stehende Korallen besser halten als flächige. Schnell wachsende Steinkorallen können unter günstigen Bedingungen während eines Jahres fast 10 cm wachsen, andere nur wenige Millimeter. Korallen haben viele Feinde; am bekanntesten ist eine Seesternart, die Dornenkrone. Sie kommt in allen Korallenriffen vor und gefährdet diese nicht, so lange sie nicht überhand nimmt. Ihr natürlicher Feind ist das Tritonshorn, eine sehr große Schnecke, die zum ökologischen Gleichgewicht im Riff beiträgt. Durch den ständig wachsenden Tourismus und dem damit verbundenen Kauf der Schneckengehäuse werden die Tiere vermehrt gesammelt. Die zwangsläufige Folge ist die Vermehrung der Dornenkrone. Die Seesterne stülpen sich über Steinkorallen und geben aus dem Magen Verdauungsfermente ab, welche die Polypen töten und vorverdauen. Danach saugen sie die halbverflüssigten Polypen aus ihren Kelchen. Weitere spezialisierte Polypenfresser sind Falter- und Feilenfische, die mit ihren spitzen Schnauzen die Polypen ganz oder teilweise abzupfen. Papageienfische schaben mit ihren starken Zahnplatten über die Korallen und hinterlassen deutliche Spuren. Sie beißen auch Korallenstücke ab. Andere Feinde der Steinkorallen sind bohrende Organismen, die das Skelett von innen schwächen, bis es durch die Wasserbewegung oder das Eigengewicht zusammenbricht. Zu diesen Bohrern zählen manche Schwämme, Muscheln, Krebse und Algen. Korallen werden auch durch Raumkonkurrenten gefährdet, z. B. überwachsen Algen Korallenstöcke und ersticken die Polypen. Das vermehrte Algenwachstum ist häufig auf Düngemittel zurückzuführen, die oft weit entfernt vom Meer durch Regen in Bäche gelangen und zum Schluß ins Meer transportiert werden. Das führte in manchen Gebieten zum totalen Absterben von Riffgebieten.

Nahrung: Zooplankton.

Fortpflanzung: Hauptsächlich ungeschlechtlich durch Teilung der Polypen, aber auch geschlechtlich. Die von männlichen Korallen abgegebenen Samenzellen gelangen auf dem gleichen Weg wie die Nahrung in den Gastralraum der weiblichen Polypen, in dem die Eier befruchtet werden. Die Eier reifen teilweise in den Mutterpolypen, bis die Larven schlüpfen und ins freie Wasser ausgestoßen werden. Das Larvenstadium dauert je nach Art mehrere Stunden oder Tage. Wenn die Larven sich setzen, dauert es etwa 1 Woche bis sie sich ungeschlechtlich vermehren.

Blasenkoralle, *Plerogyra sinuosa* (Rounded Bubble Coral); 2–3 cm groß werden die einzelnen Polypen. Foto: Thailand.

Pilzkoralle, *Fungia* sp. (Mushroom Coral); etwa 20 cm. Eine der wenigen solitären Korallen, d.h. daß die Koralle nur aus einem Polyp besteht. Sie können bis 80 cm groß werden. Foto: Malediven.

Weichkorallen – Alcyonacea

Ordnung Weichkorallen, Unterklasse Octocorallia, Klasse Blumentiere (Anthozoa), Stamm Nesseltiere. Größe der Kolonien bis ca. 1 m.
Erkennungsmerkmale: Oft bäumchenartige, fleischige Kolonien mit dicken Stämmen. Die mit Polypen bedeckten Verzweigungen können wie Blüten aussehen (Blumentiere); Stamm und Äste häufig transparent, so daß die eingelagerten Kalknadeln (Skleriten) gut zu erkennen sind. Bei manchen Arten stehen in der Nähe der Polypen die Skleriten wie Stacheln aus den Zweigen. Die Gattung *Sarcophyton* hat eine pilzähnliche Form, nur der Rand des Hutes verläuft extrem wellenförmig und vergrößert so die Oberfläche der Kolonie. Diese Arten sind hellgrau oder beige gefärbt. Ungewöhnlich sind die aktiven Bewegungen von Vertretern der Familie Xeniidae; ihre Polypenarme können sich blütenartig rhythmisch öffnen und schließen. Durch diese Bewegungen werden Strömungen und Wirbel erzeugt und eine größere Menge Wasser gefiltert. Die Polypen der Weichkorallen sind relativ groß und stehen auf langen Stielen; sie sind weiß, hellgrau oder beige. Weichkorallen werden auch Lederkorallen genannt. Dieser Name stammt wahrscheinlich von der Gattung *Sinularia*. Die Arten bedecken tote Korallenstöcke mit einer dicken, lederartigen Schicht, die mit hochstehenden Wülsten und Zäpfchen versehen ist. *Sinularia* ist ein starker Raumkonkurrent der Steinkorallen. Farben: beige oder graublau. Außer den Xeniidae können alle Weichkorallen ihre Polypen einziehen.
Vorkommen: Rotes Meer, Andamanen und Nikobaren. Man findet sie aber auch in anderen Gebieten, manche Arten sogar in kaltem Wasser.
Lebensweise: Weichkorallen sind schlauchartige Gebilde, die ihren Halt von dem Wasserdruck im Inneren bekommen. Dieser wird durch umgebildete Polypen ventilartig gesteuert. Nachts werden die Weichkorallen aktiver und richten sich durch erhöhten Innendruck zu ihrer vollen Größe auf. Eine weitere Stütze sind die Kalkskleriten. Weichkorallen besitzen kein inneres Achsenskelett. Sie siedeln auf Hartböden, wie Fels oder Korallengestein, aber auch auf Muschelschalen. Die Polypen sind durch ein Röhrensystem miteinander verbunden, das eine Ernährung untereinande möglich macht. Gäbe es diese »soziale Einrichtung« nicht, bekäme ein Teil der Kolonie keine Nahrung. Der Innendruck könnte nicht gehalten werden, und die Koralle würde zu Boden sinken.
Nahrung: Zooplankton.
Fortpflanzung: Geschlechtlich, Larven leben planktonisch, sonst wenig bekannt.

Weichkoralle, ▶
Nephthya sp. (Soft Coral at night); etwa 70 cm. Nachts sind die Tiere aktiv und richten sich durch erhöhten Innendruck zu ihrer vollen Größe auf. Foto: Thailand.

Weichkoralle, ▶▶
Dentronephthya sp. (Soft Coral); etwa 60 cm. Am Tag lassen sie oft die »Zweige« hängen. Foto: Ägypten.

Lederkoralle, *Sarcophyton* sp. (Soft Coral); etwa 80 cm. Die weißen Punkte sind die Polypen. Foto: Malediven.

Hornkorallen – Gorgonacea

Ordnung Hornkorallen, Unterklasse Octocorallia, Klasse Blumentiere (Anthozoa), Stamm Nesseltiere. Etwa 1200 Arten. Größe der Kolonien bis 3 m.
Erkennungsmerkmale: Man könnte sie aufgrund ihrer Form eher für Pflanzen halten. Sie wachsen zwei- oder dreidimensional und sind meist stark verzweigt. Die einzelnen Äste sind relativ dünn und mit vielen, oft dicht stehenden Polypen bedeckt. Zweidimensionale Arten stehen quer zur vorherrschenden Strömung. Der ganze Fächer steht häufig auf einem kurzen Stamm, der auf festem Untergrund verwachsen ist. Die Haftfläche ist entweder flächig vergrößert oder wurzelartig verzweigt. Die Skelette der Tierkolonien bestehen aus einer elastischen Hornsubstanz, dem Gorgonin, das mit Kalkeinlagerungen (Skleriten) verstärkt ist. In Gebieten mit großem Vorkommen sind die Skleriten nach dem Absterben der Hornkoralle an der Riffbildung geringfügig beteiligt. Sie sind in den unterschiedlichsten Farben zu finden: rot, orange, gelb, violett; sehr große Arten sind meist grauviolett; die Polypen sind weiß oder gelb. Zu den Hornkorallen gehören auch die Peitschenkorallen, die meist vom Grund senkrecht nach oben wachsen; das sich verjüngende Ende hängt oft peitschenartig nach unten. Sie sind nicht verzweigt und leuchtend rot oder beige gefärbt. Alle Arten besitzen achtstrahlige, gefiederte Polypen mit einer schönen Symmetrie.
Vorkommen: Tropische bis kalte Meere; im Westatlantik besonders häufig. Im Roten Meer und Indopazifik.
Lebensweise: Hornkorallen sind durch ihre seßhafte Lebensweise von der Planktondrift abhängig. Mit ihrem oft großflächigen, engen Fächer filtrieren sie optimal das Plankton aus dem Wasser. Aber es setzen sich dadurch auch viele Larven an, die die Korallen teilweise überwachsen. Zu diesen Feinden zählen verschiedene Algenarten, Schwämme, andere Nesseltiere, Röhrenwürmer und Muscheln. Hornkorallen sind mit einer sehr empfindlichen, lebenden Gewebsschicht umgeben, die bei mechanischer Berührung leicht beschädigt wird. Die Schicht besteht aus den Polypen und einem Stützgewebe, welches mit Verdauungskanälen durchzogen ist. Durch diese Kanäle sind die Polypen untereinander verbunden, wodurch die Ernährung der ganzen Kolonie gesichert ist. Wenn durch bestimmte Umstände ein Teil der Kolonie kein Plankton erbeuten kann, wird er von anderen Polypen versorgt.
Nahrung: Plankton.
Fortpflanzung: Getrenntgeschlechtlich; die Eier und der Samen befinden sich im Gastralraum der Polypen. Die Eier werden durch eingestrudelten Samen befruchtet und dann ins freie Wasser ausgestoßen.

Gorgonie, *Supergorgia* sp. (Gorgonian Fan Coral); etwa 1,8 m. Hornkorallen haben eine empfindliche, lebende Gewebsschicht, die bei Berührung leicht beschädigt werden kann. Foto: Ägypten.

Peitschenkoralle, *Juncella* sp. (Whip Coral); etwa 80 cm. Man kann auch am Tag die Polypen erkennen. Foto: Ägypten.

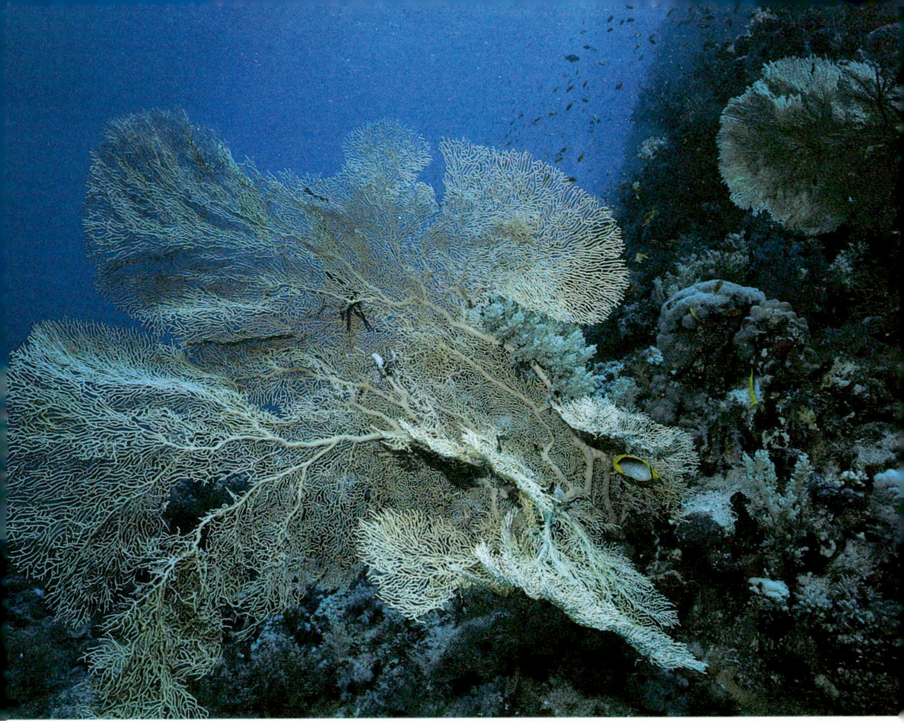
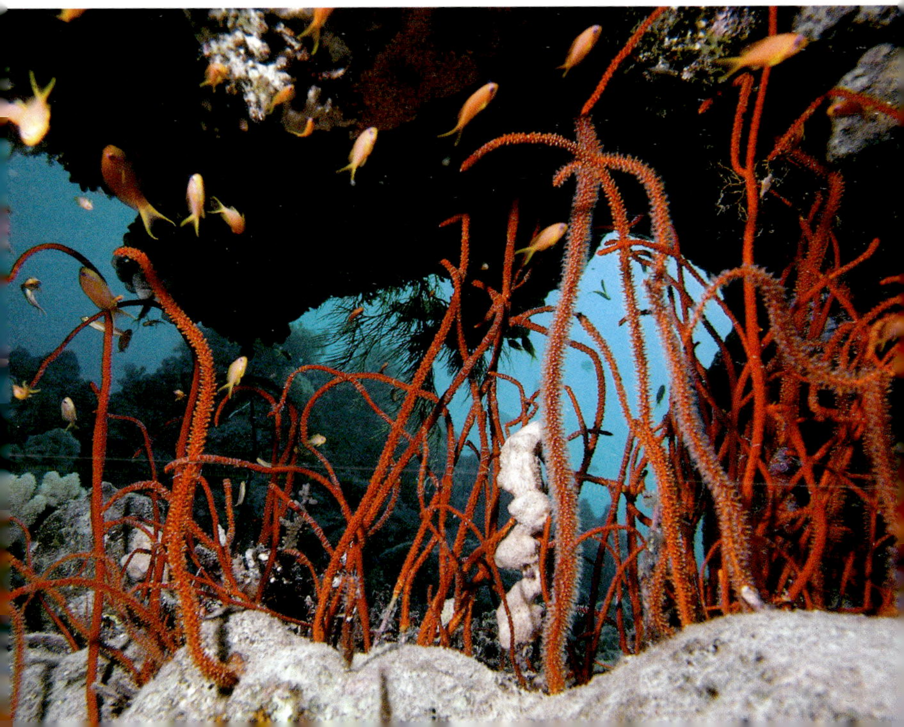

Strudelwürmer – Turbellaria

Klasse Strudelwürmer, Stamm Plattwürmer (Plathelminthes). Etwa 2500 Arten. Bis 6 cm lang.

Erkennungsmerkmale: Diese zarten Geschöpfe lassen einen Betrachter nicht auf die Idee kommen,daß es sich hier um einen Wurm handelt. Sie erinnern sehr an Nacktschnekken; diese haben aber auf dem Rücken meist gefiederte Kiemenbüschel, Warzen, Wülste oder höckerartige Erhöhungen, die den Strudelwürmern fehlen. Ihr stark abgeplatteter Körper besteht aus einer breiten Fußscheibe, die am Rand in einem dünnen Flossensaum übergeht. Am Vorderende der Tiere befinden sich 2 Fühler. Bei manchen Arten bildet der Saum 2 ohrenartige Ausstülpungen, die relativ nahe beieinander stehen. Die dunkel pigmentierten Augen befinden sich hinter den Fühlern; manche Arten haben 4 Augen, andere gar keine. Die Körperoberfläche ist dicht mit Wimperhärchen besetzt. Viele Arten sind prächtig gefärbt und auffallend gemustert.

Vorkommen: In allen Gewässern auf jedem Untergrund, auch auf Korallen. Gelegentlich schwimmen sie in Bodennähe.

Lebensweise: Strudelwürmer haben ihren Namen von ihrer nicht alltäglichen Fortbewegungsart. Durch das Schlagen der Cilien entstehen um den Körper herum kreisende Wasserstrudel. Außerdem werden die Längsfasern der Kriechsohlenmuskeln rhythmisch in Wellen von vorn nach hinten kontrahiert und schieben den Körper auf den Schleimabsonderungen voran. Diese Kombination verleiht den Tieren so harmonische Bewegungen, wie sie nicht oft zu beobachten sind. Auch die eleganten Schwimmbewegungen dieser Tiere stehen den Kriechbewegungen nicht nach. Die Tiere sind tag- und nachtaktiv. Ihre Regenerationsfähigkeit ergänzt fehlende Körperstücke und aus Teilen können wieder ganze Tiere entstehen. In dieser Gruppe befinden sich nicht nur Pflanzenfresser, sondern auch Räuber. Trotz der langsamen Bewegungen können sie andere Lebewesen erbeuten. Wenn sie ein Tier aufgespürt haben, kriechen sie langsam heran und ziehen ihren Körper dabei zusammen. Im Moment des Angriffs wird das Vorderende plötzlich nach vorn gestreckt und die rüsselartig ausstülpbare Mundöffnung an der Unterseite ergreift das Opfer.

Nahrung: Algen, Schwebe- und Sinkstoffe; räuberische Arten kleine Niedere Tiere.

Fortpflanzung: Alle Plattwürmer sind Zwitter, die sich durch Kopulation befruchten. Die kleinen runden Eier werden einzeln abgelegt; es kommen aber auch gestielte Gelege mit 30–40 Eiern vor. Nur selten leben die Larven planktonisch, sie entwickeln sich fast ausschließlich am Boden. Das Larvenstadium dauert 1–3 Wochen.

Tiger-Turbellarie, Ordnung Polycladida (Tiger Flat Worm); etwa 6 cm. Strudelwürmer können auch elegant schwimmen. Foto. Djibouti.

Schreckfarben-Strudelwurm, Ordnung Polycladida (Flat Worm); etwa 5 cm. Das Nesselgift der Steinkoralle, über die er kriecht, schadet ihm offensichtlich nicht. Foto: Thailand.

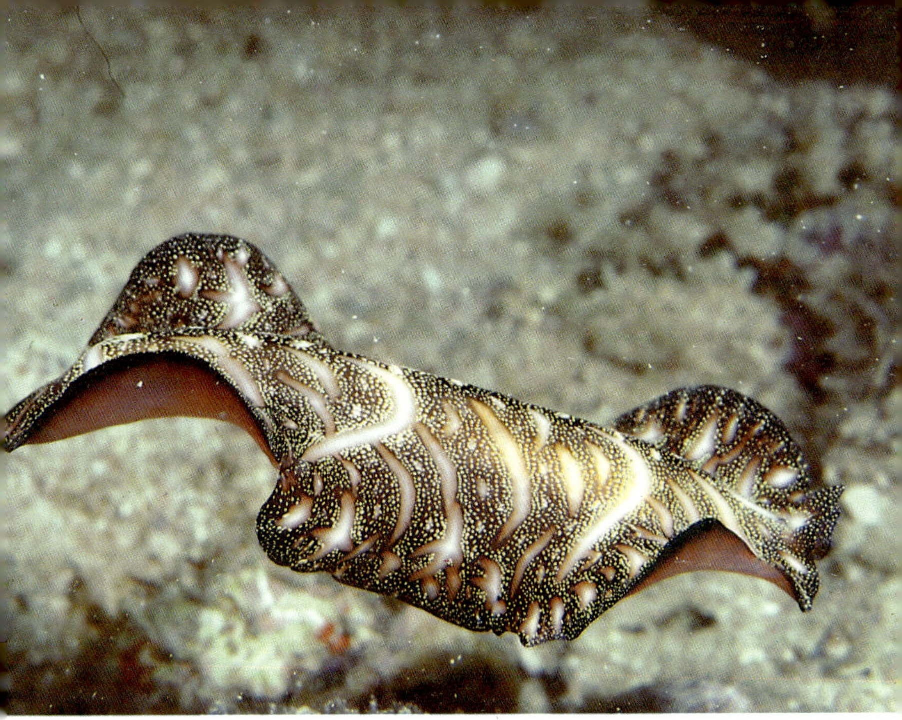
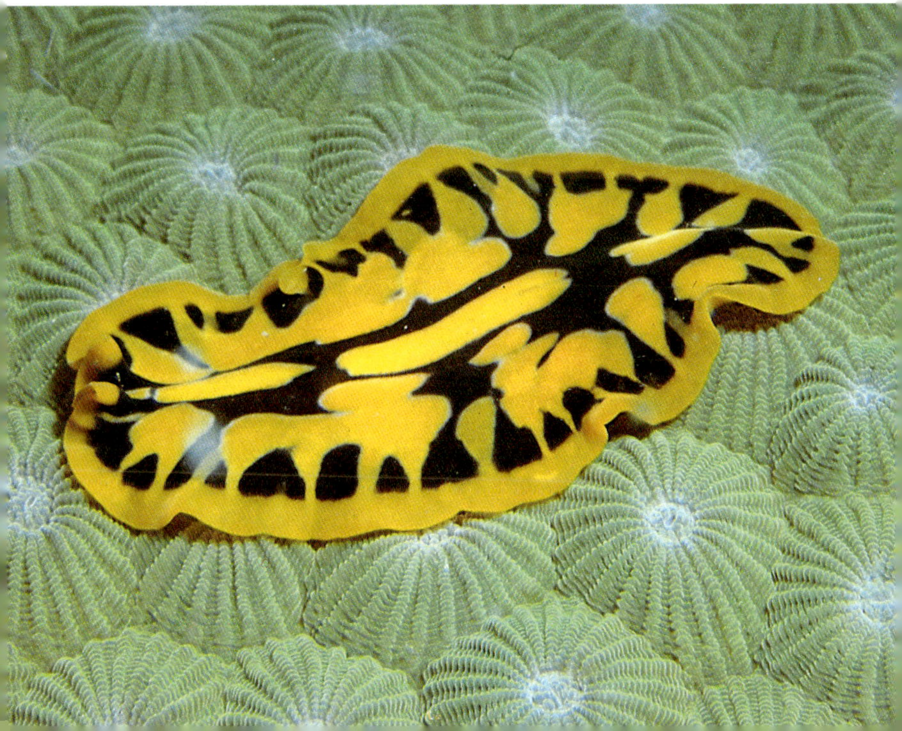

Vorderkiemer (Schnecken) – Prosobranchia

Unterklasse Vorderkiemer, Klasse Schnecken (Gastropoda); Unterstamm Schalenweichtiere (Conchifera), Stamm Weichtiere (Mollusca). Etwa 20000 im Meer lebende Arten. Bis 60 cm lang.

Erkennungsmerkmale: Der Körper gliedert sich in Kopf, muskulöse Fußscheibe und Mantel, der in einem asymmetrischen, spiralig gedrehten Gehäuse untergebracht ist. Die im Meer lebenden Schnecken unterscheiden sich von den Landschnecken nur durch die Kiemen, die sich zusammen mit anderen inneren Organen in der Mantelhöhle befinden. Der Kopf der Tiere ist mit Fühlern, teils mit Augen und einer Raspelzunge ausgestattet. Die Außenhaut des Mantels besitzt die Fähigkeit Kalk abzusondern und bildet auf diese Weise das Schneckengehäuse. Bei Gefahr kann sich das ganze Tier in sein Gehäuse zurückziehen und die Öffnung mit einem passend geformten Deckel, dem Operculum, verschließen. Die Gehäuse unterscheiden sich nicht nur in ihrer Größe, sondern auch in ihrer Form, Färbung und Zeichnung. Die meisten Arten haben einen starken Bewuchs auf dem Gehäuse, der sie in ihrer natürlichen Umgebung gut tarnt. Nur Porzellanschnecken, zu denen die bekannten Kaurischnecken gehören, überziehen ihr Gehäuse mit ihren Mantellappen. Dadurch kann sich zu Lebzeiten auf ihrer Oberfläche kein Bewuchs bilden.

Vorkommen: Weit verbreitet in allen Gewässern, von der Gezeitenzone bis in große Tiefen.

Lebensweise: Schnecken bewegen sich langsam kriechend auf ihrer Fußscheibe vorwärts. Dabei werden große Mengen von Schleim abgesondert. Unter Schnecken finden wir nicht nur harmlose Weidegänger, sondern auch viele räuberische Arten. Sie überfallen andere Schalenweichtiere und durchbohren mit ihrer scharfen Raspelzunge die Schalen ihrer Opfer. Es gibt sogar Schnecken, die in der Lage sind, Fische zu erbeuten. Sie können gezielt Giftpfeile abzuschießen, die die Fische betäuben. Die räuberisch lebenden Schneckenarten haben Stielaugen, die auch aus dem Gehäuse schauen können, wenn das Tier eingezogen ist.

Nahrung: Je nach Art verschieden, z. B. Pflanzen, Plankton, Weichtiere, Aas, Hydroiden, Schwämme.

Fortpflanzung: Sie sind in der Regel getrenntgeschlechtlich. Befruchtung häufig durch kopulieren, aber auch freie Samenabgabe ins Wasser. Relativ langes Larvenstadium; viele Larven mit »Segel«, das abgeworfen wird, wenn ihr benthisches Leben beginnt.

Vorsicht! Einige Arten können Giftpfeile abschießen, die auch dem Menschen gefährlich werden können.

Tritonshorn, *Charonia tritonis* (Triton's Trompet); etwa 35 cm.
Viele Taucher nehmen Schnecken in die Hand und lassen sie dann fallen. In dieser Lage kann die Schnecke aber erst nachts ihr schützendes Haus verlassen und sich in Kriechposition drehen.
Foto: Ägypten.

Gezähnte Kreiselschnecke, *Tectus dentatus* (Snail); etwa 8 cm. ▶
Durch verschiedenen Bewuchs auf dem Gehäuse sind viele Schnecken gut getarnt.
Foto: Ägypten.

Eierschnecke, ▶▶
Ovula ovum (Egg Cowry); etwa 7 cm.
Eierschnecken können mit ihren Mantellappen das Gehäuse ganz überziehen; das Gehäuse ist deshalb immer blank.
Foto: Thailand.

Hinterkiemer (Schnecken) – Opisthobranchia

Unterklasse Hinterkiemer, Klasse Schnecken (Gastropoda). Bis 30 cm lang, meist aber um 5 cm. Etwa 4500 im Meer lebende Arten.

Erkennungsmerkmale: Die unter dem volkstümlichen Namen Nacktschnecken bekannten Hinterkiemer, haben bis auf wenige Arten kein Gehäuse. Ihre Kiemen befinden sich hinter dem Herzen. Der Körper besteht aus dem meist fühlertragenden Kopf, der muskulösen Fußscheibe und dem rückgebildeten Mantel. Die Kiemenbüschel befinden sich auf der hinteren Hälfte des Körpers. Bei manchen Arten fehlen die Kiemen völlig. Die Sauerstoffaufnahme erfolgt dann über die Körperoberfläche, die durch Höcker, Warzen und Wülste vergrößert wird. Die Körperform variiert extrem von oval bis langgestreckt dünn. Nacktschnecken besitzen oft Flossensäume oder die verschiedensten Auswüchse. Arten der Familie Fadenschnecken haben einen sehr dünnen, langgestreckten Körper mit vielen, hauptsächlich seitlichen Anhängseln, die symmetrisch angeordnet sind. Fast alle Arten sind prächtig gefärbt und auffallend gemustert.

Vorkommen: In tropischen bis kühleren Meeren, auf allen Böden, am häufigsten in nicht zu tiefem Wasser.

Lebensweise: Nacktschnecken bewegen sich wie ihre nächsten Verwandten, die gehäusetragenden Schnecken, kriechend vorwärts. Sie scheiden dabei Schleim aus Drüsen am vorderen Teil der Kriechsohle aus. Viele Arten sind auch in der Lage zu schwimmen. Dabei werden die seitlichen Flossensäume in großen, wellenförmigen Schlägen bewegt. Diese eleganten, anmutigen Bewegungen faszinieren jeden Betrachter. Besonders größere Arten, wie die Spanische Tänzerin, die purpurrot gefärbt und weiß gezeichnet ist, bewegen sich eindrucksvoll. Die gehäuselosen, scheinbar schutzlosen Geschöpfe können durch ihre Außenhaut ein Sekret absondern, das Feinde abschreckt. Gift konnte nicht nachgewiesen werden. Trotzdem muß dieses Sekret eine starke Wirkung haben, da die Schnecken trotz ihrer Auffälligkeit nicht angegriffen werden. Die kontrastreiche Färbung wirkt wahrscheinlich als Warnfarbe, denn sie leben nicht versteckt.

Nahrung: Organische Sedimente, Seegras, auch Fleisch.

Fortpflanzung: Nacktschnecken sind fast ausnahmslos Zwitter. Es wurden Paarungen in Ketten beobachtet, bei denen das erste Tier die weibliche, das letzte die männliche Rolle hatte. Alle dazwischen befindlichen Schnecken übernahmen beide Rollen. Die Eier werden in Schnüren oder Bändern in Schleimhüllen, oft spiral gedreht, abgelegt. Das planktonische Larvendasein ist unterschiedlich lang und umfaßt 1–2 Stadien.

Gebänderte Nacktschnecke, *Chromodoris quadricolor* (Pyjama Nudibranch); etwa 6 cm. Diese ungeschützten Schnecken sind nicht giftig, fallen auf, werden aber nicht angegriffen.
Foto: Philippinen.

Schwarzfleck-Nacktschnecke, *Chromodoris* sp. (Nudibranch); etwa 6 cm. Die Kiemenbüschel auf dem Rücken der Hinterkiemer befinden sich hinter dem Herzen (Name).
Foto: Malediven.

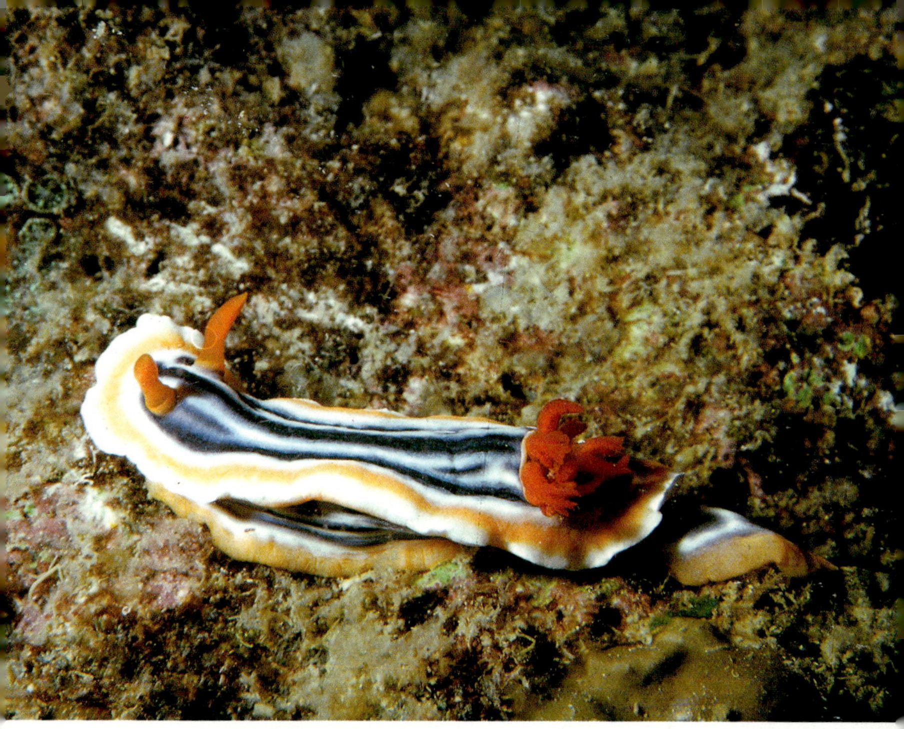
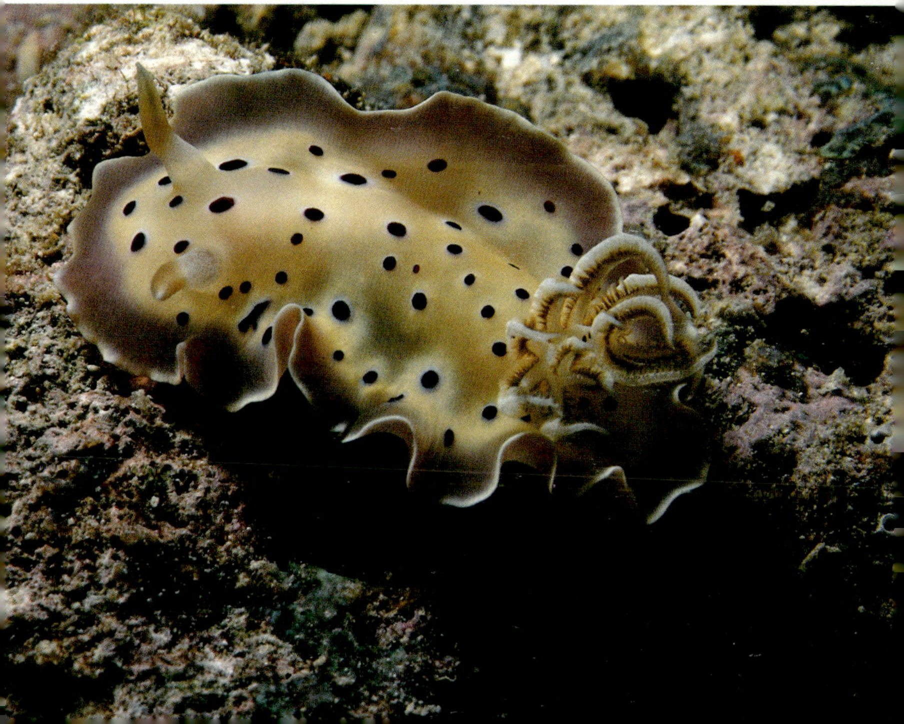

Muscheln – Bivalvia

Klasse Muscheln, Stamm Weichtiere (Mollusca). Etwa 8000 Arten. Größe 0,5–60 cm, selten größer.

Erkennungsmerkmale: Der Körper wird von 2 Schalen eingeschlossen. Die beiden Schalenhälften sind teils symmetrisch, teils asymmetrisch; bei manchen Gruppen kann eine davon fest mit dem Untergrund verwachsen sein. Beide Hälften sind elastisch mit einem Band, dem Ligament, verbunden und werden durch kräftige Schließmuskeln zusammengehalten. Die Formen der Schalen variieren von rund über elliptisch, keilförmig bis zur langgestreckten Scheidenform. Die Schalen sind oft prächtig gefärbt und gemustert, aber auf der Außenseite meist mit unansehnlichem Bewuchs überdeckt. Oft sind die Tiere am Grund mit Bartfäden (Byssusfäden) verankert, die aus einem erstarrten Haftsekret bestehen. Die beim Nahrungserwerb geöffneten Schalen geben oft den Blick auf die Mantelränder frei, die bei wenigen Arten nach außen gestülpt werden können. Diese sind oft prächtig in schillernden Tönen gefärbt und gemustert. Einige Arten haben auf den Mantelrändern eine große Zahl von einfachen Sinnesorganen, die in der Nähe ausgeführte Bewegungen registrieren und das schnelle Schließen der Schalen auslösen.

Vorkommen: In allen Meeren, von der Gezeitenzone bis in die Tiefsee, auf allen Böden.

Lebensweise: Nur ein kleiner Teil der vielen Muschelarten ist auf dem Grund oder an Gestein angeheftet zu sehen. Der weitaus größere Teil lebt im Verborgenen; eingegraben in Sand oder Schlamm, aber auch in Holz oder Gestein, in das sich die Muscheln mechanisch oder mit kalklösenden Ausscheidungen einbohren. Sie zerbohren auch Korallengestein, bis Korallen oder auch ganze Rifteile abbrechen oder in sich zusammenfallen. Einige Arten beenden ihre zerstörerische Tätigkeit, wenn sie im Gestein geschützt eingebettet sind und halten nur die Atemröhre frei, durch die sie ihre Nahrung einstrudeln. Nur wenige Muscheln bewegen sich schnell vorwärts; Herzmuscheln sind fähig, mit ihrem abgewinkelten Fuß Sprünge zu machen, und Feilen- und Kammuscheln bewegen sich durch Öffnen und Schließen der Schalen schwimmend nach dem Prinzip des Rückstoßes vorwärts. Riesenmuscheln können über 100 Jahre alt werden. Feinde der Muscheln sind größere Seesterne, Krebse, räuberische Schnecken und Fische. Es sind auch Symbiosen mit kleinen Krebsen bekannt.

Nahrung: Plankton und Schwebestoffe werden eingestrudelt und mit netzartigen Kiemen ausgefiltert. Muscheln speichern auch Giftstoffe in ihrem Körper.

Fortpflanzung: Eier und Samen werden ins freie Wasser ausgestoßen.

Stachel-Auster, *Spondylus varius* (Thorny Oyster); etwa 30 cm. Muscheln haben an den Mantelrändern einfache Sinnesorgane, die Feinde wahrnehmen. Foto: Malediven.

Riesenmuschel, *Tridacna gigas* (Giant Clam); etwa 80 cm. Einige Muschelarten können die Mantellappen ausstülpen. Foto: Malediven.

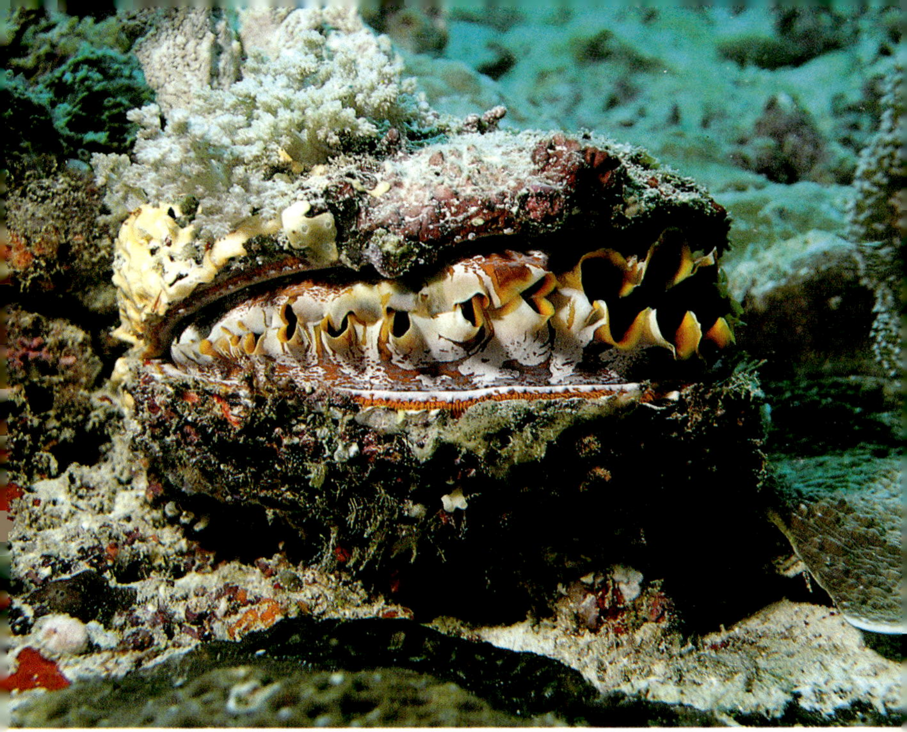

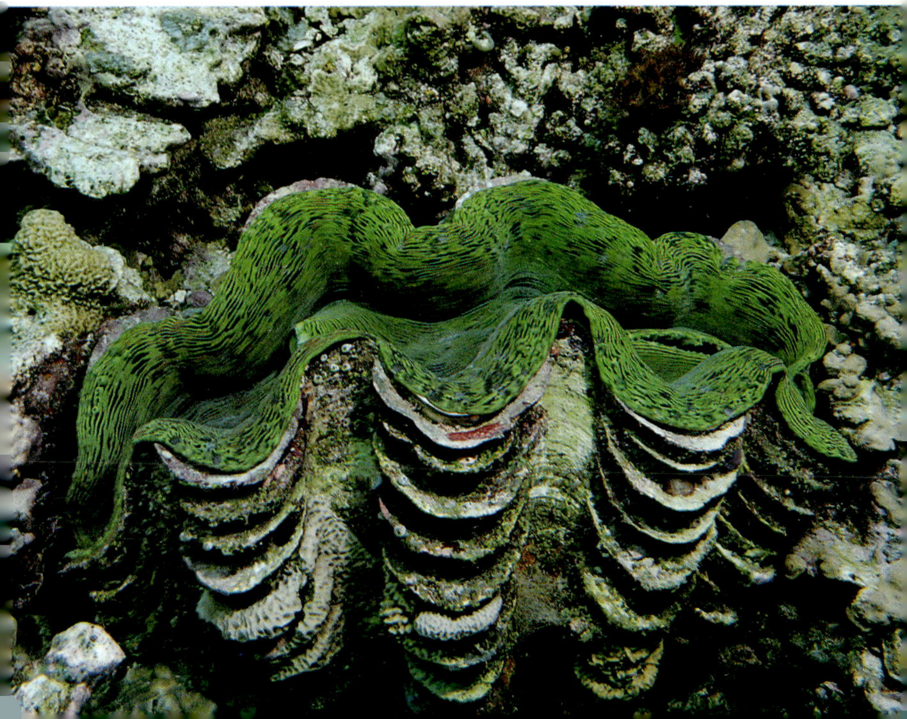

Sepien – Sepioidea, Kalmare – Teuthoidea

Ordnungen Sepien und Kalmare, Klasse Kopffüßer (Cephalopoda), Stamm Weichtiere (Mollusca). Die Klasse umfaßt 650 Arten. Größter vermessener Riesenkalmar (Tiefseebewohner) 21,95 m.

Erkennungsmerkmale: Der leicht abgeplattete Körper besteht aus dem Kopf und Mantel mit Mantelhöhle, der eine abgerundete, sackartige Form hat und von einem Flossensaum ganz oder teilweise umgeben ist. Am Kopf befinden sich 10 Arme, die um das schnabelartige Maul angeordnet sind. Zwei davon sind stark verlängerte Fangarme, die in Taschen eingezogen werden können. Die acht kurzen Arme werden beim Schwimmen dicht zusammengehalten und verlängern den Kopf wie eine Spitze. Auf jedem der Arme befinden sich vier Reihen von Saugnäpfen. Die zwei langen Fangarme sind sehr schlank und haben nur vorn an den blattartig verbreiterten Enden viele Saugnäpfe. Kopffüßer besitzen sehr hochentwickelte, große Augen, die in ihrem Aufbau den Augen eines Wirbeltieres gleichen.

Vorkommen: Weltweit, oberflächennah bis 5000 m tief.

Lebensweise: Kalmare sind sehr gute Schwimmer, die vor- und rückwärts schwimmen können. Sie bewegen dabei ihre Flossensäume wellenförmig. Der Rückstoß des ausgepreßten Atemwassers unterstützt diese Bewegung. Kalmare leben vorzugsweise im offenen Meer, kommen aber zur Nahrungssuche und zur Paarung an Riffe. Sepien halten sich mehr über Sandböden auf und graben sich tagsüber gern dort ein. Sie sind nacht- und dämmerungsaktiv. Alle Tintenfische können zur Tarnung ihre Färbung extrem schnell wechseln. Aber die »Tinte«, die in Drüsenzellen produziert und im Tintenbeutel gespeichert wird, ist zu ihrem Schutz ebenso wirkungsvoll. Wenn sich ein Raubfeind auf die vermeintliche Beute stürzt, flieht der Tintenfisch mit kräftigem Rückstoß und stößt das dunkle, melaninhaltige Sekret aus, welches bei manchen Arten eine lähmende Wirkung auf das Geruchsorgan hat. Zudem wechselt er seine Farbe – wird blaß, fast farblos – und verändert seine Schwimmrichtung. Der Angreifer schnappt nach der Scheingestalt – der Tintenwolke –, denn er kann den blassen Tintenfisch nicht mehr sehen.

Nahrung: Fische, Garnelen und Schwimmschnecken.

Fortpflanzung: Zur Paarung erscheinen die Tintenfische in flachen Riffen oder in küstennahen Gebieten. Kalmare kommen in Schwärmen und schwimmen paarweise zu Korallen, unter die sie ihre Eier heften. Bei der Paarung umschlingen sich die Tiere, dabei wird dem Weibchen ein Samenpaket mit einem besonderen Kopfarm in die Mantelhöhle eingeführt. Während der Paarungszeit hat der Flossensaum einen auffälligen leuchtend blauen Streifen.

Sepien, *Sepia* sp. (Cuttlefish); etwa 40 cm. Während der Balz bekommen Sepien blaue Streifen an der Basis des Flossensaumes. Foto: Thailand.

Kalmare, *Sepioteuthis lessoniana* (Squid); etwa 25 cm. Bei der Eiablage schwimmen sie paarweise zu einem geeigneten Unterschlupf; während das Weibchen die Eier anheftet, wartet das Männchen davor. Andere Paare warten geduldig, bis sie in die Höhle können. Foto: Thailand.

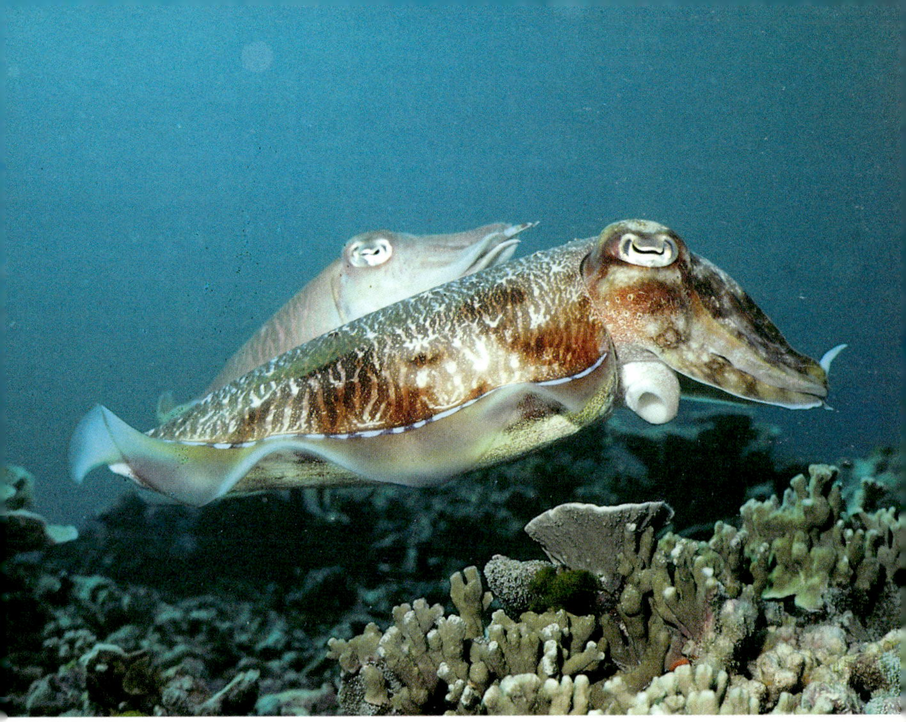

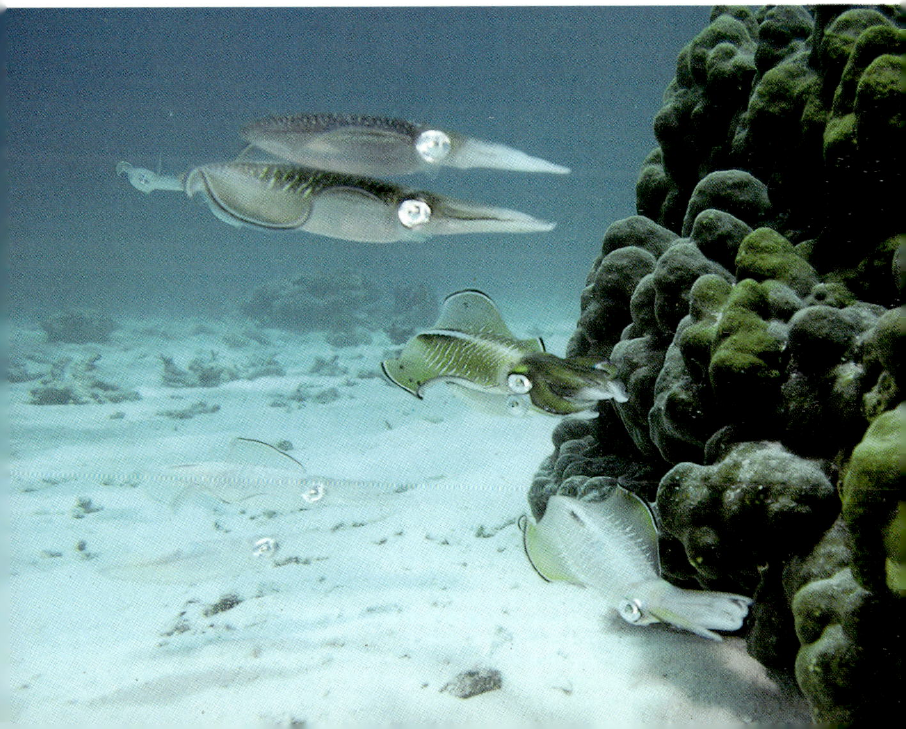

Kraken – Octopoda

Ordnung Kraken, Klasse Kopffüßer (Cephalopoda), Stamm Weichtiere (Mollusca). Maximallänge selten größer als 2,5 m. Etwa 650 Arten.

<u>Erkennungsmerkmale</u>: Körper besteht aus einem großen, sackförmigen Mantel und dem Kopf mit acht etwa gleichlangen Fangarmen. Kraken können fast 2000 Saugnäpfe besitzen, wenn sie ausgewachsen sind. Im Zentrum der Arme befindet sich das Maul mit den kräftigen Kiefern. Der giftige Biß dieses »Papageienschnabels« tötet die Beutetiere. Die hochentwickelten Linsenaugen sitzen in Wülsten an der höchsten Stelle des Kopfes. Kraken besitzen keinen Schulp. Auch große Tiere können sich durch engste Spalten quetschen. Zur Tarnung wird nicht nur die Farbe sehr schnell gewechselt, sondern auch die Oberfläche der Haut kann zur Anpassung an die Umgebung stark verändert werden. Bei der Balz und anderen Erregungszuständen verfärben sie sich intensiv. Die Farbveränderung wird von zahlreichen Farbstoffträgern, den Chromatophoren, gesteuert, die sich bis 20-fach vergrößern können. Kraken haben wahrscheinlich ein sehr ausgeprägtes Empfinden und sind aufgrund ihres hochentwickelten Nervensystems wohl die intelligentesten Niederen Tiere.

<u>Vorkommen</u>: Weltweit; bevorzugt auf hartem Grund.

<u>Lebensweise</u>: Kraken bewegen sich kriechend mit den Armen auf dem Untergrund vorwärts. Bei einer drohenden Gefahr versuchen sie, sich in einer Höhle oder Spalte zu verstecken. Wenn diese nicht zur Verfügung steht, fliehen sie, indem sie das Wasser aus dem Trichter pressen und einen kräftigen Rückschub erzeugen. Sie können auf diese Weise recht schnell, aber nicht ausdauernd schwimmen.

<u>Nahrung</u>: Fische, Krebstiere, Muscheln.

<u>Fortpflanzung</u>: Die Männchen besitzen einen besonders umgebildeten Arm, mit dem sie die Spermatophoren in die Mantelhöhle der Weibchen einführen. Die zahlreichen Eier (bis 100000) werden vom Weibchen meist an Höhlendecken oder unter Steinen angeheftet und bewacht. Wenn die Larven schlüpfen, stirbt das Muttertier und die Larven beginnen ihr planktonisches Leben.

<u>Vorsicht!</u> Kraken können mit ihrem schnabelartigen Gebiß kräftig zubeißen; das Gift ist für Menschen nicht gefährlich. Aber im tropischen Australien gibt es eine kleine Krakenart, den Blauring-Octopus. Er wird nur etwa 12 cm groß und hat auffällige blaue Ringe und Flecken. Sein Gift kann einen Menschen innerhalb von zwei Stunden töten.

Krake, *Octopus macropus* (Octopus); etwa 70 cm. In tropischen Gewässern nicht häufig. Foto: Ägypten.

Vielborster – Polychaeta

Klasse Vielborster, Stamm Ringelwürmer (Annelida).
Etwa 5500 Arten. Größe bis 20 cm.
Erkennungsmerkmale: Bei Vielborstern finden wir sehr
unterschiedliche Erscheinungsformen. Ihr gemeinsames
Merkmal ist der in zahlreiche Segmente gegliederte Körper, die Anzahl der Segmente variiert.
Borstenwürmer sind in tropischen Meeren nur selten zu sehen; sie leben meist sehr versteckt. Ihr gegliederter Körper
wird an den Seiten von vielen, nadelspitzen Borsten oder
Borstenbüscheln gesäumt. Bei Berührung dringen sie in die
Haut ein, brechen ab und verursachen brennende Schmerzen. Der Kopf ist mit mehreren Tastorganen ausgestattet,
manche Arten besitzen Augen.
Röhrenwürmer sind in manchen tropischen Gewässern
recht häufig. Einige Arten bauen Wohnhöhlen aus kalkhal-
tigem Material, andere kleben mit einem schnell härtenden
Schleim Sand und Muschelbruchstücke zusammen oder
bauen eine lederartige, elastische Röhre aus Sekreten. Die
häufigste Art hat sich den sichersten Aufenthaltsort gewählt – ihre Röhren befinden sich im Kalk der Korallen.
Alle Arten strecken aus ihrer Wohnröhre ein oder zwei
Tentakelkronen, über die sie mit Sauerstoff und Nahrung
versorgt werden. Die Tentakelkronen bestehen aus gefiederten Strahlen, die sich meist schraubenartig nach oben
verjüngen. Sie sind in vielen Farben zu finden: rot, gelb,
blau, weiß, violett, beige, braun, oft auch zweifarbig.
Vorkommen: In allen tropischen bis kühlen Meeren.
Lebensweise: Im Gegensatz zu den Borstenwürmern sind
die Röhrenwürmer an eine seßhafte Lebensweise gebunden. Ihre Bewegungen beschränken sich auf den kurzen
Weg in ihrer Wohnröhre und das Ausstrecken sowie Einziehen ihrer Tentakelkronen. Ohne ihre zarten Tentakeln
wären sie nicht lebensfähig. Im Laufe ihrer Entwicklung
konnten sie nur überleben, wenn sie diese bei Annäherung
von Freßfeinden schnell genug einzogen. Die Öffnung der
Röhre kann bei vielen Arten mit einem konischen Pfropf,
der sich aus ein oder zwei Tentakeln umgebildet hat, verschlossen werden. Zum Nahrungserwerb werden die Tentakeln reglos in die Strömung gehalten und filtrieren das
Plankton heraus, welches durch Wimpernschläge zur
Mundöffnung befördert wird.
Nahrung: Plankton und organische Schwebstoffe.
Fortpflanzung: Fast alle Arten sind getrenntgeschlechtlich.
Sowohl ungeschlechtliche, als geschlechtliche Vermehrung
kommt in vielen Variationen vor; Befruchtung durch Kopulation, aber auch freie Abgabe der Geschlechtsprodukte
ins Wasser ist möglich. Die meisten Larven entwickeln sich
planktonisch.

Spiralfiederwürmer,
*Spirobranchus gigan-
teus* (Christmas-tree
Worms); etwa 2 cm. Sie
siedeln gern auf Stein-
korallen und bauen
eine Wohnröhre, die
später einwächst.
Foto: Thailand.

Spiralfiederwurm; ▶
*Spirobranchus gigan-
teus* (Christmas-tree
Worm); jedes Tier be-
sitzt 2 Tentakelkronen,
die bei Gefahr blitz-
schnell eingezogen
werden.
Foto: Thailand.

Schrauben-Sabelle, ▶ ▶
Sabellastarte indica
(Fan Worm); etwa 8 cm.
Umgeben von
Scheibenanemonen.
Foto: Thailand.

Entenmuscheln – Lepadomorpha

Unterordnung Entenmuscheln, Unterklasse Rankenfüßer (Cirripedia), Klasse Krebse (Crustacea), Stamm Gliederfüßer (Arthropoda). Etwa 800 Arten. Größe max. 5 cm.
Erkennungsmerkmale: Nur bei näherer Betrachtung kann man erkennen, daß aus den leicht geöffneten Schalen dünne, tentakelartige Beine rhythmisch herausschlagen (Rankenfüße). Die mandelförmigen Schalen sitzen auf Stielen, die fest am Untergrund angewachsen sind.
Vorkommen: Alle Meere, an Felsküsten und auf beweglichen Objekten wie Treibgut und Schiffen.
Lebensweise: Die Bewegungen der sessilen Entenmuscheln beschränken sich auf das Öffnen und Schließen der Schalen und das Schlagen der Beine, die als Seihapparate lediglich dem Nahrungserwerb dienen. Die Beine sind an der Unterseite mit vielen kleinen Härchen ausgestattet, an denen die Nahrungspartikel hängen bleiben.
Nahrung: Plankton.
Fortpflanzung: Sie sind vorwiegend Zwitter, die sich in dichten Kolonien gegenseitig befruchten. Die Eier entwikkeln sich im Körper der Tiere; Larven planktonisch.

Entenmuscheln, *Lepas* sp. (Barnacles); etwa 4 cm. Diese kleinen Krebse siedeln bevorzugt auf Treibgut und an Schiffen.
Foto: Thailand.

Seepocken – Balanomorpha

Unterordnung Seepocken, Unterklasse Rankenfüßer. Größe bis 3 cm.
Erkennungsmerkmale: Seepocken sind seßhafte Krebse, die man kaum als solche erkennt. Ihr Körper ist völlig von einem Mantel umgeben, in dessen Außenschicht Kalkplatten eingelagert sind. Oben in der Mitte befindet sich eine Öffnung, durch die sie ihre Nahrung aufnehmen. Bei Gefahr oder Trockenfallen bei Ebbe wird die Öffnung durch innere Schalenplatten verschlossen. Die rauhen, oft gerieften Schalen sind meist grau. Die Beine dienen dem Nahrungserwerb, indem sie aus der zentralen Öffnung schlagen und mit feinen Härchen Partikel fangen (Rankenfüße).
Vorkommen: In allen Meeren, meist auf felsigem Grund in Oberflächennähe, aber auch auf Schildkrötenpanzern und an Schiffsrümpfen. In Korallenriffen selten.
Lebensweise: Die Larven heften sich mit dem Rücken kopfabwärts an den Untergrund und bilden bei ihrer Umwandlung zum Krebs ihr Kalkgehäuse.
Nahrung: Plankton und organische Schwebstoffe.
Fortpflanzung: Wie Entenmuscheln.

Seepocken, *Tetraclita* sp. (Barnacles); etwa 2 cm. Sie sind an Felsküsten im Gezeitenbereich häufig.
Foto: Thailand.

Vorsicht! Bei Dünung; alle Rankenfüßer haben rauhe und scharfkantige Gehäuse.

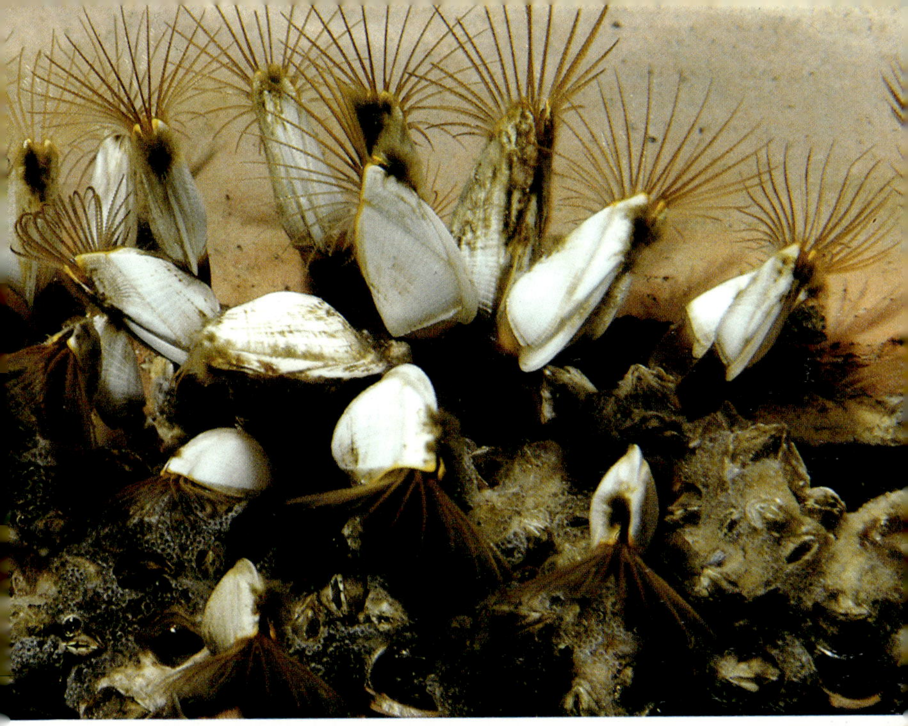

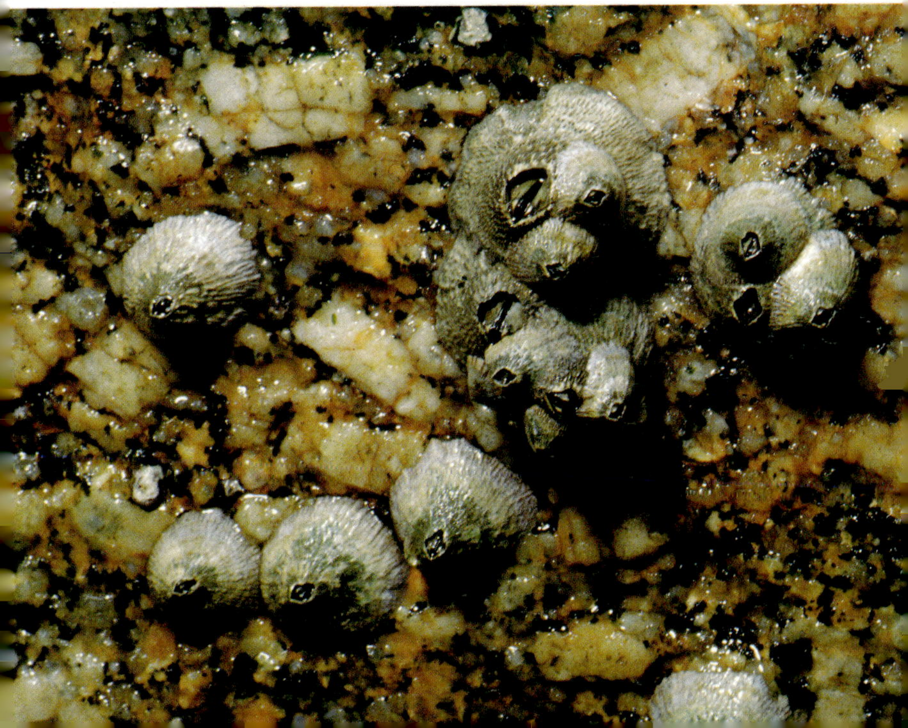

Garnelen – Natantia

Unterordnung Garnelen, Ordnung Zehnfußkrebse (Decapoda), Unterklasse Höhere Krebse (Malacostraca), Klasse Krebse (Crustacea), Stamm Gliederfüßer (Arthropoda). Etwa 8000 Arten (Decapoda). Max. 15 cm lang.

Erkennungsmerkmale: Die meisten Arten sind gute Schwimmer, die im offenen Meer leben. Nur wenige kann man in küstennahen Gewässern beobachten. Überwiegend zarter Körperbau, Schwanz gestreckt. Von den fünf Beinpaaren tragen die ersten zwei oder drei Paare Scheren.

Familie Putzergarnelen (Stenopodidae), Überfamilie Geißelgarnelen (Penaeidea). Sind durch das stark vergrößerte 3. Scherenbeinpaar gekennzeichnet. Tropische Arten sind auffällig gefärbt (weiß mit roten Querbinden) und stark behaart. Sie besitzen sechs sehr lange, weiße Antennen.

Familie Harlekingarnelen (Gnathophyllidae), Überfamilie Caridea. Nur das 1. und 2. Beinpaar besitzen Scheren; zwei Antennen sind glasklar und können kaum gesehen werden, zwei weitere sind blattartig verbreitet. Harlekingarnelen sind weiß und haben auf dem Panzer und Schwanz bläuliche, auch rötliche Flecken; die Beine sind kräftiger gefärbt und gebändert.

Familie Pistolenkrebse (Alpheidae), Überfamilie Caridea. Das 1. Scherenbeinpaar ist relativ groß. Sie besitzen zwei sehr lange Antennen. Als Bewohner von Sand- und Geröllgrund sind sie meist unauffällig gefärbt und gemustert.

Vorkommen: Tropische und gemäßigte Gewässer.

Lebensweise: Putzergarnelen putzen hauptsächlich benthische Tiere, z.B. Muränen, denen sie auch ins Maul krabbeln und die Kiemen von Schmarotzern befreien. Harlekingarnelen leben in Höhlen und ernähren sich ausschließlich von Seesternen, die sie mit ihren Antennen wittern. Sie kriechen in dem Geruchsstrom auf sie zu und drehen sie in wenigen Sekunden auf den Rücken. Pistolenkrebse leben mit Wächtergrundeln in Symbiose. Sie graben im Sand- oder Geröllboden eine Höhle, die die Wächtergrundel mit als Unterschlupf benutzen kann. Der ständig nachrieselnde Sand zwingt die Garnele, sie laufend zu räumen. In der Zwischenzeit liegt die Grundel außen auf Wachstation. Bei Gefahr flieht sie in die Höhle, die der Pistolenkrebs nur verläßt, »wenn die Luft rein ist«. Er ernährt sich von kleinen Wirbellosen (siehe auch Grundeln, Seite 182).

Nahrung: Siehe Lebensweise.

Fortpflanzung: Getrenntgeschlechtlich; Übergabe einer Spermatophore an ein frisch gehäutetes Weibchen. Die Eier werden unter dem Schwanz getragen, bis die Larven schlüpfen. Das planktonische Leben der Larven dauert 1–3 Monate und umfaßt mehrere Stadien.

Putzergarnele, *Stenopus hispidus* (Banded Cleaner Shrimp); etwa 8 cm ohne Antennen. Sie putzen meist benthische Fische. Foto: Malediven.

Harlekingarnele, ▶ *Hymenocera picta* (Gnathopyllid Shrimp); etwa 5 cm. Ernähren sich ausschließlich von Seesternen (auf dem Foto *Ophidaster hemrichi*), die sie sehr schnell auf den Rücken drehen. Foto: Malediven.

Blinder Pistolenkrebs, *Alpheus* sp. ▶ ▶ (Snapping Shrimp with Goby); etwa 6 cm. Leben in Symbiose mit der Schwarzkopf-Wächtergrundel, *Amblyeleotris steinitzi*, in einer gemeinsamen Wohnhöhle. Foto: Thailand.

Langusten – Palinuridea

Überfamilie Langusten, Ordnung Zehnfüßige Krebse (Decapoda), Unterklasse Höhere Krebse (Malacostraca), Klasse Krebse (Crustacea), Stamm Gliederfüßer (Arthropoda). Über 8000 Arten. Größe etwa 45 cm.

Erkennungsmerkmale: Sie sind an ihren extrem langen, antennenartigen Fühlern, die die Körperlänge weit überragen, und dem Fehlen der großen Scheren eindeutig von anderen Krebsfamilien zu unterscheiden. Ihr langer Schwanz trägt am Ende einen Schwanzfächer, der sie zum Schwimmen befähigt. Der Schwanz wird aber meist nach unten eingeschlagen; er ist in mehrere Segmente gegliedert. Der Körper des Tieres ist von einem Außenskelett umgeben, das als Panzer oder (im vorderen Bereich) Carapax bezeichnet wird. Die auf großen Teilen des Körpers befindlichen spitzen Dornen und Stacheln sind die einzigen Verteidigungswaffen der Langusten. Sie besitzen 5 lange Laufbeinpaare, die längsgestreift sind.

Vorkommen: In allen warmen und kühlen Meeren, meist in zerklüfteten Gebieten mit vielen Höhlen.

Lebensweise: Langusten leben fast ausschließlich auf festem Grund; das kann auch die Decke einer Höhle sein, an der sie hängen. Sie sind geschickte und flinke Läufer, die ihren Feinden leicht entgehen könnten. Häufig verhalten sie sich aber abwartend und versuchen mit ihren langen Fühlern, den Gegner zu ermitteln. Das wird ihnen oft zum Verhängnis. Seit dem Populärwerden des Tauchsports, sind die Bestände dieser Tiere deutlich zurückgegangen. Auch Fischer bedienen sich heute der Tauchausrüstungen und dezimieren den ohnehin dünnen Bestand. Der natürliche Feind der Langusten ist der Oktopus, der sie mit seinem kräftigen Schnabel tötet, indem er den Panzer durchbeißt. Wie bei allen Krebsarten ist das Außenskelett starr und besteht aus Chitin und Kalkeinlagerungen. Es wächst nicht mit, so daß sich Krebse im Laufe ihrer Entwicklung mehrmals häuten müssen. Dabei wird der alte, zu klein gewordene Panzer mitsamt Schmarotzern und Bewuchs abgestoßen. Die neue, darunter befindliche Außenhaut ist noch elastisch und liegt in Falten, denn sie ist größer als die alte. In dieser Phase ist das Tier ungeschützt und lebt versteckt. Alle Krebstiere wachsen nur während der Häutungen.

Nahrung: Schnecken, Muscheln und Aas, auch Algen.

Fortpflanzung: Die getrenntgeschlechtlichen Tiere vermehren sich, indem das Männchen einem frisch gehäuteten Weibchen einen Samenbehälter (Spermatophore) übergibt. Die Eier werden vom Weibchen unter dem Schwanz getragen, bis die Larven ihr planktonisches Leben beginnen. Die komplizierte Entwicklung geht über mehrere Stadien und kann bis 3 Monate dauern.

Langfuß-Languste, *Palinurus* sp. (Spiny Lobster, Crayfish); etwa 40 cm ohne Antennen. Sie sind leider sehr selten geworden. Foto: Malediven.

Langusten, *Palinurus versicolor* (Spiny Lobster); etwa 30 cm. Halten sich oft an Höhlendecken auf. Foto: Thailand.

Einsiedlerkrebse – Paguridea

Überfamilie Einsiedlerkrebse, Ordnung Zehnfüßige Krebse (Decapoda). Bis etwa 18 cm lang (ohne Haus). Erkennungsmerkmale: Sie leben ausschließlich in den Gehäusen von Schnecken, die sie sich entsprechend ihrer Größe suchen. Sie schützen darin nicht nur ihren weichen und empfindlichen Hinterleib, sondern ziehen sich bei Gefahr ganz zurück und verschließen die Gehäuseöffnung mit ihrer größten Schere. Das Scherenbeinpaar ist meist asymmetrisch, ebenso der Hinterleib des Tieres, der entsprechend der Form des Schneckengehäuses nach rechts oder links gedreht sein kann. So können linksgedrehte Einsiedlerkrebse nie ein rechtsgedrehtes Gehäuse beziehen. Mit dem letzten Laufbeinpaar, das eine rauhe, rutschfeste Oberfläche hat, hält sich der Krebs im Gehäuse fest und verläßt es nur, wenn er in ein größeres umzieht. Auffallend sind die langen Stielaugen, die beim langsamen Herauskommen die Umgebung sondieren. Die Gehäuse sind manchmal von Schwämmen überwachsen oder von Schmarotzeranemonen besiedelt.

Vorkommen: Weit verbreitet in allen Meeren, in nicht zu tiefem Wasser. Die an Land lebenden Einsiedlerkrebse stammen zwar von den »Meeres-Einsiedlern« ab, haben aber rückgebildete Kiemen und würden im Wasser ertrinken.

Lebensweise: Sie sind vorwiegend nachts aktiv, können aber auch am Tag in Korallenriffen beobachtet werden. Es sind ausgezeichnete Kletterer, die nicht selten auf Steinkorallen herumturnen. Gelegentlich kommt es vor, daß sie sich im Gewirr der Korallenäste so verklemmen, daß sie sich nicht mehr befreien können. Auch unter diesen Umständen verläßt der Krebs das Gehäuse nicht, da er sonst mit seinem wurmartigen Hinterleib schnell das Opfer eines Fisches würde. Einsiedlerkrebse leben teilweise mit Schmarotzeranemonen in Symbiose, die den Krebs vor Feinden schützen. Schmarotzeranemonen tragen diesen Namen zu Unrecht, denn sie werden von dem Krebs aktiv dazu animiert, das Gehäuse zu besiedeln. Bei manchen Arten packt der Einsiedler die Anemone mit seinen Scheren recht unsanft und drückt sie so lange auf sein Haus, bis sie sich festsaugt. In anderen Fällen wurde beobachtet, daß der Krebs die Anemone mit den Beinen vorsichtig umschlang und durch »streicheln« sie dazu bewegte, die Fußscheibe langsam vom Untergrund zu lösen und auf sein Gehäuse zu übersiedeln. Wechselt der Krebs das Gehäuse, nimmt er seine Anemonen mit.

Nahrung: Allesfresser, der sich auch räuberisch ernährt.

Fortpflanzung: Die Larven durchlaufen zwei planktonische Stadien, bevor sie sich ansiedeln.

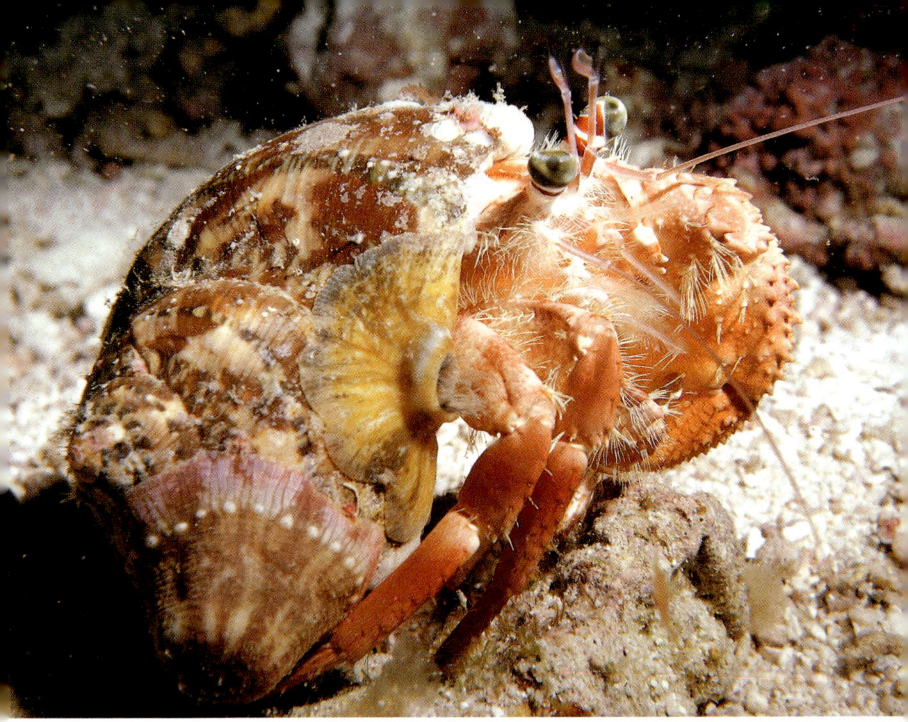

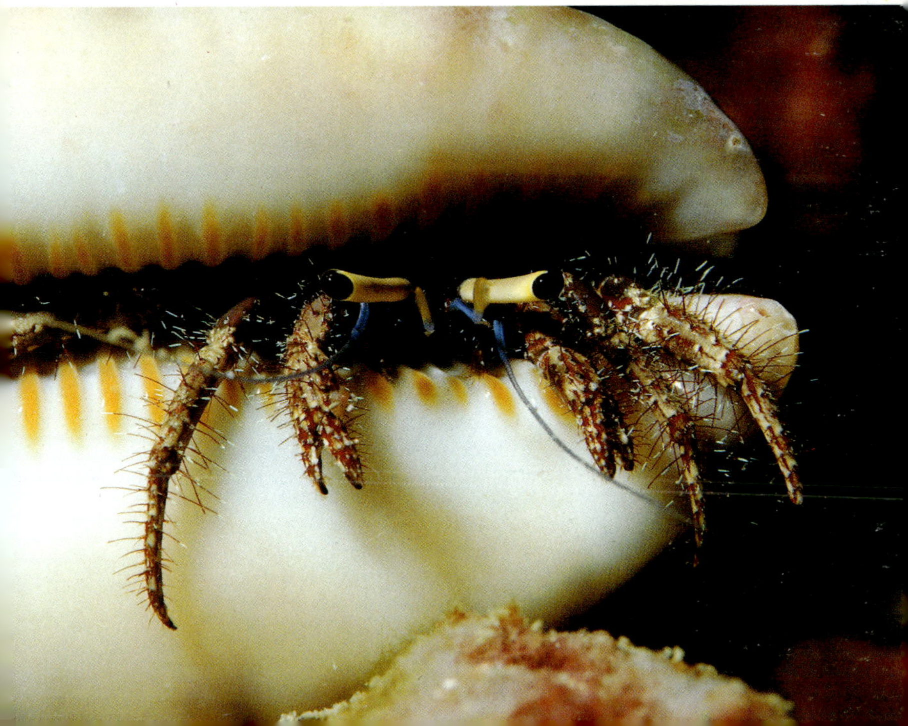

Krabben – Brachyura

Unterordnung Krabben, Ordnung Zehnfüßige Krebse (Decapoda). Meist bis max. 30 cm. Etwa 4500 Arten.
Erkennungsmerkmale: Alle Arten haben einen gedrungenen Körper, der oft breiter als lang ist. Der Hinterleib ist verkümmert und immer unter den Brustpanzer nach vorn geschlagen; bei den Weibchen ist er verbreitert und dient der Brutpflege. Krabben werden in folgende Familien geordnet: Spring- und Porzellankrebse, Rundkrabben, Seespinnenartige, Dreieckskrabben, Schwimmkrabben, Bogenkrabben und Viereckskrabben. Von den fünf Laufbeinpaaren ist immer das erste Paar mit Scheren ausgestattet. Diese können symmetrisch, aber auch asymmetrisch sein. Die Beinlängen variieren stark. Bei den Schwimmkrabben ist das letzte Beinpaar zu Ruderblättern verbreitert, mit denen sie gut schwimmen können. Das Außenskelett ist oft mit Stacheln und scharfen Kanten ausgerüstet, andere Krabben sind stark behaart. Färbung und Zeichnung sind sehr vielseitig.
Vorkommen: In allen Meeren, vorwiegend in Küstengebieten, auch außerhalb des Wassers.
Lebensweise: Während man an Stränden und Felsküsten verschiedene im Wasser und an Land lebende Krabbenarten recht häufig beobachten kann, führen die ausschließlich im Wasser lebenden Arten ein verstecktes Dasein. Sie sind nachtaktiv und am Tag nur selten zu sehen. Schwimmkrabben halten sich meist im offenen Meer auf. Krabben fallen durch ihre in der Tierwelt ungewöhnliche Gangart auf. Sie laufen seitwärts, obwohl sie auch vorwärts und rückwärts gehen können. Im Klettern sind sie geschickter als Krebsarten mit einem langen Schwanz, der zwar zum Schwimmen nützlich ist, aber beim Laufen behindert. Die Scheren der Krabben dienen der Nahrungsaufnahme, sind aber auch kräftige Verteidigungswaffen. Sie weiden damit Algenbewuchs von den Felsen oder zerkleinern größere Nahrungsbrocken. Seespinnenartige haben ein ausgeprägtes Tarnverhalten: Mit ihren Scheren setzen sie z.B. Algen und Schwämme auf ihren Panzer und halten sich vorzugsweise dort auf, wo sie gut getarnt sind. Werden sie in ein Gebiet versetzt, in dem sie nicht gut getarnt sind, beginnen sie sehr bald, geeignete Tiere und Algen auf ihrem Panzer anzusiedeln.
Nahrung: Allesfresser, Kannibalismus ist häufig.
Fortpflanzung: Meist getrenntgeschlechtlich; bis zum Schlüpfen der Larven tragen die Weibchen die Eier unter ihrem Hinterleib. Männchen sind an ihrem schmaleren Hinterleib zu erkennen. Das planktonische Larvenstadium kann bis zu 3 Monaten dauern und umfaßt drei verschiedene Stadien.

Schwimmkrabbe, Familie Portunidae (Swimming Crab); etwa 10 cm. Die hinteren Ruderfüße sind hochgestellt. Foto: Thailand.

Schwarzhand-Krabbe, *Atergatis subdentatus* (Rock Dwelling Crab); etwa 15 cm. Am Tage leben sie versteckt in Höhlen oder Spalten. Foto: Thailand.

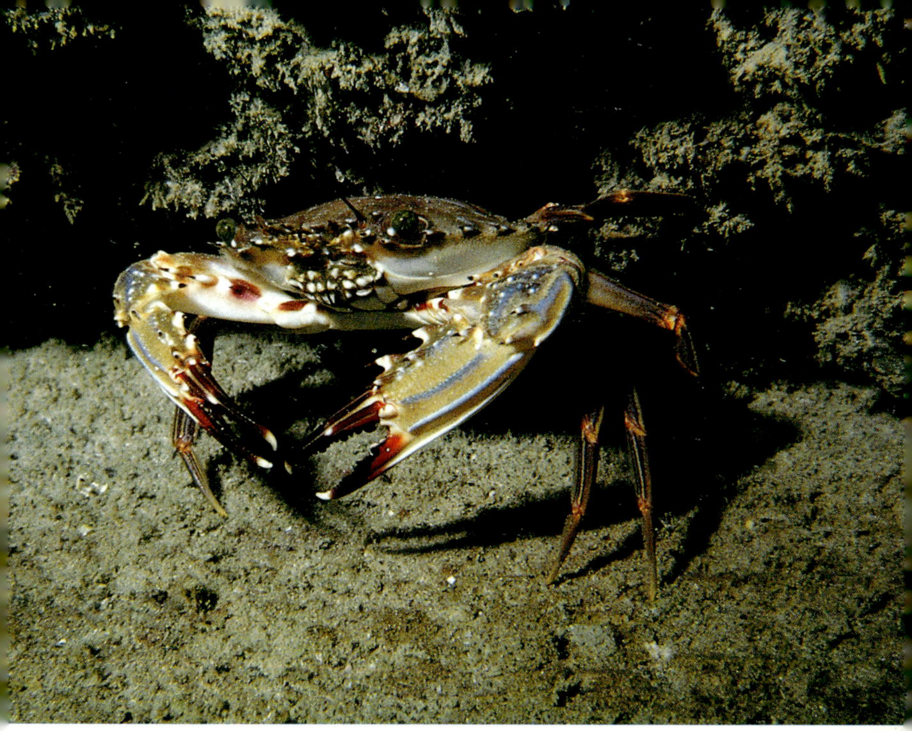
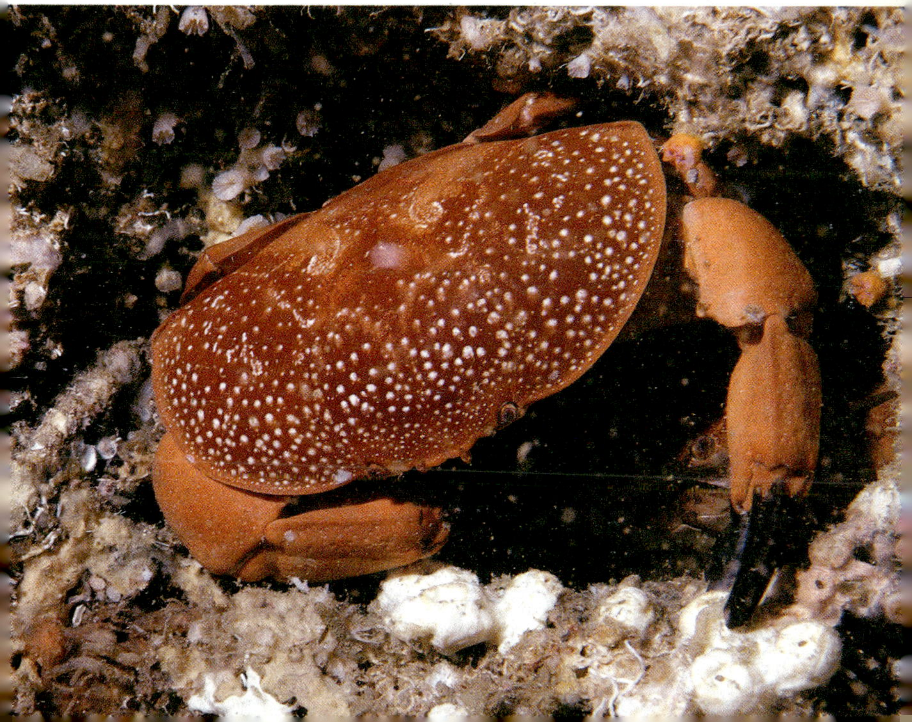

Stachelhäuter – Echinodermata

Alle Stachelhäuter besitzen ein seewassergefülltes Röhrensystem, das den Körper durchzieht und elastische Hohlräume durch Druckunterschiede in ihrer Größe verändert. Dieses Ambulakralsystem ist der Fortbewegungsapparat der Seegurken, Seeigel und Seesterne; bei den Haar- und Schlangensternen übernimmt es den Nahrungstransport.

Haarsterne – Crinoidea

Klasse Haarsterne, Unterstamm Pelmatozoa, Stamm Stachelhäuter (Echinodermata). Etwa 620 Arten. Bis 30 cm Durchmesser bei gestreckten Armen.

Erkennungsmerkmale: Sie besitzen einen winzigen, kelchförmigen Körper mit meist 10 oder 20 gefiederten Armen, die als Filter dem Nahrungserwerb dienen. Mit ihren zahlreichen dünnen Beinen, Cirren genannt, klammern sie sich am Untergrund fest; ihre Anzahl variiert zwischen 18 und 30. Die Cirren bestehen aus vielen gelenkig verbundenen Gliedern. Während des Nahrungserwerbs werden die Arme strahlenförmig gestreckt und in der inaktiven Phase nach oben eingerollt. Sie sind häufig prächtig gefärbt. Man findet sowohl einfarbige als auch gemusterte Arten; Querbinden und Längslinien herrschen vor.

Vorkommen: In tropischen und gemäßigten Meeren, bevorzugt an strömungsexponierten Stellen auf erhöhten Plätzen, wie Gorgonen, Schwämmen.

Lebensweise: Haarsterne können mit ihren dünnen Cirren gut klettern. Sie schwimmen aber auch gelegentlich mit eleganten Ruderbewegungen ihrer gefiederten Arme. Als Filtrierer fangen sie Plankton, indem die Arme quer zur vorherrschenden Strömung ausgerichtet werden. Das gefangene Plankton wird in den Ambulakralrinnen auf der Oberseite der Arme zum Mund befördert. Mund und After der Tiere liegen auf der Oberseite des Körpers. Wenn der ausgewählte Platz günstig ist und keine Störungen erfolgen, bleiben sie oft wochenlang am gleichen Ort. Sie sind tag- und nachtaktiv. Das Skelett der Tiere besteht aus beweglich verbundenen Kalkplatten, die sehr spröde sind. Die Arme brechen leicht ab, können aber regeneriert werden.

Nahrung: Plankton.

Fortpflanzung: Die getrenntgeschlechtlichen Tiere haben keine äußeren Geschlechtsmerkmale. Die Befruchtung erfolgt durch Samenabgabe ins Wasser. Die Eier bleiben bis zum Schlüpfen der Larven an den Armen der Weibchen angeheftet. Nach einem kurzen planktonischen Stadium sinkt die Larve zum Grund und verankert sich mit einem Stiel, bis sie sich voll entwickelt hat.

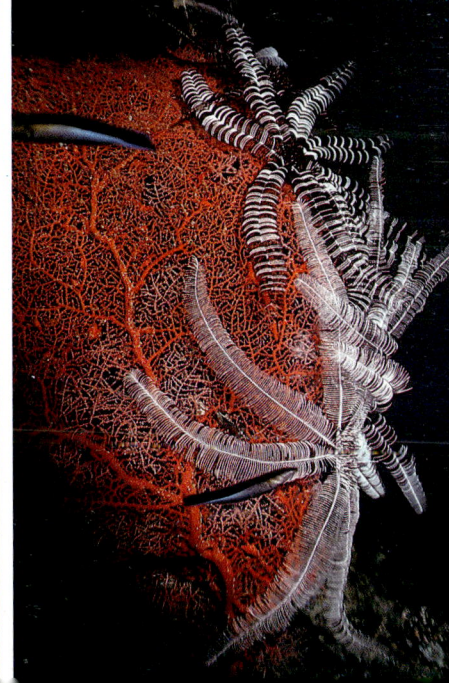

Seegurken – Holothurioidea

Klasse Seegurken, Unterstamm Eleutherozoa, Stamm Stachelhäuter (Echinodermata). Etwa 1100 Arten. Gewöhnlich bis 50 cm, Riesen-Seegurken können bis 3 m lang werden.

Erkennungsmerkmale: Sie besitzen einen länglichen, gurkenförmigen Körper, der ihnen den Namen gab. Im Gegensatz zu den anderen Stachelhäutern, ist ihr Körper weich, da sich das in der Haut befindliche Kalkskelett bis auf mikroskopisch kleine Teile zurückgebildet hat. An der Bauchseite befinden sich drei Reihen Ambulakralfüßchen, mit denen sie sich ansaugen können. Die restlichen zwei der fünf Reihen, die für diesen Stamm typisch sind, befinden sich bei manchen Arten in Form von einziehbaren Warzen auf dem Rücken oder sind ganz zurückgebildet. Die Mund- und Afteröffnung liegen jeweils an einem Ende des Körpers. Bei einigen Arten haben sich die Ambulakralfüßchen in der Mundregion zu einziehbaren Tentakeln umgebildet, die stark verzweigt sein können und der Nahrungsaufnahme dienen. Der Körper wird gern in Spalten versteckt, und nur die Tentakelkrone schaut aus dem Boden. Die Seegurken werden dann eher für Korallenbäumchen gehalten. Die lederartige Haut der Tiere ist sehr unterschiedlich strukturiert; manche Arten sind relativ glatt, andere warzig, faltig oder mit Noppen besetzt, meistens unauffällig gefärbt. In manchen Gebieten kommen prächtig gefärbte Arten vor, die auch gemustert sein können.

Vorkommen: Tropische bis kühlere Meere.

Lebensweise: Seegurken sind Bodenbewohner; sie besitzen keinen Kauapparat; nur die Mundtentakeln mancher Arten werden zum Schaben, Fangen und Einführen der Nahrung zu Hilfe genommen. Seegurken nehmen mit der Nahrung große Mengen Sand auf; die darin enthaltenen Nahrungspartikel werden verdaut. Die Tiere bewegen sich langsam mit ihren Ambulakralfüßchen oder durch Kontrahieren und Strecken ihres Körpers vorwärts. Vor Freßfeinden schützen sich manche Arten, indem sie sich am Tag im weichen Grund eingraben und nur nachts zur Nahrungssuche herauskommen. Bei Reizung stoßen manche Arten aus dem Enddarm weiße, klebrige Fäden, die Cuvierschen Schläuche aus, in denen sich Angreifer hoffnungslos verfangen können.

Nahrung: Algen, Detritus oder Plankton.

Fortpflanzung: Die meist getrenntgeschlechtlichen Tiere kann man äußerlich nicht unterscheiden. Es gibt auch Zwitter. Eier und Sperma werden ins freie Wasser ausgestoßen, manche Arten können sich dabei relativ weit aufrichten. Die Entwicklung erfolgt meist über zwei Larvenstadien und dauert nur 9–14 Tage.

Seegurke, *Bohadschia graeffei* (Sea Cucumber); etwa 35 cm. Ernährt sich hauptsächlich von Detritus. Foto: Malediven.

Riesen-Seegurke, *Polyplectana kefersteini* (Giant Sea Cucumber); bis 3 m lang. Mit ihren gefiederten Tentakeln nehmen sie Nahrung auf und führen sie in die Mundöffnung. Foto: Malediven.

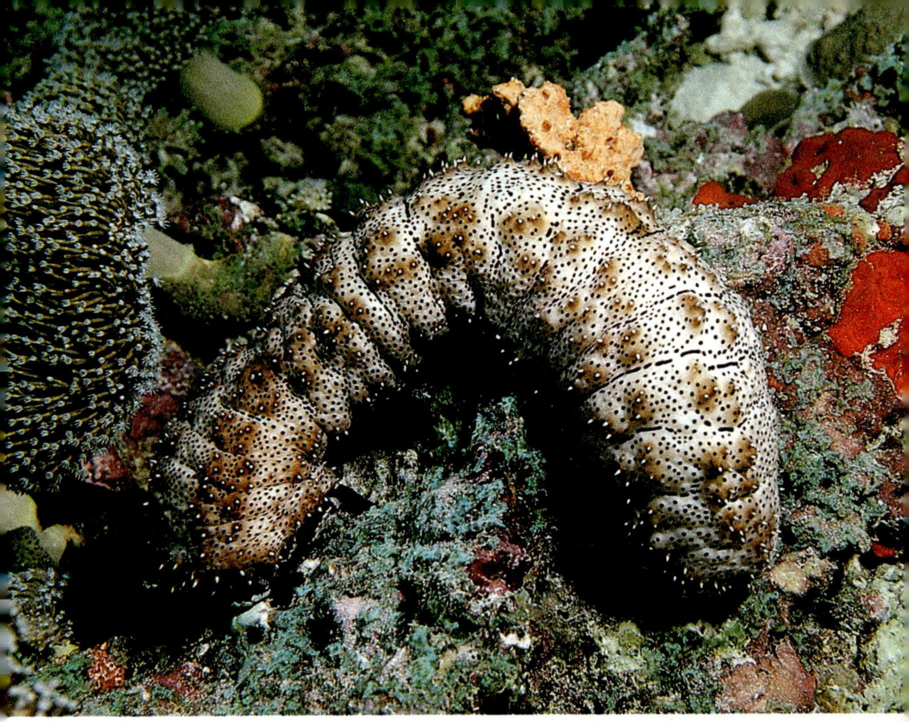

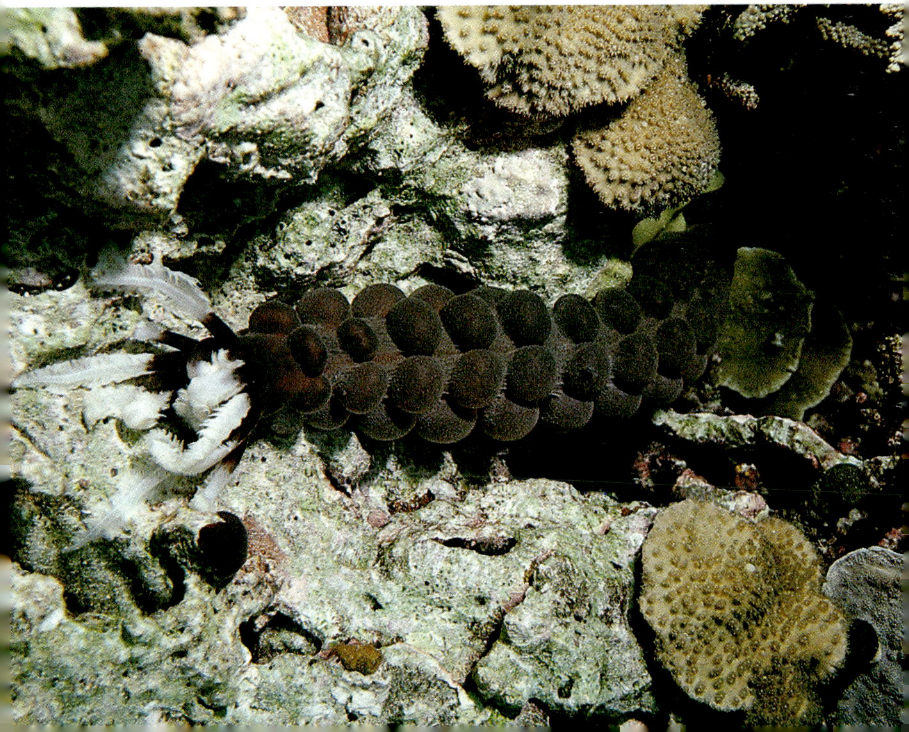

Seeigel – Echinoidea

Klasse Seeigel, Unterstamm Eleutherozoa, Stamm Stachelhäuter (Echinodermata). Etwa 860 Arten.

Erkennungsmerkmale: Seeigel sind in 2 Unterklassen geteilt: Regularier sind symmetrisch und Irregularier asymmetrisch gebaut. Letztere werden hier nicht beschrieben.
Regularier haben fast kugelförmige Körper mit einer leicht
abgeflachten Bauchseite. Sie sind mit beweglichen, strahlenförmig angeordneten Stacheln ausgerüstet, die auf dem
Rücken meist lang und an der Bauchseite kurz sind. Der
Mund liegt im Zentrum der Bauchseite und besitzt fünf relativ große, konzentrisch angeordnete Zähne. Gegenüber
auf dem Rücken befindet sich der After, der bei manchen
Arten in einer sichtbaren Blase endet. Die in der Haut befindlichen Kalkplatten sind bei dieser Gruppe zu einem
Panzer verwachsen. Sie sind in fünf Bahnen, den Ambula-
kralzonen, über den Körper verteilt und verlaufen jeweils
vom Mund bis zum After. Nur wenige Arten besitzen sehr
dicke, stumpfe Stacheln. Die Färbungen variieren sehr
stark; dunkle und unauffällige Farben dominieren, einige
Arten sind intensiv rot, blau oder hell.

Vorkommen: Alle Meere, von flachem Wasser bis in sehr
große Tiefen, auf fast jedem Untergrund.

Lebensweise: Seeigel leben am Boden und bewegen sich
langsam mit ihren saugnapfbestückten Ambulakralfüßchen
oder stelzend auf ihren Stacheln vorwärts. Sie sind nicht-
aktiv und leben am Tag meist versteckt. Wenn sie in großer
Zahl auftreten und nicht genügend Versteckmöglichkeiten
finden, rotten sie sich in Gruppen auf offenen Flächen zusammen. Feinde, die durch Lichtsinnesorgane wahrgenom-
men werden, können mit aktiven Stachelbewegungen abge-
wehrt werden. Kleine, spezialisierte Arten können sich in
nicht zu hartes Gestein mit ihren Zähnen einbohren und leben in diesen Löchern seßhaft, wenn sie von einströmenden
Partikeln ausreichend versorgt werden. Seeigel leben meist
als Weidegänger, die mit ihren Zähnen Bewuchs vom Untergrund abschaben. Ihre Feinde sind Krabben, Seesterne
und große Fische, speziell Drückerfische.

Nahrung: Algen, Mikroorganismen, Aas und Sinkstoffe.

Fortpflanzung: Die immer getrenntgeschlechtlichen Tiere
geben Eier und Sperma ins freie Wasser ab. Das planktonische Larvenstadium dauert 4–6 Wochen.

Vorsicht! Seeigelstacheln brechen leicht ab und bleiben
in der Wunde stecken. Leder-Seeigel sind giftig und haben an den Stacheln kleine Giftblasen, die wie aufge-
spießte Beeren aussehen. Das Gift wird beim Einstich
in die Wunde injiziert.

Globus-Seeigel,
Mespilia globulus
(Sea Urchin); etwa
7 cm. Diese Art tarnt
sich oft mit Fremdkör-
pern. Im Foto unten
rechts sind einige
Ambulakralfüßchen zu
sehen.
Foto: Thailand.

Griffel-Seeigel, ▶
*Heterocentrotus mam-
millatus* (Slate Pencil
Urchin); etwa 20 cm.
Diese nachtaktiven
Tiere verkeilen sich am
Tage mit den dicken
Stacheln in Löchern.
Foto: Rotes Meer.

Diadem-Seeigel, ▶ ▶
Diadema setosum
(Long-spined Sea
Urchin); etwa 25 cm.
Wenn nicht genug Ver-
steckmöglichkeiten vor-
handen sind, rotten sie
sich zum Schutz vor
Feinde zusammen.
Foto: Rotes Meer.

Seesterne – Asteroidea

Klasse Seesterne, Unterstamm Eleutherozoa, Klasse Stachelhäuter (Echinodermata). Etwa 2000 Arten. Größe bis 50 cm Durchmesser.

Erkennungsmerkmale: Sie besitzen einen zentralen Körper mit meist 5 Armen. Nur wenige Arten haben mehr. Auf der Unterseite der Arme verlaufen von den Enden bis zur Mitte die Ambulakralrinnen mit je einer Doppelreihe von Saugfüßchen. In der Mitte befinden sich die Mundöffnung und der Magen. Der After liegt oben, falls er vorhanden ist. Beim Kissenseestern sind die Arme stark reduziert, er ist sehr dick und erinnert an ein 5-eckiges Kissen (Name). Dornenkronen besitzen 11–17 Arme, deren Oberseite mit giftigen Stacheln besetzt ist. Die Farbenpalette dieser Klasse umfaßt ein sehr breites Spektrum; auch die Musterung ist sehr vielseitig. Die Hautoberfläche ist nicht schleimig, eher rauh, warzig oder mit flachen Noppen besetzt.

Vorkommen: Weltweit auf allen Meeresböden.

Lebensweise: Seesterne können sich nur sehr langsam mit ihren Ambulakralfüßchen vorwärtsbewegen. Trotzdem leben sie meist räuberisch und überfallen relativ große Tiere. Sie sind mit ihren kräftigen Saugfüßchen in der Lage, Muscheln zu öffnen und zu verzehren. Bei größeren Beutetieren kann der Magen ausgestülpt und um das Opfer gelegt werden. Durch Absonderung eines Verdauungssekrets wird das Tier außerhalb des Körpers verdaut. Dornenkronen gelten als größter Feind der Korallen. Der natürliche Feind der Dornenkrone, das Tritonshorn (Foto Seite 63), ist bei Sammlern sehr beliebt. Die Folge davon war eine starke Vermehrung der Dornenkronen, was zum Absterben großer Korallengebiete führte. Beim Versuch Dornenkronen zu töten, zerschnitten Taucher die Tiere. Seesterne haben aber eine hohe Regenerationsfähigkeit, so daß sich aus jedem Stück ein neuer Seestern entwickelt. Man nimmt an, daß es auch durch andere Umwelteinflüsse zur Vermehrung der Dornenkrone kommen kann.

Nahrung: Muscheln, Schnecken, Fische, Schlangensterne, Pflanzen und Korallenpolypen.

Fortpflanzung: Getrenntgeschlechtlich durch Abgabe von Eiern und Sperma ins freie Wasser. Das erste mikroskopisch kleine Larvenstadium ist planktonisch, das zweite heftet sich fest und verwandelt sich zum Seestern; die Entwicklung dauert etwa 2–3 Wochen. Auch Zwitter kommen vor; außerdem ist ungeschlechtliche Vermehrung durch Teilung möglich.

> Vorsicht! Dornenkronenstacheln sind giftig und verursachen schmerzhafte und schlecht heilende Wunden.

Walzen-Seestern, ▶
Choriaster granularus
(Starfish); etwa 30 cm.
Foto: Malediven.

Schwarzspitzen- ▶ ▶
Seestern, *Fromia* sp.
(Starfish); etwa 10 cm.
Foto: Malediven.

Biegsamer Seestern,
Linckia multiflora
(Starfish); etwa 15 cm.
Foto: Malediven.

Kissen-Seestern, ▶
Culcita novaeguineae
(Pincushion Sea Star);
etwa 20 cm.
Foto: Malediven.

Dornenkronen- ▶ ▶
Seestern, *Acanthaster*
planci (Crown-of-Thorn
Starfish); etwa 50 cm.
Foto: Malediven.

Schlangensterne – Ophiuroidea

Klasse Schlangensterne, Unterstamm Eleutherozoa, Stamm Stachelhäuter (Echinodermata). Etwa 1800 Arten.

Ordnung Gorgonenhäupter (Euryalae). Bis 1,5 m Durchmesser.

Erkennungsmerkmale: Gorgonenhäupter haben einen kleinen, abgeflachten Körper mit fünf Hauptarmen, die sich vielfach verzweigen; jeder kann mehrere tausend Enden haben, an denen sich kleine Häkchen befinden, die Schwebeteilchen fangen können. Die Tiere besitzen eine Mundöffnung, aber keinen After. Die Färbung variiert.

Vorkommen: In tropischen und gemäßigten Meeren.

Lebensweise: Sie sind ausschließlich nachtaktive Tiere, die bei Lichteinfall ihre Arme nach oben einrollen; in dieser Haltung verbringen sie den ganzen Tag an einem versteckten Platz. Wenn es dunkel wird, kommen sie hervor und kriechen mit den Armen auf ihren erhöhten Stammplatz. Dort breiten sie die Arme quer zur Strömung zu einem riesigen Fächer aus. Das aus der Strömung filtrierte Plankton wird über das Ambulakralsystem zur Mundöffnung befördert.

Nahrung: Ausschließlich Plankton.

Ordnung Ophiurae.

Erkennungsmerkmale: Kleine, abgeplattete Körperscheibe mit unverzweigten Armen, die mit vielen Stacheln gesäumt sind. Auf der Unterseite der Körperscheibe befindet sich in der Mitte die Mundöffnung, der After fehlt. Die Ambulakralrinnen sind von Skelettplatten verdeckt. Schlangensterne sind in vielen Farben zu finden, auch Muster kommen häufig vor.

Vorkommen: In tropischen und kühleren Meeren; unter Steinen, in Spalten, auf Schwämmen und Korallen.

Lebensweise: Schlangensterne sind in den Tropen nicht sehr häufig zu sehen. Die Filtrierer unter ihnen sieht man gelegentlich an strömungsgünstigen Stellen, meist auf Korallen, während die Weidegänger in engsten Spalten Schutz vor Freßfeinden, z. B. Seesternen suchen. Sie können ihre Arme sehr schnell und schlangenartig bewegen und schieben sich so relativ rasch vorwärts. Fehlende Glieder können regeneriert werden.

Nahrung: Plankton; Sinkstoffe und Kleintiere, z. B. Würmer, Krebse, Seeigel und Weichtiere.

Fortpflanzung: Meist getrenntgeschlechtlich ohne äußere Geschlechtsmerkmale; selten Zwitter; auch lebendgebärend. Meist ein 5–9 Wochen dauerndes planktonisches Larvenstadium. Auch ungeschlechtliche Vermehrung durch Teilung.

Gorgonenhaupt, *Astroboa nuda* (Basket Star); bis 1,5 m. Sie klettern in der Dunkelheit auf erhöhte Stellen und fangen Plankton. Foto: Rotes Meer.

Dorniger Schlangenstern, *Ophiothrix* sp. (Brittle Star); etwa 15 cm. Manche Arten leben auf Schwämmen oder Korallen, während andere unter Steinen und in Spalten ein verstecktes Leben führen. Foto: Thailand.

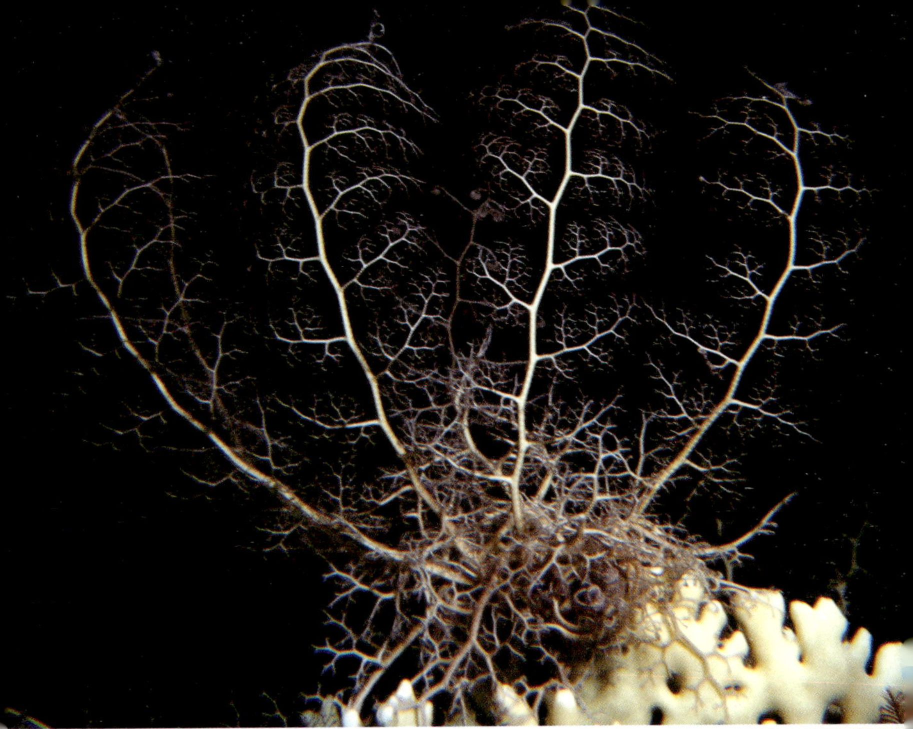

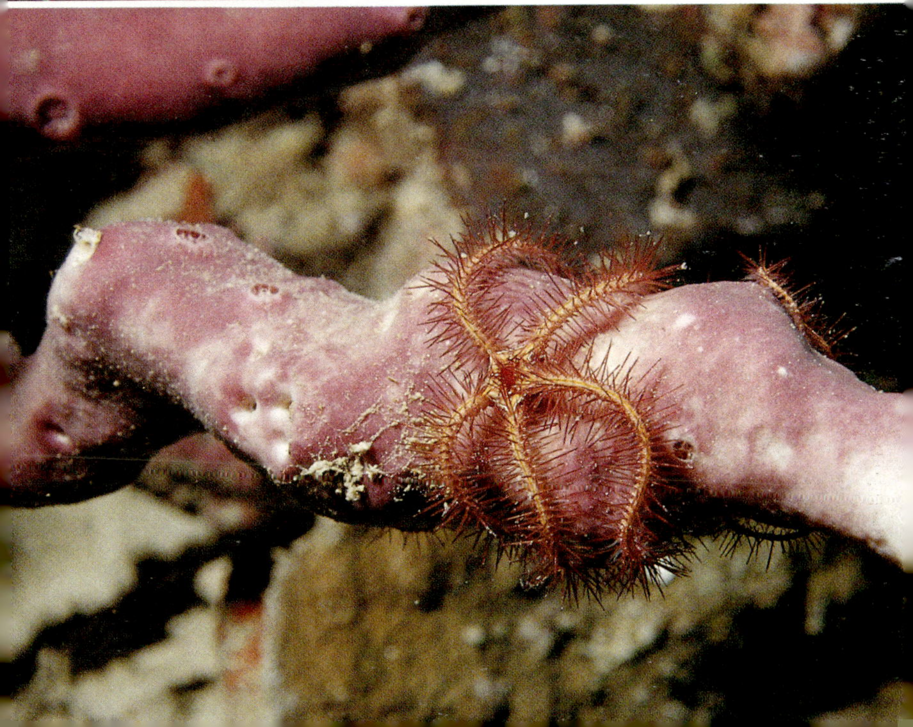

Seescheiden – Ascidiacea

Klasse Seescheiden, Unterstamm Manteltiere (Tunicata), Stamm Chordatiere (Chordata). Etwa 2000 Arten. Größe bis 30 cm, meist aber nur um 5 cm.

Die Klasse Salpen (Thaliacea) gehört ebenfalls zu den Manteltieren.

Erkennungsmerkmale: Sie ähneln eher einem Schwamm als einem Tier, welches den Wirbeltieren am nächsten steht. Der Körper wird von einem gallertartigem Mantel, der Tunica, umgeben, der verschiedene Formen aufweist. Es gibt solitäre Arten, die einer bauchigen Flasche gleichen, während andere in Kolonien leben; diese Arten sind meist sehr klein. Der Mantel hat zwei Öffnungen; eine Ein- und eine Ausströmöffnung. Die Einströmöffnung ist immer endständig und oft röhrenartig verlängert. Diese für die Ernährung und Atmung wichtigen Öffnungen können bei Störung verschlossen werden. Wenige Arten besitzen einen durchsichtigen Mantel, so daß ein Teil des Innenlebens zu erkennen ist. Den größten Teil des Innenraumes nimmt ein korbartiges Gebilde, der Kiemendarm, ein. Manche Arten besitzen eine Oberfläche, die Mineralien gleicht und nicht erkennen läßt, daß es sich um ein Tier handelt. Diese dickwandigen Arten werden oft von anderen Tieren besiedelt. Viele Seescheiden sind prächtig gefärbt. Muster sind selten.

Vorkommen: Seescheiden leben fast nur seßhaft, es gibt aber auch einige freischwimmende Arten. Sie sind in allen Meeren beheimatet und in jeder Tiefe zu finden.

Lebensweise: Sie sind trotz ihrer Seßhaftigkeit nicht auf Strömung angewiesen, sondern erzeugen einen Wasserstrom, der ihren Körper durchfließt. Sie gehören deshalb zu den Strudlern. Der Strom wird von Cilien im Kiemendarm durch Wimpernschlag erzeugt. Der Kiemendarm hat – wie sein Name schon sagt – zwei Funktionen, die Sauerstoff- und Nahrungsaufnahme, und ist von einem Hohlraum umgeben. Seescheiden besitzen u. a. Tastnerven, die bei Berührung eine Kontraktion der Körperöffnungen auslösen.

Nahrung: Organische Partikel, Plankton und Bakterien.

Fortpflanzung: Koloniebildende Arten meist durch Knospung; solitäre Arten sind Zwitter, die die Eier durch die Ausströmöffnung ins freie Wasser ausstoßen. Es gibt auch lebendgebärende Arten, die innerlich durch eingestrudeltes Sperma befruchtet werden. Eine Selbstbefruchtung findet nicht statt. Die fertig entwickelten Larven sind in ihrer Form kaulquappenähnlich und können schwimmen. Das Larvenstadium ist sehr kurz, in dieser Zeit nehmen die Tiere keine Nahrung zu sich. Die Chorda, die sie zu den nächsten Verwandten der Wirbeltiere stellt, ist nur bei den Larven vorhanden.

Braune Seescheide, *Polycarpa* sp. (Common Solitary Ascidian); etwa 5 cm. Sie strudeln an der endständigen Öffnung Wasser ein und filtrieren das Plankton aus. Foto: Philippinen.

Kolonie der Blauen Glasscheide, *Clavelina coerulea* (Colonial Ascidian); Einzeltiere etwa 2 cm. Diese sessilen Tiere können sich sehr langsam vorwärtsbewegen. Foto: Thailand.

Haie, Ammenhaiartige – Orectolobiformes

Ordnung Ammenhaiartige, Überordnung Haie (Selachoidei), Klasse Knorpelfische (Chondrichthyes). 33 Arten. Größe etwa 1 m bis über 12 m. Der Walhai ist der größte Fisch überhaupt.

Erkennungsmerkmale: Meist plumper Körper und stumpfer, leicht abgeplatteter Kopf mit 2 Barteln, die sich an den Nasenöffnungen befinden. Die zwei deutlich getrennten Rückenflossen sind relativ weit hinten. Bei den meisten Familien sind sie annähernd gleich groß (außer Familie Zebrahaie und Walhaie). Alle besitzen einen langen, flachen Schwanz (außer dem Walhai).

Vorkommen: Walhai in der Hochsee tropischer Meere, erscheint gelegentlich auch in Küstennähe oder an Riffen. Alle anderen flachere, küstennahe Gewässer der Tropen; Wobbegongs sind nur um Australien und Japan verbreitet.

Lebensweise: Walhaie bewegen sich beim Schwimmen sehr langsam, erreichen aber dabei ein beachtliches Tempo. Bei der Begegnung mit Tauchern reagieren sie oft neugierig und kommen bis auf 1–2 m heran. Sie halten sich manchmal relativ lang in der Nähe von Tauchern auf, wenn sie nicht berührt werden. Walhaie sind wahrscheinlich tag- und nachtaktiv. Alle anderen Familien sind nachtaktiv und ruhen am Tag, Zebrahaie auf Sandflächen, Ammenhaie in Höhlen. Sie schlafen fast immer in der gleichen Höhle, reagieren aber auf Störungen sehr empfindlich. Nur eine sanfte Berührung genügt, und sie kommen nie wieder an ihren Stammplatz zurück, obwohl sie spontan auf Störungen kaum reagieren. Nachts suchen sie im Sand nach Nahrung, die sie mit ihren stumpfen Zähnen zermahlen.

Nahrung: Walhaie filtrieren Plankton; alle anderen fressen Fische und andere Niedere Tiere.

Fortpflanzung: Es findet eine innere Befruchtung statt, bei der ein penisartiger Klasper in die Kloake des Weibchens eingeführt wird. Das Sperma fließt durch einen Kanal, der sich in dem Klasper befindet. Ammenhaie sind ovipar, sie legen ihre Eier auf dem Meeresgrund ab. (Bei Walhaien ist das noch nicht eindeutig geklärt.) Die Jungtiere entwickeln sich in einer elastischen Eihülle und ernähren sich aus einem großen Dottersack. Nach etwa 9 Monaten (die Zeit variiert je nach Wassertemperatur) schlüpfen die Jungen; wenn der Dottersack aufgebraucht ist, beginnen sie sofort mit der Nahrungssuche.

Vorsicht! Provozierte Ammenhaie können sich wie Doggen verbeißen; es ist fast unmöglich, mit einem 3 m großen Ammenhai aus dem Wasser zu kommen.

Ammenhai, *Nebrius concolor* (Nurse Shark); bis 3,2 m. Wird am Tag in Höhlen angetroffen; reagiert sehr empfindlich auf Berührung und verläßt dann angestammte Plätze für immer. Rotes Meer bis Tahiti. Foto: Thailand.

Zebrahai, *Stegostoma varium* (Zebra Shark); bis 2,3 m. Ruht am Tag gern auf Sandflächen nahe an Riffen. Rotes Meer bis Samoa. Foto: Thailand.

Walhai, *Rhincodon typus* (Wale Shark); bis 12,8 m und damit größter Fisch überhaupt. Harmloser Planktonfresser. Alle tropischen Meere. Foto: Thailand.

Menschenhaie – Carcharhinidae

Familie Menschenhaie, Ordnung Grundhaie (Carcharhiniformes). 48 Arten. 70 cm bis etwa 3 m.

Erkennungsmerkmale: Diese Familie hat die typische Haiform; Körper spindelförmig, Kopf meist relativ spitz, 5 Kiemenspalten, 1. Rückenflosse groß, 2. klein. Einfarbig mit hellerer Unterseite.

An Riffen lebende Arten: Grauer Riffhai, breiter schwarzer Saum an der Schwanzflosse; weißer Saum an der 1. Rückenflosse in der oberen Hälfte. Weißspitzen-Riffhai, graubraun, mit leuchtend weißen Spitzen an der 1. Rückenflosse und Schwanzflosse. Schwarzspitzenhai, hellbeige, mit deutlicher, schwarzer Spitze an der 1. Rückenflosse und an der Schwanzflosse unten.

Vorkommen: Tropische Meere, weltweit.

Lebensweise: Die sogenannten Riffhaie patrouillieren ruhig in ihren Revieren entlang der Riffe. Nur in bestimmten Situationen zeigen sie wie schnell sie schwimmen können: bei der Jagd, wenn sie erschrecken oder bei Scheinangriffen. Obwohl sie dem Menschen gefährlich werden können, meiden sie ihn und weichen meist großräumig aus. In manchen Gebieten, wo sie häufig sind, verlassen sie ihr Gebiet, wenn an diesen Stellen regelmäßig getaucht wird. Taucht man in einem völlig unberührten Gebiet, muß man damit rechnen, daß plötzlich viele Haie auftauchen; sie sind sehr neugierig, bis sie sich an die Taucher gewöhnt haben. Weißspitzen-Riffhaie ruhen am Tag oft auf Sandflächen. Man trifft sie am ehesten in Tiefen von 10–25 m. Schwarzspitzenhaie sieht man häufig als Jungtiere in sehr flachem Wasser; in Lagunen mancher Gebiete sind sie in großer Zahl anzutreffen, gelegentlich schwimmen sie ganz nahe am Strand in nur 20 cm Wassertiefe, wobei die Rückenflosse aus dem Wasser ragt. Erwachsene Tiere sind dagegen sehr selten. Graue Riffhaie bevorzugen strömungsreiche Atollkanäle mit Wassertiefen von 25–50 m.

Nahrung: Fische, Tintenfische und Krebstiere.

Fortpflanzung: Einmal jährlich verlassen Graue Riffhaie für eine gewisse Zeit ihre Reviere. Wenn sie wieder zurückkommen, haben die Weibchen viele Bißwunden, die von der Paarung stammen. Durch diese »Liebesbisse« werden die Weibchen zur Paarung angeregt. Die Kopulation findet »Bauch an Bauch« statt. Die Männchen mancher Arten beißen sich an den Brustflossen der Weibchen fest. Häufig werden dabei alle Flossen aufgeschlitzt. Menschenhaie sind vivipar, d. h. sie bringen lebende Junge zur Welt. Während und nach der Geburt haben die Weibchen eine Bißhemmung, damit sie ihre Jungen nicht fressen. Die Männchen halten sich in dieser Zeit in anderen Gebieten auf.

Grauer Riffhai, *Carcharhinus amblyrhynchos* (Grey Reef Shark); bis 2,3 m. Auf den Malediven an bestimmten Plätzen recht häufig. Rotes Meer bis Osterinseln. Foto: Malediven.

Weißspitzen-Riffhai, *Triaenodon obesus* (Whitetip Reef Shark); bis 1,7 m. Weit verbreitete Art, die fast immer einzeln vorkommt. Rotes Meer und gesamter Indopazifik. Foto: Malediven.

Rochen – Batioidei

Überordnung Rochen, Klasse Knorpelfische (Chondrichthyes). 470 Arten. 40 cm bis 6,7 m breit.

Erkennungsmerkmale: Körper extrem abgeplattet, meist mit Kiemen, Mund- und Nasenöffnungen an der Bauchseite; die Form variiert sehr stark.

Vorkommen: Weltweit in tropischen und subtropischen Meeren; Mantas und Adlerrochen schwimmen meist im freien Wasser, alle anderen Arten leben bodennah.

Lebensweise: Bei den Rochen kommen sehr unterschiedliche Schwimmtechniken vor: Mantas und Adlerrochen sind schnelle Schwimmer, die ihre stark vergrößerten Brustflossen flügelartig auf- und abwärts bewegen. Zitter-, Säge- und Geigenrochen schwimmen mit der Schwanzflosse. Echte Rochen und Stachelrochen bewegen ihren um den Körper laufenden Flossensaum wellenförmig. Rochen haben unmittelbar hinter den Augen je eine Öffnung, durch die Wasser angesaugt und durch die Kiemen geleitet wird. Das Wasser tritt aus den Kiemenspalten an der Bauchseite wieder aus. Diese Fähigkeit ermöglicht es ihnen, sich zur Tarnung im Sand einzugraben. Sie halten sich oft in sehr flachem Wasser auf. Wenn sie von watenden Personen übersehen werden, kann das fatale Folgen haben. Sie verlassen sich auf ihre gute Tarnung und fliehen nur selten. Rochen sind meist einzeln anzutreffen, nur Adlerrochen sind häufig in kleinen Gruppen und Mantas in großen Herden, manchmal bis über 40 Tiere, zu beobachten.

Nahrung: Mantas: Plankton und Garnelen; alle anderen Arten fressen am Boden lebende Fische und Niedere Tiere.

Fortpflanzung: Wie bei den Haien findet auch bei den Rochen eine innere Befruchtung statt, bei der ein Klasper des Männchens beim Weibchen eingeführt wird. Außer den Echten Rochen bringen alle lebende Junge zur Welt.

Vorsicht! Stachelrochen besitzen 1 bis 2 lange giftige Stacheln mit vielen Widerhaken, die sehr schmerzhafte Verletzungen verursachen können. Die Stacheln befinden sich oben auf dem Schwanz hinter der Körperscheibe. Wenn die Tiere sich bedroht fühlen, heben sie den Schwanz hoch und halten ihn drohend über ihren Körper. Wer sich dem Tier weiter nähert, läuft Gefahr, von dem peitschenden Schwanz getroffen oder gar von dem giftigen Stachel gestochen zu werden. Häufig bricht der Stachel in der Wunde ab und kann wegen der Widerhaken nur operativ entfernt werden. Adlerrochen haben auch Stacheln. Zitterrochen besitzen ein Elektroorgan, das elektrische Schläge von über 200 Volt austeilt.

Teufelsrochen, *Manta birostris* (Manta Ray); bis 6 m Spannweite. Größte Rochenart und harmloser Planktonfresser. Alle tropischen Meere. Foto: Djibouti.

Adlerrochen, *Aetobatis narinari* (Spotted Eagle Ray); bis 2,3 m Spannweite. Vorwiegend in strömungsreichem Freiwasser. Alle tropischen Meere. Foto: Malediven.

Stachelrochen, *Taeniura melanospilos* (Black-spotted Stingray); bis 1,65 m Spannweite. Sind ausschließlich Bodenbewohner. Rotes Meer bis Tahiti. Foto: Malediven.

Muränen – Muraenidae

Familie Muränen, Ordnung Aalartige (Anguilliformes). Etwa 100 Arten. Von 20 cm bis fast 4 m Länge. Erkennungsmerkmale: Extrem langgestreckter, schuppenloser Körper, der sehr muskulös und kräftig ist. Sie besitzen weder Brust- noch Bauchflossen. Die Rücken-, Schwanz- und Afterflossen sind zu einem Flossensaum verwachsen. Wenn nur der Kopf der Tiere zu sehen ist, sind sie daran zu erkennen, daß sie keine Kiemendeckel besitzen. Einige Zentimeter hinter dem Kopf befindet sich auf jeder Seite eine deutliche Kiemenöffnung. Das Maul ist sehr groß und wird ständig geöffnet und geschlossen. Diese Bewegung dient der Sauerstoffversorgung und pumpt das Wasser durch die Kiemen. Die Augen befinden sich sehr weit vorn, weit vor dem Mundwinkel. Die Nasenöffnungen sind mit kleinen, hervorstehenden Röhrchen versehen.

Muränen besitzen ein sehr gut entwickeltes Geruchsorgan, mit dem sie bei ihrer nächtlichen Jagd sogar schlafende Fische wahrnehmen, die unverletzt sind. Dafür sehen sie sehr schlecht.

Wahrscheinlich können die Tiere gut hören. Die meisten Arten sind unauffällig gefärbt und dadurch gut getarnt, nur wenige Arten sind kräftig gemustert oder gefärbt. Viele besitzen ein furchterregendes Gebiß. Die großen, dolchartigen Fangzähne befinden sich im Oberkiefer in der Mitte. Andere Arten haben viele kleine Zähne oder kieselsteinähnliche Mahlzähne, die nicht zu sehen sind.

Vorkommen: Weltweit in warmen und gemäßigten Meeren; in Höhlen, Spalten und Löchern, die sie sehr selten am Tag verlassen.

Lebensweise: Muränen sind vorwiegend nacht- und dämmerungsaktive Tiere, die am Tag zurückgezogen leben. Sie halten sich nur in Bodennähe auf, leben ortsgebunden und haben Stammplätze, wahrscheinlich mehrere; diese werden in unregelmäßigen Abständen gewechselt und können 200 m auseinander liegen. Nur selten sieht man Muränen frei schwimmen, wenn sie von einem Korallenblock zum anderen dicht über den Boden gleiten. Allerdings hat sich dieses Verhalten in manchen Gebieten geändert, da Muränen von Tauchern gefüttert werden und dann – einmal daran gewöhnt – auf die Taucher zuschwimmen.

Mit ihrer schlängelnden Schwimmbewegung gehören Muränen nicht zu den schnellen Schwimmern. Sie sind meist einzeln anzutreffen, kommen aber als Jungtiere in Gruppen vor. Manchmal leben zwei verschiedene Arten in einer Höhle zusammen. Meist ist nur der Kopf zu sehen. Ihre Atembewegungen werden oft als Drohgebärde gedeutet. Wenn eine Muräne regelmäßige Atembewegungen macht, ist das aber eher ein Zeichen dafür, daß sie nicht beunruhigt

Riesen-Muräne, *Gymnothorax javanicus* (Giant Moray); bis 2,4 m. Bekannteste und häufigste Art. Nicht aggressiv, wenn sie nicht angefüttert werden. Rotes Meer bis Tahiti. Foto: Malediven.

Falsche Netzmuräne, *Gymnothorax favagineus* (Honeycomb Moray); bis 2,5 m. Bei der echten Netzmuräne sind die weißen Streifen schmaler. Indischer Ozean bis Westpazifik. Foto: Thailand.

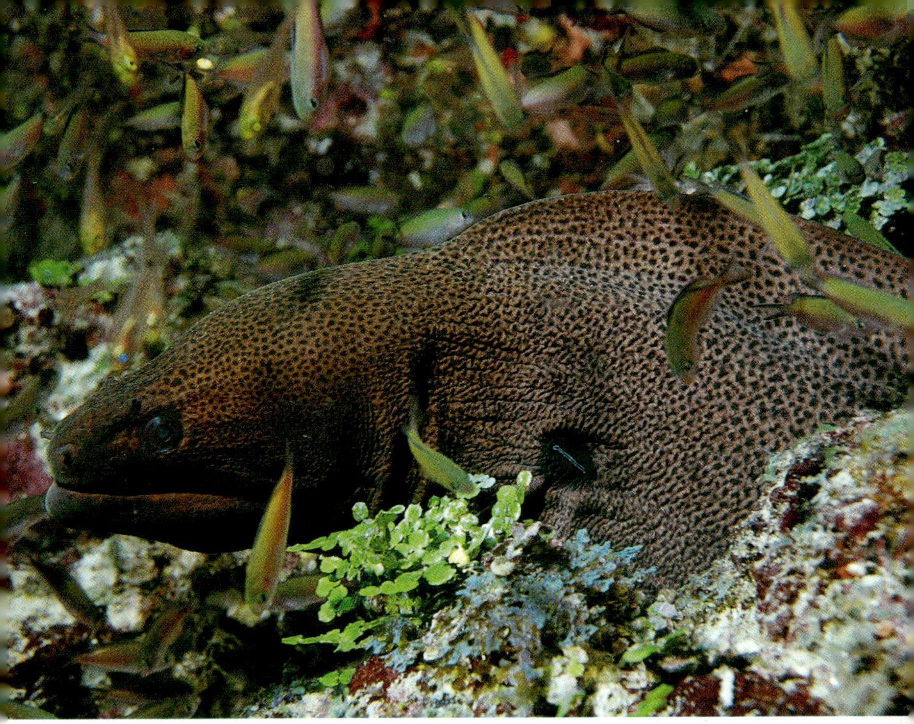

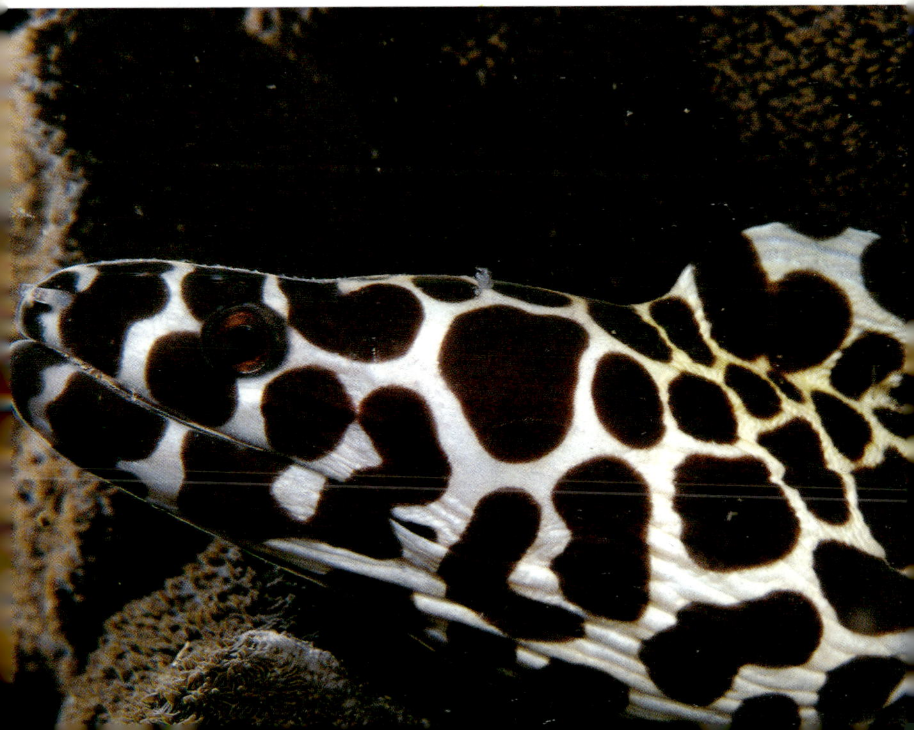

Muränen (Fortsetzung)

ist. Eine Muräne, die sich bedroht fühlt oder erschrickt, weicht ein Stück zurück und reißt das Maul weit auf und verharrt in dieser Stellung bis sie merkt, daß keine Gefahr mehr droht. Die weit verbreitete Meinung, Muränen seien angriffslustig, trifft nur auf ganz wenige Arten zu: z. B. die Tiger-Muräne, *Uropterygius tigrinus*, und die Viper-Muräne, *Enchelynassa canina.* In der Regel beißen Muränen nur, wenn sie gefangen, verletzt oder in die Enge getrieben werden. Eine weitere Ausnahme bildet die Gattung *Echidna*, die in sehr flachem Wasser jagt oder sich sogar ans Ufer wagt. Dabei soll es gelegentlich zu Angriffen auf Menschen kommen. Wahrscheinlich fühlt sie sich in die Enge getrieben, wenn ihr der Rückweg zum tiefen Wasser versperrt wird. Begegnet man der gleichen Art in tiefem Wasser, sind die Tiere friedlich.

Nahrung: Fische, Tintenfische und Krebstiere, auch Aas wird angenommen.

Fortpflanzung: Muränenlaich treibt an die Oberfläche. Das Larvenstadium dauert sehr lang; nach einer Woche ist die Larve etwa 1 cm groß.

> Vorsicht! Über längere Zeit gefütterte Muränen jagen nicht mehr selbst und werden deshalb aufdringlich. Sie schnappen nach allem was nach Futter riecht oder aussieht. Versehentliche Bisse sind zwar nicht giftig – wie lange Zeit angenommen – können aber schlecht heilende Infektionen verursachen. Nur das Blut der Muränen ist giftig, wenn es in die menschliche Blutbahn gelangt. Ausgewachsene Muränen sollte man niemals essen, da es zu Vergiftungen mit Todesfolge durch Ciguatera kommen kann.

Weißaugen-Muräne,
Sideria prosopeion
(White-eyed Moray); bis 65 cm. Kommen an manchen Stellen in Gruppen bis 50 Exemplaren vor. Thailand bis Tahiti.
Foto: Thailand.

Gelbkopf-Muräne,
Gymnothorax rüppelli
(Yellow-headed Moray); bis 80 cm. In einem Becherschwamm zu sehen. Rotes Meer bis Hawai und Tahiti.
Foto: Thailand.

Geister-Muräne, ▶
Rhinomuraena quaesita
(Ribbon Eel); bis 1,2 m. Jungtiere bis 65 cm sind schwarz-gelb, Männchen von 65–90 cm sind blau-gelb und Weibchen bis 1,2 m können gelb sein. Ostafrika bis Tahiti.
Foto: Malediven.

Weiße Muräne, ▶ ▶
Sideria grisea
(Geometric Moray); bis 70 cm. Eine nur im Roten Meer lebende Art.
Foto: Ägypten.

Korallenwelse – Plotosidae

Familie Korallenwelse, Ordnung Welsartige (Siluriformes). Von etwa 2000 Arten kommen nur einige im Meer vor. Max. 30 cm lang.

Erkennungsmerkmale: Schlanker Körper, leicht abgeplatteter Kopf. Um das Maul befinden sich 4 Paar Barteln. Die erste Rückenflosse ist sehr kurz und hoch. Die zweite Rückenflosse bildet zusammen mit Schwanz- und Afterflosse einen durchgehenden Saum. Der schuppenlose Körper ist dunkel. Jungtiere haben Längsstreifenmuster.

Vorkommen: Vom Roten Meer bis zum Pazifik.

Lebensweise: Erwachsene Tiere leben einzeln und sehr versteckt; junge formieren sich dicht gedrängt zu einer »rollenden Kugel« über Sandböden oder Seegraswiesen.

Nahrung: Fische, Krebse, Weichtiere und Sinkstoffe.

Fortpflanzung: Nur bei *Plotosus lineatus* wurde beobachtet, daß Männchen Nester unter Steinen bauen und das Gelege bewachen.

Vorsicht: Korallenwelse haben an den Brustflossen und an der ersten Rückenflosse je einen gezahnten giftigen Stachel. Verletzungen verursachen extreme Schmerzen, die mehr als 2 Tage andauern. Der Stich eines nur 3 cm langen Jungfisches soll wie ein Wespenstich schmerzen. Korallenwelse greifen aber niemals von sich aus an.

Eidechsenfische – Synodontidae

Familie Eidechsenfische, Ordnung Aulopiformes. Etwa 50 Arten. Bis 35 cm lang.

Erkennungsmerkmale: Runder Körper, der sich nach hinten leicht verjüngt; spitz zulaufender Kopf; Maul sehr groß, mit vielen spitzen Zähnen; Augen weit vor den Mundwinkeln. Sie besitzen nur eine Rückenflosse. Alle Flossen sind zumindest teilweise durchsichtig und fallen deshalb nicht auf. Die meisten Arten haben gut erkennbare Schuppen. Alle Eidechsenfische sind sehr gut getarnt. Grundfarbe meist sandfarben; die dunkleren Flecken haben keine klaren, symmetrischen Formen. Die Musterung ist für die Bestimmung der Arten wichtig.

Vorkommen: Flache tropische und gemäßigte Meere.

Lebensweise: Sie liegen regungslos auf dem Grund, auf ihre Brustflossen aufgestützt, und lauern auf Beute. Werden sie aufgeschreckt, schwimmen sie sehr schnell eine kurze Strecke und legen sich wieder bewegungslos auf den Grund.

Nahrung: Kleine Fische.

Fortpflanzung: Weitgehend unbekannt.

Gestreifter Korallenwels, *Plotosus lineatus* (Striped Eel Catfish); bis 30 cm. Ausgewachsene Tiere sind einfarbig braun. Jungtiere leben in Gruppen. Rotes Meer bis Samoa. Foto: Thailand.

Marmor-Eidechsenfisch, *Saurida gracilis* (Graceful Lizardfish); bis 30 cm. Liegen regungslos auf Sand- oder Geröllgrund und lauern auf Beute. Rotes Meer bis Tahiti. Foto: Ägypten.

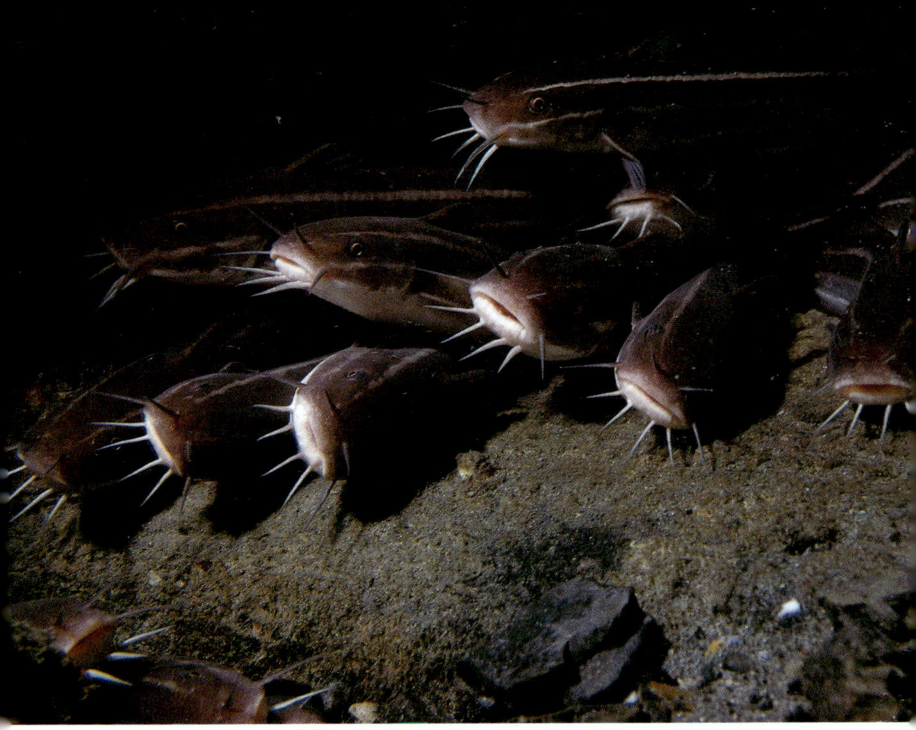

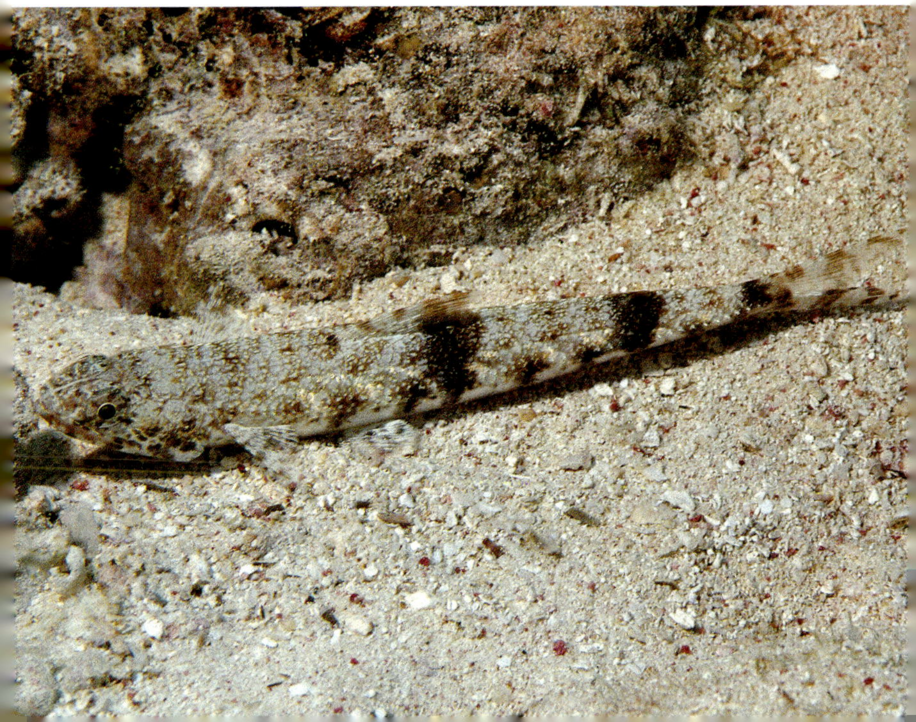

Soldaten- und Eichhörnchenfische –
Myripristinae und Holocentrinae

Unterfamilien Soldatenfische und Eichhörnchenfische, Familie Holocentridae, Ordnung Schleimkopfartige (Beryciformes). Etwa 60 Arten. 30–45 cm lang.

Erkennungsmerkmale: Soldatenfische: Körper relativ kurz, Kopf stumpf, Augen sehr groß und extrem weit vorn, keine Längsstreifen und Kiemenstacheln.

Eichhörnchenfische haben immer einen kräftigen, nach hinten gerichteten Vorkiemenstachel und ihr Kopf läuft spitz zu. Viele Arten haben Längsstreifenmuster, einige sind einfarbig wie Soldatenfische. Ihr Körper ist meist schlanker.

Beiden Unterfamilien gemeinsam: Körper seitlich abgeflacht, zwei Rückenflossen, die sich in ihrer Form deutlich unterscheiden. Erste Rückenflosse oft in einer Nut versenkt und deshalb nicht sichtbar; zweite Rückenflosse und Afterflosse auffallend weit hinten. Schwanz tief gegabelt. Alle Arten haben große, deutlich sichtbare Schuppen und sind vorwiegend rot gefärbt. Augen und Maul sehr groß.

Vorkommen: Tropische Meere, in Riffen mit viel Versteckmöglichkeiten; sie leben sowohl in Korallen- als auch in Felsriffen bis in große Tiefen.

Lebensweise: Soldaten- und Eichhörnchenfische sind nachtaktive Tiere, die sich am Tag schwebend in kleinen Gruppen in Höhlen, Spalten oder unter Überhängen aufhalten. Nachts, bei der Nahrungssuche unterscheiden sich die Unterfamilien: Während Soldatenfische im freien Wasser über den Riffen ihre Nahrung suchen, machen die Eichhörnchenfische Jagd auf bodenlebende Tiere. Beide Unterfamilien sind offensichtlich in der Lage, unterschiedliche Geräusche zu machen, die nicht nur Warnsignale sind, sondern auch der Kommunikation dienen.

Nahrung: Soldatenfische Zooplankton (vorwiegend Larven von Krebstieren); Eichhörnchenfische Würmer, Krebse und Kleinfische, die am Boden leben.

Fortpflanzung: Bei einer Art der Gattung *Myripristis* wurde beobachtet, daß die Tiere regelmäßig ein paar Tage nach Neumond im Freiwasser laichen. Sonst ist wenig bekannt. Das Larvenstadium dauert wahrscheinlich mehrere Wochen, weil die Tiere weit verbreitet sind. Die Larven siedeln sich erst bei einer Größe von etwa 3 cm an.

Vorsicht! Die Kiemenstacheln der Eichhörnchenfische sind bei einigen Arten giftig. Beide Unterfamilien sind mit kräftigen Rücken-, Bauch- und Afterflossenstacheln ausgerüstet. Ihr Fleisch kann durch Ciguatera giftig sein.

Doppelzahn Soldatenfisch, *Myripristis hexagona* (Doubletooth Soldierfish); bis 18 cm. Diese häufige Art hält sich tagsüber in Höhlen auf. Ostafrika bis Samoa. Foto: Malediven.

Diadem-Eichhörnchenfisch, *Sargocentron diadema* (Crown Squirrelfish); bis 16 cm. Sie unterscheiden sich deutlich von den Soldatenfischen durch einen Kiemenstachel. Rotes Meer bis Hawaii/Tahiti. Foto: Malediven.

Großdorn-Eichhörnchenfisch, *Sargocentron spiniferum* (Longjawed Squirrelfish); bis 40 cm. Sie werden oft für Soldatenfische gehalten, obwohl die Kiemenstacheln besonders deutlich ausgebildet sind. Rotes Meer bis Tahiti. Foto: Malediven.

Trompetenfische – Aulostomidae

Familie Trompetenfische, Ordnung Seenadelartige (Syngnathiformes). Nur 4 Arten bekannt. Max. 75 cm.
Erkennungsmerkmale: Schlanker, zylindrischer und extrem langer Körper. Unter ihren Schuppen befindet sich ein Netz von kleinen Knochen, die einen Schutzpanzer bilden. Der Kopf hat eine sehr lang nach vorn gezogene Schnauze mit einem endständigen Maul. Die zweite Rükkenflosse und die Afterflosse sind gut ausgebildet. Alle Trompetenfische sind durch ihr Farbmuster gut getarnt, mit einer Ausnahme: *Aulostomus chinensis* gibt es auch in der auffälligen Farbe gelb (siehe Foto oben).
Vorkommen: In tropischen Gebieten des Atlantischen, Indischen und Pazifischen Ozeans; meist zwischen Korallen.
Lebensweise: Trompetenfische sind ruhige Schwimmer, die einzeln oder paarweise leben. Oft sieht man sie, wenn sie sich zwischen Korallen senkrecht oder in einer schrägen Lage tarnen. Bei der Jagd bedienen sie sich einer List. Sie schwimmen ganz dicht über einem Friedfisch, um von potentiellen Opfern nicht so leicht entdeckt zu werden. Wenn sie nahe genug sind, schnellen sie sich blitzartig vor und erbeuten das überraschte Opfer. Gelbe Trompetenfische »reiten« bevorzugt auf gelben Kaninchenfischen.
Nahrung: Kleine Fische und Krebse.

Flötenfische – Fistulariidae

Familie Flötenfische, Ordnung Seenadelartige (Syngnathiformes). Nur wenig Arten. Etwa 1,5 m lang.
Erkennungsmerkmale: Extrem schlanker, langer Körper, der hinten spitz zuläuft; auch der Kopf ist extrem lang und wird nur in Höhe der großen Augen durch diese verdickt. Alle Flossen – außer den Brustflossen – sind weit hinten angeordnet und stehen sich symmetrisch gegenüber; die erste Rückenflosse mit der Bauchflosse und die zweite Rückenflosse mit der Afterflosse. Die Schwanzflosse ist ein dünnes, fadenartiges Anhängsel, das den Körper verlängert. Die schuppenlose Haut ist bläulichgrün und tarnt das Tier im freien Wasser gut. Die Fische können sich sehr schnell mit einem dunklen, graubraunen Fleckenmuster tarnen.
Vorkommen: In tropischen Gebieten des Atlantischen, Indischen und Pazifischen Ozeans.
Lebensweise: Flötenfische leben einzeln, auch in kleinen Gruppen. Sie jagen unter der Oberfläche. Gelegentlich lassen sie sich wie Treibholz auf Kleinfischschwärme zutreiben, bis sie nahe genug an ihre Opfer herankommen.
Nahrung: Fische und Krebse.

Trompetenfisch, *Aulostomus chinensis* (Trumpetfish); bis 65 cm. Gelbe Farbvariante (siehe auch Foto Mitte). Ostafrika bis Hawaii. Foto: Malediven

Trompetenfisch, *Aulostomus chinensis* (Trumpetfish); bis 65 cm. Sie variieren von gelb (Foto oben) bis braun oder grün. Typisches Erkennungszeichen sind weiße Flecken am Körperende. Ostafrika bis Hawai. Foto: Thailand.

Flötenfisch, *Fistularia commersonii* (Cornetfish); bis 1,7 m Körperlänge. Auffällig ist der fadenförmige Schwanz. Rotes Meer bis Hawai. Foto: Malediven.

Seepferdchen und Seenadeln – Hippocampinae und Syngnathinae

Unterfamilien Seepferdchen und Seenadeln, Familie Syngnathidae, Ordnung Seenadelartige (Syngnathiformes). Über 200 Arten. Seepferdchen bis 30 cm, Seenadeln bis 40 cm lang, meist aber wesentlich kleiner.

Erkennungsmerkmale: Die gemeinsamen Merkmale dieser Gruppe sind: röhrenförmige Schnauze mit kleinem, endständigem Maul, keine Kiemendeckel; Körper mit zahlreichen harten Knochenringen bedeckt, die eckig geformt sind. Färbung und Muster variieren stark.

Seepferdchen haben immer einen weit zur Brust gebeugten, pferdeähnlichen Kopf. Sie besitzen eine Rückenflosse und Brustflossen; Afterflosse winzig oder fehlend. Der »Schwanz« ist zu einem langen Greifarm umgebildet.

Seenadeln sind schlanke, langgestreckte Fische; ihr Kopf verläuft immer mehr oder weniger in der Längsachse des Körpers. Die meisten Arten haben eine runde Schwanzflosse; nur wenige besitzen einen Greifschwanz wie die Seepferdchen.

Vorkommen: Seepferdchen sind in Korallenriffen wegen der starken Strömungen sehr selten.

Lebensweise: Seepferdchen zählen nicht nur äußerlich zu den ungewöhnlichsten Knochenfischen, sondern faszinieren ebenso durch ihre aufrechte Schwimmweise. Es sind langsame Schwimmer, die sich mit ihrem Greifschwanz an Pflanzen oder anderem geeigneten Bewuchs festhalten können. Ihre Körperbewegungen sind durch ihren Außenpanzer sehr begrenzt; nur der Schwanz ist sehr beweglich. Die Nahrung wird ihnen durch die Strömung zugetragen.

Seenadeln können mit ihrer runden Schwanzflosse besser schwimmen und sind in vielen tropischen Gebieten zu beobachten. Sie bevorzugen geschützte Stellen, wie Überhänge, Höhlen und Riffausbuchtungen.

Nahrung: Zooplankton und benthische Wirbellose.

Fortpflanzung: Beide Unterfamilien bringen auf ungewöhnliche Weise lebende Junge zur Welt: Bei der Paarung wird nicht der Samen von dem Weibchen aufgenommen, sondern es legt dem Männchen die Eier in eine Bruttasche (Seepferdchen) bzw. in eine Bauchfalte (Seenadel). Bei manchen Seenadelarten werden die Eier auch nur am Bauch angeheftet. Die Jungfische werden vom Männchen zur Welt gebracht. Die Bruttasche wird gereinigt und für das nächste Gelege vorbereitet. Kurze Zeit später legt das Weibchen erneut Eier ab. Dieser Fortpflanzungszyklus erfolgt meist 3mal im Jahr.

Kuda-Seepferdchen, *Hippocampus kuda* (Yellow Seahorse); bis 25 cm. In Korallenriffen sehr selten, bevorzugen Seegraswiesen. Rotes Meer bis Hawai. Foto: Aquarium.

Gebänderte Seenadel, *Doryramphus dactyliophorus* (Banded Pipefish); bis 18 cm. Rotes Meer bis Tahiti. Foto: Aquarium.

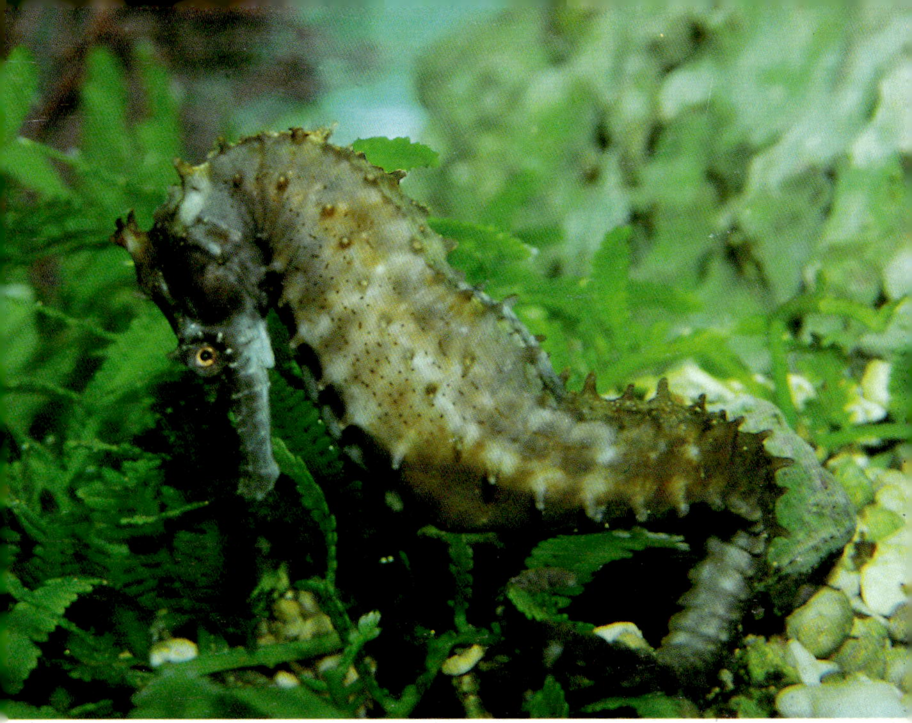

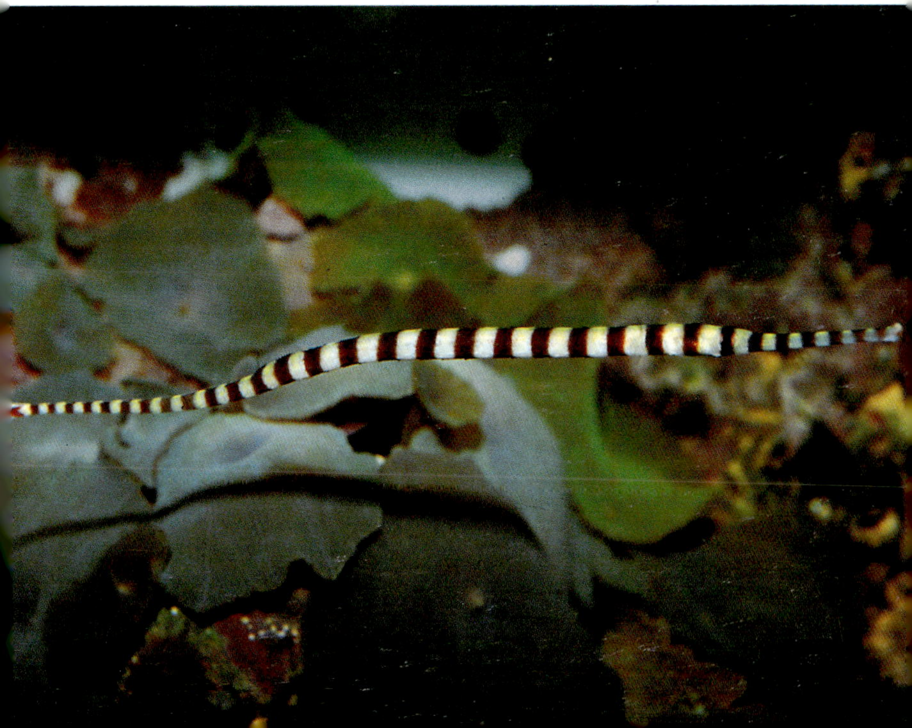

Plattköpfe – Platycephalidae

Familie Plattköpfe, Ordnung Panzerwangen (Scorpaeniformes). Etwa 60 Arten. Bis 80 cm lang, nur in Australien gibt es eine Art, die bis 1,2 m lang werden kann.
Erkennungsmerkmale: Langgestreckter, schlanker Körper mit abgeplattetem Kopf, der in der Form dem Kopf eines Krokodils gleicht. Der Name »Panzerwange« kommt von einer anatomischen Eigenart dieser Ordnung – einer Knochenplatte unter der »Wange« – die sich zwischen den Augenknochen und dem Kiemendeckel befindet. Die großen runden Knopfaugen sind mit einem netzartigen Organ überdeckt, das sich zusammenziehen und ausdehnen kann. Diese Lichtschutzeinrichtung kommt bei extremer Einstrahlung im flachen Wasser zur Wirkung; sie sind wohl die einzigen Fische, die über ein lidähnliches Organ verfügen. Als Räuber haben sie ein sehr großes Maul mit vorstehendem Unterkiefer. Die beiden Rückenflossen sind deutlich getrennt; Brust- und Bauchflossen sind gut entwickelt und überlappen sich teilweise. Die Schwanzflosse wird in Ruhestellung flach zusammengefaltet. Färbung und unregelmäßige Fleckenmusterung sind dem Untergrund sehr gut angepaßt. Außerdem befinden sich auf dem Kopf zahlreiche nach hinten gerichtete Stacheln und Knochenplatten, die zusammen mit dem »Netz« über den Augen das Tier perfekt tarnen. Der Körper ist mit kleinen Schuppen bedeckt.
Vorkommen: Ausschließlich tropische Gewässer küstennaher Gebiete, vom Roten Meer bis zum Pazifik; auf Sand-, Schlick- oder Geröllgrund, am häufigsten im Flachwasser bis 20 m Tiefe. Im Indischen Ozean relativ selten.
Lebensweise: Diese Lauerräuber sind keine ausdauernden Schwimmer und halten sich vorwiegend auf Sand- und Geröllgrund auf. In sandigen Gebieten sind sie nicht so gut getarnt und graben sich deshalb vollkommen ein, so daß nur die Augen und das Maul zu sehen sind. Sie verlassen sich auf ihre Tarnung und bleiben sehr lange liegen, wenn man sich ihnen nähert. Im letzten Moment fliehen sie ein paar Meter und graben sich blitzschnell erneut im Sand ein. Sie lauern auf Beute, bis ein Opfer nahe genug vorbeikommt. Fische, die in einem Abstand von 1 m oder weniger über sie hinwegschwimmen, werden mit einem blitzartigen »Satz« ergriffen. Man sieht Plattköpfe meist einzeln, gelegentlich paarweise. Krokodilfische leben gelegentlich auch im Brackwasser.
Nahrung: Fische, Krebstiere, Würmer und Weichtiere.
Fortpflanzung: Weitgehend unbekannt.

Krokodilfisch, *Cociella crocodila* (Spotted Flathead); bis 1 m. Im Roten Meer relativ häufig; sie graben sich gern im Sand ein. Rotes Meer bis Japan. Foto: Ägypten.

Zwerg-Krokodilfisch, *Platycephalus chiltonae* (Longsnout Flathead); bis 22 cm. Rotes Meer bis Tahiti. Foto: Thailand.

Skorpionfische – Scorpaenidae

Familie Skorpionfische, Ordnung Panzerwangen (Scorpaeniformes). Etwa 300 Arten. Je nach Art 4–50 cm. Erkennungsmerkmale: Kräftiger, barschähnlicher Körper, großer Kopf; mit vielen kurzen, meist nach hinten gerichteten Stacheln. Augen und das Maul sind relativ groß. Rückenflosse durchgehend, große Brustflossen; der ganze Körper ist mit Schuppen bedeckt. Ihre Färbung variiert sehr stark: Die meisten Arten haben eine rötliche Grundfarbe, die aber dem Untergrund angepaßt werden kann. Eine unregelmäßige Fleckenzeichnung und unzählige Hautanhängsel, die den Körper bedecken, machen die Tarnung dieser Lauerräuber perfekt. Manche besitzen außerdem noch bäumchenartige Auswüchse um den Unterkiefer herum, so daß der Kopf noch besser getarnt ist. Eine weit verbreitete Art, der Buckel-Drachenkopf, *Scorpaenopsis diabolus*, sei noch besonders erwähnt. Im Englischen wird er treffend Falscher Steinfisch (False Stonefish) genannt. Er ist grau, manchmal grünlich, aber auch rötlich gefärbt und wird wegen seiner Ähnlichkeit mit Korallenbruchstücken oft für den Steinfisch gehalten. Er hat – wie der Teufelsfisch auch – auf der Innenseite der Brustflossen eine auffallende gelb-orangene Färbung, die als Warnsignal durch drehen der Flossen gezeigt wird (vgl. Fotos Seite 119).
Vorkommen: Tropische und gemäßigte Meere, einige Arten auch in kalten Meeren. Sie bevorzugen harten Untergrund und sind in Korallen- und Felsenriffen häufig.
Lebensweise: Skorpionfische sind schlechte Schwimmer, die nur kurze Strecken schwimmen, um sich dann wieder für längere Zeit auf dem Grund niederzulassen. Stundenlang lauern sie unbeweglich auf Beute, bis ihnen ein ahnungsloses Opfer direkt vor das Maul schwimmt. Durch schnelles Öffnen des großen Mauls entsteht ein Sog, so daß die Beute eingesaugt wird. Sie überwältigen erstaunlich große Fische. Wenn sie ihren Standort wechseln, können sie sekundenschnell ihre Farbe verändern.
Nahrung: Fische, aber auch Krebse.
Fortpflanzung: Sie legen mehrere tausend Eier in gelatineartigen Klumpen.

Vorsicht! Skorpionfische sind mit vielen Giftstacheln ausgerüstet, die nur zur Verteidigung eingesetzt werden. Sie sind für Taucher dennoch nicht ungefährlich, da sie sich auf ihre gute Tarnung verlassen. Der vordere Teil der Rückenflosse hat 12–14, die Bauchflosse 1 und die Afterflosse 3 Giftstacheln. Das Gift verursacht starke Schmerzen mit möglichen Lähmungserscheinungen, soll aber nicht lebensgefährlich sein.

Schaukelfisch, *Taenianotus triacanthus* (Leaf Fish); bis 8 cm. Bei Gefahr läßt er sich auf die Seite fallen und imitiert ein Blatt. Farbvarianten von gelb, rosa bis schwarz. Ostafrika bis Galapagos. Foto: Malediven.

Skorpionfisch, *Scorpaenopsis oxycephalus* (Tassled Scorpionfish); bis 30 cm. Die Skorpionfische sind schwierig zu bestimmen. Rotes Meer bis Westpazifik. Foto: Thailand.

Buckel-Drachenkopf, *Scorpaenopsis diabolus* (Devil Scorpionfish, False Stonefish); bis 22 cm. Diese Art wird von Tauchern oft für den Steinfisch gehalten. Rotes Meer bis Tahiti. Foto: Thailand.

Stein- und Teufelsfische – Synanceiinae und Choridactylinae

Unterfamilien Stein- und Teufelsfische, Familie Skorpionfische, Ordnung Panzerwangen. Wenige Arten. Steinfische bis 60 cm, Teufelsfische bis 18 cm lang.

Erkennungsmerkmale: Steinfische sind die am besten getarnten Fische überhaupt. Ihr Körper ist plump und verjüngt sich nach hinten sehr stark, so daß der riesige Kopf völlig unproportioniert wirkt. Das große Maul ist fast senkrecht nach oben gerichtet, die Augen sehr hoch angeordnet. Der vordere Teil der Rückenflosse besteht aus 12–14 kräftigen Giftstacheln, die mit einer fleischigen Haut überzogen sind. Die extrem großen, fleischigen Brustflossen haben am Rand abgerundete Zacken und fallen einem geübten Beobachter am ehesten auf. Die gesamte Körperoberfläche ist unregelmäßig mit Warzen und Hautfetzen übersät. Die Tarnung wird noch durch die Färbung vervollkommnet und durch eine asymmetrische Haltung, indem der Schwanz hakenförmig umgelegt wird.

Teufelsfische unterscheiden sich von den Steinfischen durch ihre geringe Größe und ihren zierlichen Körper. Das Kopfprofil ist konkav, nur die Augen stehen weit erhöht auf Knochenwülsten – alles überragend. Die Rückenflosse beteht aus 15–17 langen, giftigen Stacheln, die asymmetrisch nach beiden Seiten umgelegt werden und mit Hautfetzen getarnt sind. An den Brustflossen sind die zwei untersten Flossenstrahlen nicht durch Membranen verbunden; sie werden als Gehwerkzeuge zum Kriechen benutzt. Die Schwanzflosse ist flach zusammengefaltet und – genau wie die Unterseiten der Brustflossen – mit grellen Warnfarben und -mustern versehen. Nähert man sich einem Teufelsfisch, wird die Schwanzflosse wie ein Fächer geöffnet und die Brustflossen werden gewendet.

Vorkommen: Rotes Meer bis zum Pazifik auf Sand- oder Geröllgrund in nicht zu tiefem Wasser, am Tag oft versteckt in Höhlen oder Spalten.

Lebensweise: Steinfische sind sehr schlechte Schwimmer, die ungern ihren Standort wechseln. Die trägen Bewegungen würden kaum zum Schwimmen reichen, wenn nicht die großen Brustflossen den Tieren »Segeleigenschaften« verleihen würden. Die Schwimmleistung reicht nicht aus, ein Opfer zu jagen. Steinfische sind darauf angewiesen, daß ein Fisch nahe genug am Maul vorbeischwimmt, um ihn einsaugen zu können. Sie verschlingen Fische bis zur eigenen Größe.

Nahrung: Fische und Krebse.

Vorsicht! Das Gift der Stein- und Teufelsfische ist extrem schmerzhaft, und kann auch tödlich wirken.

Echter Steinfisch,
Synanceia verrucosa
(Stonefish); bis 38 cm.
Hält sich am Tage gern in Spalten und Höhlen auf. Der gekrümmte Schwanz ist typisch für Steinfische. Rotes Meer bis Tahiti.
Foto: Ägypten.

Warzen-Steinfisch,
Synanceia horrida
(Estuarine Stonefish); bis 60 cm. Manchmal mit Algen bewachsen. Bevorzugt sandigen und schlammigen Untergrund, häufig im Brackwasser. Thailand bis Australien.
Foto: Thailand.

Teufelsfisch, ▶
Inimicus filamentosus ▶ ▶
(Spiny Devilfish); bis 18 cm. Bei Gefahr werden die intensiv gefärbten Schwanz- und Brustflossen als Warnsignale gezeigt (s. rechtes Foto). Rotes Meer bis Indonesien.
Foto: Ägypten.

Feuerfische – Pteroinae

Unterfamilie Feuerfische, Familie Skorpionfische, Ordnung Panzerwangen. 11 Arten. Länge 15–35 cm.

Erkennungsmerkmale: Feuerfische sind auffällig in Form, Färbung und Musterung. Viele haben zwischen den Augen federartige Fühler, die an Hörner erinnern. Diese werden abgeworfen, wenn die Tiere erwachsen sind. Jungtiere sind bis zu einer Größe von etwa 5 cm farblos. Männliche Tiere haben einen kräftigeren Kopf. Während der Balz werden die Männchen dunkler.

Vorkommen: Rotes Meer bis Pazifik, bis 40 m Tiefe.

Lebensweise: Alle Feuerfische sind langsame, majestätische Schwimmer, die sich meist in Bodennähe aufhalten. Sehr selten sieht man sie im freien Wasser über dem Riff. In bestimmten Situationen können sie sich eine kurze Strecke vorwärtsschnellen, was man ihnen nicht zutraut. Sie sind aber nicht ausdauernd genug, ein Opfer zu verfolgen. Man trifft sie sowohl einzeln als auch in Gruppen von bis zu 12 Tieren an. Männchen leben in Territorien, die sich aber überschneiden können. Feuerfische sind hauptsächlich dämmerungsaktiv und haben eine besondere Jagdtechnik entwickelt. Mit ihren extrem verlängerten Flossenstrahlen – die wie ein Sperrnetz eingesetzt werden – treiben sie potentielle Opfer in eine günstige Position, z. B. eine Nische, um sie dann blitzartig einsaugen zu können. Ihre giftigen Rückenflossenstacheln werden zum Jagen offensichtlich nicht benutzt, sondern dienen der Verteidigung.

Nahrung: Fische.

Fortpflanzung: Während der Balz gibt es nicht nur Rivalitätskämpfe zwischen den Männchen. Auch die Weibchen werden von den extrem aggressiven Männchen attackiert. In dieser Zeit kann es auch für einen Taucher gefährlich sein, dem »Bräutigam« zu nahe zu kommen. Paarung und Eiablage erfolgen kurz nach Sonnenuntergang. Das Paar schwimmt hoch ins Freiwasser; an der höchsten Stelle werden die Eier schnell ins Wasser ausgestoßen und treiben mit der Strömung davon.

Vorsicht! Das ruhige Verhalten der Feuerfische verleitet viele Taucher dazu, sich den Tieren zu nähern. Wird dabei die Fluchtdistanz unterschritten, weicht der Fisch meist aus. Ist das aber nicht möglich, kann es zu einem gezielten Angriff kommen. Die Fische schnellen blitzartig vor und richten dabei ihre Giftstacheln gegen den vermeintlichen Angreifer. Die Stichverletzungen können extrem schmerzhaft sein und verursachen starke Schwellungen und Lähmungen.

Rotfeuerfisch, *Pterois volitans* (Lionfish); bis 35 cm. Nach neuesten Untersuchungen soll die ähnliche Art *P. miles* auf den Indischen Ozean beschränkt sein. Thailand bis Tahiti. Foto: Thailand.

Zebra-Feuerfisch, *Dendrochirus zebra* (Zebra Lionfish); bis 25 cm. Die Brustflossenstrahlen sind durch Membranen verbunden. Ostafrika bis Samoa. Foto: Thailand.

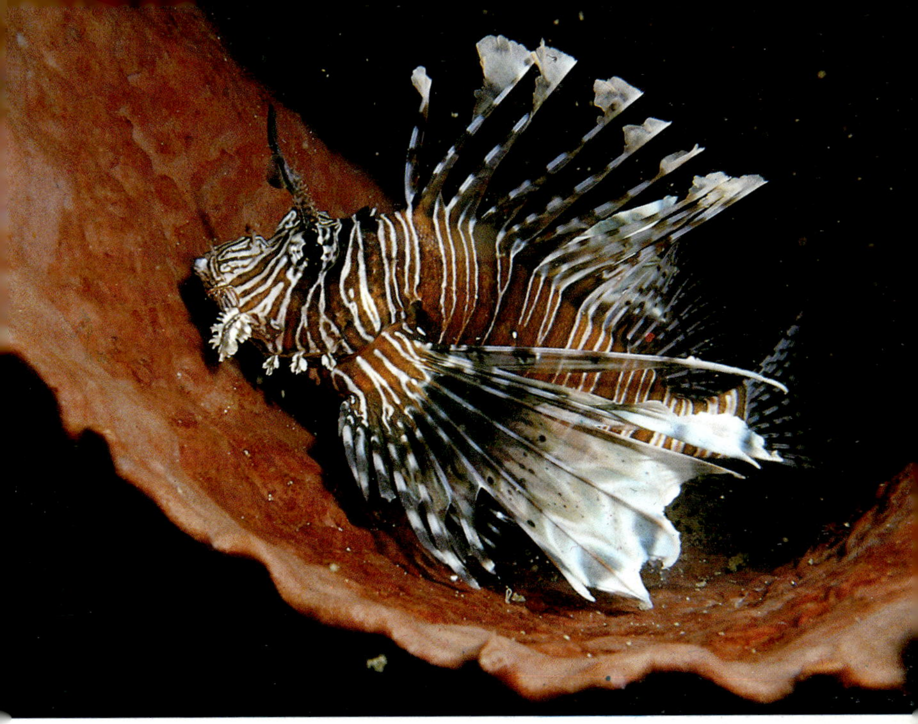

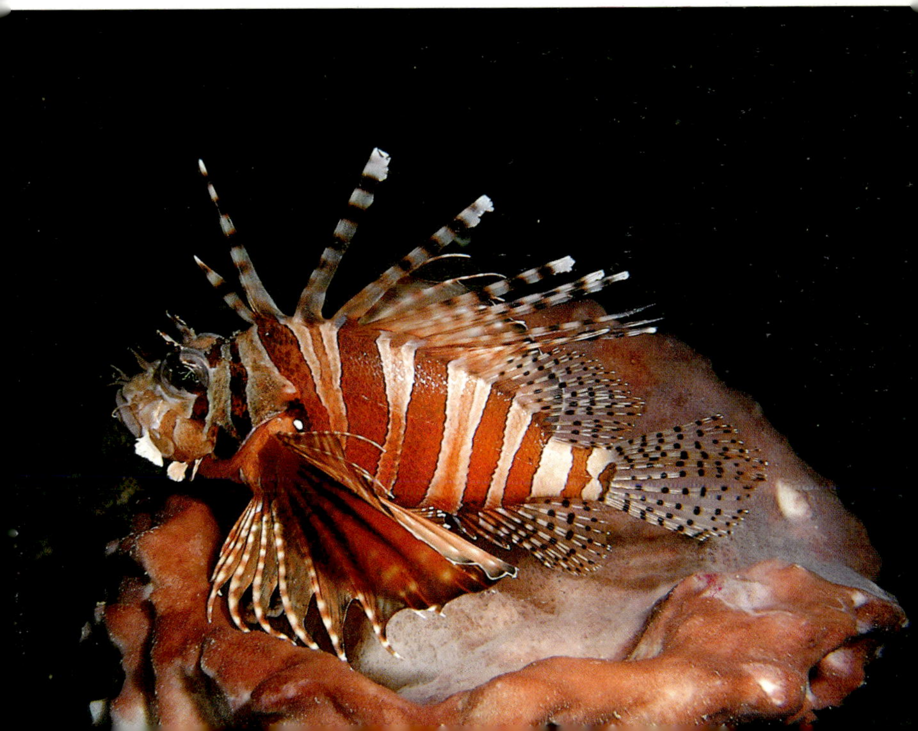

Feuerfische – Pteroinae

1. Antennen-Feuerfisch, *Pterois antennata* (Spot-fin Lionfish); 22 cm. Rote Streifen am Schwanz sind schräg-gestellt. Lebensweise: Lagunen und Außenriffe von der Riffplatte bis 50 m Tiefe. Am Tag versteckt in Spalten oder Höhlen. Gehen nachts auf Jagd, um Krebstiere zu fangen. Ostafrika bis Marquesas.

2. Strahlen-Feuerfisch, *Pterois radiata* (Radial Lionfish); 23 cm. Streifen auf der Schwanzwurzel sind parallel gestellt. Lebensweise: Auf flachen Lagunen und Außenriffen bis 20 m Tiefe, manchmal mit dem Antennen-Feuerfisch in einem Versteck. Rotes Meer bis Gesellschaftsinseln.

3. Mombasa-Rotfeuerfisch, *Pterois mombasae* (Mombasa Lionfish); 16 cm. Stark gefleckte Brustflosse, dunkler Fleck am Kopf. Lebensweise: Gewöhnlich auf Korallenriffen tiefer als 40 m. Selten. Südafrika, Sri Lanka und Neuguinea.

4. Pazifik-Rotfeuerfisch, *Pterois volitans* (Pacific Devil Lionfish); 38 cm. Ähnlich *P.miles* des Indischen Ozeans, der 13 Rückenstrahlen im Gegensatz zu 11 von *P.volitans* besitzt. Unter Wasser kaum unterscheid-bar. Lebensweise: Häufig in Lagunen und auf Außenriffen bis 50 m Tiefe. Am Tag unter Überhängen, in der Dämmerung und nachts auf Krebstiere und kleine Fische Jagd machend. Schwimmt manchmal auf Taucher zu. Westaustralien bis Marquesas; *P.miles* kommt vom Roten Meer bis zum östlichen Indischen Ozean vor.

5. Blasser Rotfeuerfisch, *Pterois russelii* (Russel's Lionfish); 30 cm. Keine oder wenige Flecken auf den hinteren Flossen. Lebensweise: An Außenriffen tiefer als 20 m. Selten. Südafrika bis Westpazifik.

6. Hawai-Rotfeuerfisch, *Pterois sphex* (Hawaian Lionfish); 22 cm. Bruststrahlen erreichen Schwanzwurzel. Dunkle Körperbänder. Lebensweise: Auf Felsen und Korallenriffen von 3 bis 13 m Tiefe. Am Tag versteckt unter Überhängen und in Höhlen. Nachtaktiv. Endemisch auf Hawai.

7. Zebra-Feuerfisch, *Dendrochirus zebra* (Zebra Lionfish); 20 cm. T-Muster auf der Schwanzwurzel. Brust-flosse hat Membranen. Lebensweise: Auf flachen Korallenriffen. Männchen sind aggressiv und vertreiben andere Männchen aus dem Revier. Ostafrika bis Samoa.

8. Pfauenaugen-Zwergfeuerfisch, *Dendrochirus biocellatus* (Twinspot Lionfish); 10 cm. Zwei charakteristi-sche Augen auf den Rückenflossen. Lebensweise: Lebt in klarem Wasser von exponierten, korallenreichen Riffen in Tiefen zwischen 1 m und mindestens 40 m. Sri Lanka bis Gesellschaftsinseln.

9. Zwergfeuerfisch, *Dendrochirus brachypterus* (Short-fin Lionfish); 18 cm. Die Strahlen der Brustflossen sind mit einer Membran verbunden. Lebensweise: Bevorzugt isolierte, mit Algen bewachsene Felsen auf sandigen Stellen der Riffplatte oder in Lagunen. Häufig in einer »Überkopf-Haltung« in Verstecken. Nachtaktiv. Rotes Meer bis Samoa.

Fahnenbarsche – Anthiinae

Unterfamilie Fahnenbarsche, Familie Barsche (Serranidae), Ordnung Barschartige (Perciformes). Es gibt mindestens 40 Arten. Bis 12 cm.

Erkennungsmerkmale: Seitlich abgeflachter Körper mit typischer Barschform; Kopf läuft oft spitz zu und das endständige Maul ist klein; Flossen relativ groß, laufen spitz aus. Schwanzflosse tief gegabelt oder sichelförmig. Die Rückenflosse ist lang durchgehend, kann aber auch getrennt sein. Bei den Männchen ist der zweite oder dritte Rückenflossenstrahl verlängert, bei manchen Arten extrem lang. Der Körper ist mit deutlich sichtbaren Schuppen bedeckt. Fast alle sind bunt gefärbt, haben aber selten eine auffällige Musterung. Oft sieht man Arten, die drei- oder vierfarbig sind. Häufig verlaufen die Farben wie in einem Aquarell randlos ineinander über. Die Grundfarben sind meist rot, orange, gelb und violett. Männchen und Weibchen sind unterschiedlich gefärbt.

Vorkommen: In tropischen und gemäßigten Meeren; Rotes Meer bis zum Pazifik (auch im Mittelmeer unterhalb 30 m). Sie halten sich im freien Wasser über Riffen auf und suchen bei Gefahr oder auch nachts Schutz im Riff. In Korallenriffen sind sie in größerer Zahl anzutreffen als in felsigen Gebieten.

Lebensweise: Fahnenbarsche sind sehr lebhafte und ausdauernde Schwimmer, die in großen Schwärmen zu Hunderten oder gar Tausenden über flachen, geschützten Korallenriffen oder an strömungsreichen Außenriffen nach Plankton jagen. Diese tagaktiven Tiere scheinen nie zu ermüden, auch bei starker Strömung nicht. Sie sind ständig in Bewegung, außer wenn sie sich von einem Putzerfisch Parasiten entfernen lassen. Heranwachsende sind ausschließlich weiblich und leben in einem »Harem«. Auf ein Männchen kommen mindestens 5 Weibchen, es können auch wesentlich mehr sein. Stirbt ein Männchen, so verwandelt sich das ranghöchste Weibchen innerhalb einer Woche in ein Männchen. (Nach Fishelson behindert die Anwesenheit von Männchen die Umwandlung von Weibchen.) Männliche Tiere sind territorial und etwas größer als die Weibchen. Sie fallen durch prächtigere Färbung auf und besitzen häufig einen verlängerten Rückenflossenstrahl.

Nahrung: Ausschließlich Plankton.

Fortpflanzung: Der Juwelen-Fahnenbarsch, *Pseudanthias (Anthias) squamipinnis*, scheint im Roten Meer nur in den Wintermonaten zu laichen, während die gleiche Art im Großen Barriere-Riff nur in den heißen Sommermonaten ablaicht. Die Werbung findet in der Dämmerung statt, wobei das Männchen – gefolgt vom Weibchen – Zick-Zack-Tänze ausführt.

Zackenbarsche – Epinephelinae

Unterfamilie Zackenbarsche, Familie Barsche (Serranidae), Ordnung Barschartige (Perciformes). Sie sind die größten Knochenfische und können bis 3,5 m lang werden und ein Gewicht von 550 kg erreichen. Es gibt aber auch kleine Arten, die nur 25 cm lang werden. Die Unterfamilie umfaßt etwa 350 Arten.

Erkennungsmerkmale: Sehr robuste Fische mit einem kräftigen, seitlich leicht abgeflachten Körper. Der große Kopf mit dem riesigen Maul ist auffallend. Der Unterkiefer steht deutlich vor. Die großen, hervorstehenden Augen haben eine eiförmige Pupille, die oft gelb umrandet ist. Die lange Rückenflosse ist im vorderen Teil mit kräftigen Stacheln ausgerüstet. Ihre Anzahl variiert je nach Gattung zwischen 7 und 11. Die große Schwanzflosse wird in Ruhestellung relativ schmal zusammengefaltet. Die Form der Schwanzflosse ist sehr unterschiedlich: von rund, gerade, leicht konvex oder konkav bis sichelförmig. Brust- und Bauchflossen stehen stets dicht übereinander; ihre ersten Strahlen sind meist als kräftige Stacheln ausgebildet. Viele Arten sind farblich dem Untergrund gut angepaßt. Die Zeichnung besteht fast immer aus unterschiedlich geformten, großen Flecken, die das Tier gut tarnen, auch undeutliche Querbinden sind häufig. Die bei künstlichem Licht oft leuchtend rot gefärbten Barsche, sind in ihrer natürlichen Umgebung durch die Filterwirkung des Wassers in größeren Tiefen nur sehr schwer erkennbar.

Vorkommen: In allen tropischen und gemäßigten Meeren in küstennahen Gebieten. Sie leben am Boden in Verstecken der Riffe und kommen in Tiefen bis 200 m vor; sie bevorzugen felsige Küsten.

Lebensweise: Zackenbarsche sind Raubfische, die die meiste Zeit gut getarnt auf Beute lauern. Als Einzelgänger verteidigen sie ihr Territorium sehr energisch gegen Artgenossen: Je älter sie werden, um so größer wird ihr Revier, in dem sie Standplätze wie Höhlen, Spalten oder Korallenstöcke bevorzugen. Nur junge Tiere leben gelegentlich in Gruppen. Sie haben noch kein ausgeprägtes Territorialverhalten.

Wenn sie durch ihr Revier schwimmen, bewegen sich Zackenbarsche sehr ruhig und gelassen. Sie können ihre Schwimmgeschwindigkeit extrem steigern und in einem Tempo schwimmen, das man ihnen nicht zutraut. Große Arten werden fälschlicherweise als Judenfische bezeichnet. Es gibt tatsächlich eine Art, die den Namen Judenfisch trägt, *Epinephelus itajara,* aber nur in der Karibik und im Ostpazifik von Panama bis Kalifornien vorkommt. Große Zackenbarsche sind meist durch das Harpunieren scheu geworden. Arten der Gattung *Cephalopholis* sind in tropi-

Dunkelflossen-Zackenbarsch, *Cephalopholis nigripinis* (Duskyfin-Grouper); bis 25 cm. Auf dem Foto mit Schreckfärbung. Bevorzugt korallenreiche Riffe. Indischer Ozean. Foto: Thailand.

Pfauenbarsch, *Cephalopholis argus* (Peacock Grouper); 50 cm. In vielen Gebieten der häufigste Zackenbarsch. Rotes Meer bis Zentralpazifik. Foto: Malediven

Juwelenbarsch, *Cephalopholis miniatus* (Coral Grouper); bis 36 cm. Ein beliebtes Foto-Objekt. Bevorzugt Korallenriffe. Rotes Meer bis Zentralpazifik. Foto: Malediven.

Zackenbarsche (Fortsetzung)

schen Gewässern sehr häufig und unter dem Namen Juwelenbarsche bekannt. Sie können rasch ihre Farbe wechseln. Unter den Barschen finden wir einige der höchstbezahltesten Speisefische. Sie werden fast nur mit der Angel gefangen. Alle Barsche, einschließlich der Fahnenbarsche, können ihr Geschlecht umwandeln. Sie sind anfänglich immer weiblich, können aber später zu Männchen werden.

Nahrung: Fische und Krebstiere. Zackenbarsche können sehr große Brocken verschlingen, die sie, wenn sie im Rachen steckenbleiben, wieder auswürgen. Ihr Gebiß besteht aus sehr vielen kleinen Zähnen, nadelspitz und nach hinten gerichtet. Diese sind beim Fang der Beute sehr nützlich, aber zum Zerkleinern großer Stücke ungeeignet. Beim Beutefang erzeugt das große Maul einen Sog, der die Beute ansaugt. Große Barsche besitzen wahrscheinlich den größten Schlund im ganzen Tierreich.

Fortpflanzung: Zackenbarsche laichen im Freiwasser zu bestimmten Jahreszeiten und Mondphasen. Das Larvenstadium dauert mehrere Wochen. In manchen Gebieten wandern bestimmte Arten mehrere Kilometer, um gute Laichgebiete zu erreichen. Man hat auf den Bahamas bis zu 100 000 Tiere in den Laichgruppen geschätzt. Die Eier treiben von Außenriffen und Riffkanälen bei Ebbe ins offene Meer. Dort sind auch die Larven relativ sicher vor Freßfeinden. Wenn das Larvenstadium abgeschlossen ist, kommen die Jungtiere wieder in die Riffgebiete. Es gibt auch Arten, die zum Laichen ins Süßwasser wandern und dort bis zu 1 Million Eier ablegen. Die Jungtiere verbringen das erste Lebensjahr in den Flüssen, in denen sie geschlüpft sind.

Vorsicht! Ausgewachsene Zackenbarsche können durch Ciguatera äußerst giftig sein, da Barsche als Raubfische am Ende der Nahrungskette stehen. Von der größten Art, dem Riesen-Zackenbarsch, *Epinephelus lanceotatus*, wird berichtet, daß manche Tiere Perlentaucher verschlungen haben sollen. Auch das Füttern der Zackenbarsche ist nicht immer harmlos. Man vergißt dabei leicht, daß sie auch größer werden und sich dann nicht mehr vor Menschen fürchten. Mir selbst passierte es, daß ein nur 60 cm langer Zackenbarsch, der angefüttert war, meine Hand plötzlich im Maul hatte.

Mondsichelbarsch, *Variola louti* (Lyretail Grouper); bis 80 cm. Variiert in seiner Grundfarbe von violett bis rotbraun. Die sehr ähnliche Art *V. albimarginatus* hat einen weißen Saum am Schwanzende. Rotes Meer bis Tahiti.
Foto: Ägypten.

Malabar-Zackenbarsch, *Epinephelus malabaricus* (Malabar Grouper); bis 2 m. An den kleinen dunklen Punkten zu bestimmen. Rotes Meer bis Sri Lanka.
Foto: Ägypten

Panther-Zackenbarsch, *Plectropomus pessuliferus masrubi* (Leopard Grouper); bis 80 cm. Grundfarbe von rot bis braun. Von *Epinephelus leopardus* und *E.laevis* nur an den dunkel umrandeten blauen Flecken zu unterscheiden. Rotes Meer bis Fiji.
Foto: Ägypten.

Korallenwächter – Cirrhitidae

Familie Korallenwächter oder Büschelbarsche, Ordnung Barschartig (Perciformes). Kleinwüchsige Arten, die meist unter 10 cm lang sind. Wenige der 24 Arten können 20 cm und mehr erreichen.

Erkennungsmerkmale: Korallenwächter haben eine barschähnliche Form, mit seitlich abgeflachtem Körper. Sie haben nur eine Rückenflosse mit 10 Rückenflossenstacheln im vorderen Teil, deren Membranen tief ausgeschnitten sind. An den Spitzen der Stacheln befinden sich kleine Büschel aus haarähnlichen Anhängseln, die ihnen den Namen Büschelbarsche eingebracht haben. Die Brustflossen sind zwischen den Strahlen ebenfalls tief ausgeschnitten und werden wie Finger gespreizt. Die Tiere können sich auf dem Untergrund einen guten Halt verschaffen, indem sie die Flossenstrahlen in Löcher und Spalten stecken. Korallenwächter besitzen Schuppen und eine durchgehende Seitenlinie. Ihre Färbung und Zeichnung variiert stark. Auch die Form des Kopfes reicht von stumpf abgerundet bis zu einer langgezogenen, spitzen Schnauze.

Vorkommen: Korallenwächter kommen in allen tropischen Meeren vor. Sie sind Bewohner von nicht zu tiefen Riffen und sind meistens auf erhöhten Stellen zu finden; mit einer Ausnahme, dem Langnasen-Korallenwächter, *Oxycirrhites typus*. Korallenwächter leben nur auf festem Untergrund, sowohl auf Korallen als auch auf Felsen.

Lebensweise: Den Namen »Korallenwächter« haben die Fische durch ihre typischen Verhaltensweisen bekommen. Sie beobachten ihr Revier wie ein Wachposten von exponierten Stellen aus, bewegungslos mit rollenden Augen. In der Nähe haben sie immer ein Versteck, in das sie bei Gefahr flüchten können. Korallenwächter sind keine ausdauernden Schwimmer, die nur sehr kurze Strecken schwimmen können. Sie sind kaum in der Lage, ein flüchtendes Tier zu erjagen. Diese tagaktiven Fische sieht man immer einzeln, nie in Gruppen. Korallenwächter sind genau wie die bereits beschriebenen Barscharten Zwitter, die in ihrer Jugend weiblich sind, sich bei Bedarf aber in Männchen verwandeln können. Eine Rückverwandlung ist nicht möglich.

Nahrung: Krebse und kleine Fische.

Fortpflanzung: Auf ein Männchen kommen immer mehrere Weibchen; sie bilden also einen »Harem«. Korallenwächter laichen nur nachts oder in der Dämmerung, indem sie paarweise schnell nach oben schwimmen und die Eier ins Freiwasser ausstoßen. Das Larvenstadium dauert mehrere Wochen.

Gefleckter Korallenwächter, *Cirrhitichthys oxycephalus* (Pixy Hawkfish); bis 8 cm. Färbung und Musterung variieren. Rotes Meer bis östlicher Pazifik. Foto: Thailand.

Monokel-Korallenwächter, *Paracirrhites arcatus* (Arc-eye Hawkfish); bis 13 cm. Der Augenring ist ein typisches Merkmal. Bevorzugt Geweihkorallen. Ostafrika bis Hawai, Tahiti. Foto: Malediven.

Gestreifter Korallenwächter, *Paracirrhites forsteri* (Blackside Hawkfish); bis 20 cm. Diese Art kann sich je nach Untergrund verfärben. Rotes Meer bis Hawai, Tahiti. Foto: Thailand.

Kardinalfische – Apogonidae

Familie Kardinalfische, Ordnung Barschartige (Perciformes). Die meisten Arten etwa 6 cm lang, nur wenige werden über 15 cm. Es gibt etwa 190 Arten.

Erkennungsmerkmale: Ihr seitlich abgeflachter Körper variiert bei den verschiedenen Arten in der Höhe. Manche sind relativ schlank, andere wirken eher kurz und gedrungen. Männliche Tiere haben einen größeren Kopf als Weibchen. Die großen Augen sind ein weiteres Merkmal. Beide Rückenflossen sind hoch und deutlich voneinander getrennt; sie haben häufig eine dreieckige Form. Schwanzflossenformen variieren sehr stark von rund, über gerade, bis gegabelt, Schwanzwurzel auffallend hoch. Viele Arten haben Längsstreifen und sind unauffällig gefärbt. Kräftig rot gefärbte Arten, die der Familie den Namen gaben, sind selten. Ihre Schuppen sind groß und meist deutlich sichtbar.

Vorkommen: Alle tropischen und gemäßigten Meere, auch in großen Tiefen. Im indopazifischen Raum sind sie am häufigsten. Manche Arten leben im Brackwasser. Man findet sie in unterschiedlichen Korallengebieten: Kleinere Arten bevorzugen die Nähe von Hornkorallen, während größere Arten zwischen Korallenstöcken oder unter Überhängen Schutz suchen.

Lebensweise: Kardinalfische sind keine schnellen Schwimmer. Sie leben ortsgebunden in größeren Gruppen, durchstreifen aber nicht – wie das meist bei Fischschwärmen üblich ist – ein bestimmtes Revier, sondern schweben zwischen den Ästen von Korallen oder in Höhlen. Erst in der Dämmerung oder nachts verteilen sie sich, um auf Jagd zu gehen. Ihr Aktionsradius ist für einen Fisch extrem klein. Es gibt Arten, die zwischen den Stacheln eines Seeigels, auf Dornenkronen oder in seltenen Fällen auch zwischen Tentakeln von Anemonen leben und nur auf diesen kleinen Raum beschränkt sind. Wenn sie sich zu weit aus diesem Schutzbereich entfernen, laufen sie Gefahr, gefressen zu werden.

Nahrung: Zooplankton, Krebstiere und kleine Fische.

Fortpflanzung: Die meisten Arten – wenn nicht alle – sind Maulbrüter. Die etwa 100 Eier werden im Maul des Männchens ausgebrütet bis die Jungen schlüpfen. Deshalb ist der Kopf der Männchen wahrscheinlich größer als bei den Weibchen. Nach dem Schlüpfen bleiben die Jungtiere immer nahe genug, so daß sie bei Gefahr wieder im Maul Schutz suchen können.

Braunpunkt-Kardinalfisch, *Apogon compressus* (Split-banded Cardinalfish); bis 11,5 cm. Typisches Kennzeichen ist die braune Punktlinie an der Basis der Rückenflosse. Thailand bis Westpazifik.
Foto: Thailand.

Fünfstreifen-Kardinalfisch, *Cheilodipterus quinquelineatus* (Five-lined Cardinalfish); bis 32 cm. Rotes Meer bis Tahiti.
Foto: Thailand.

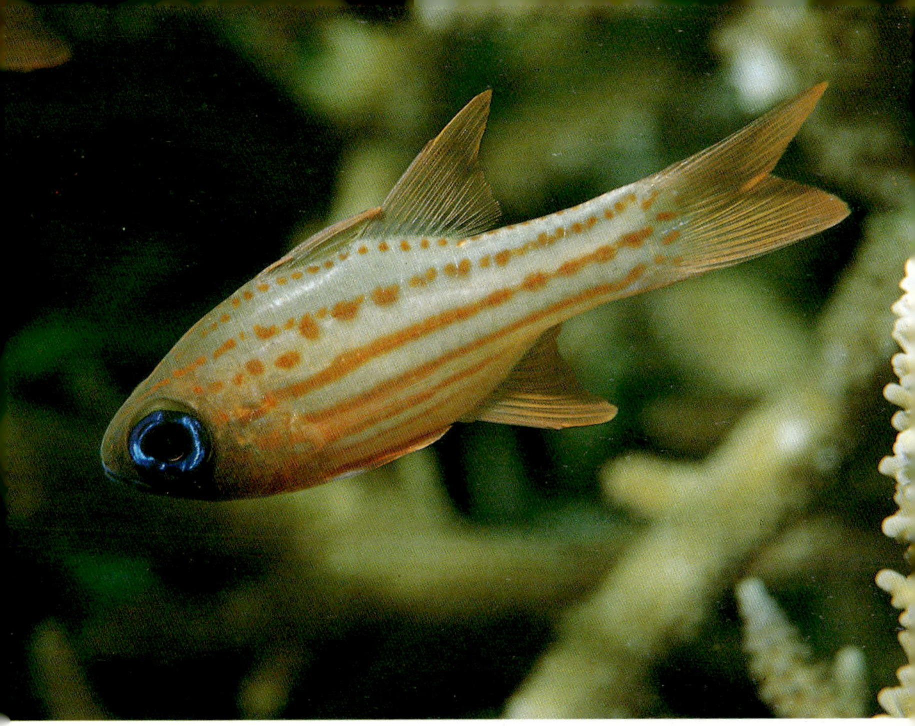

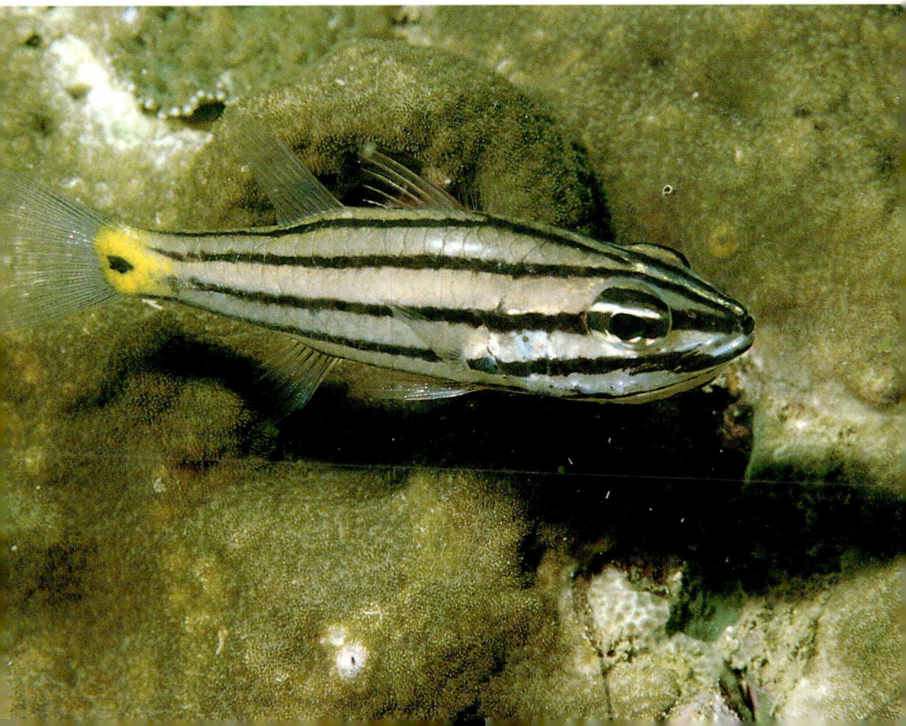

Großaugenbarsche – Priacanthidae

Familie Großaugenbarsche, Ordnung Barschartige (Perciformes). Etwa 18 Arten, bis 35 cm lang.
Erkennungsmerkmale: Seitlich abgeflachter Körper; Kopfprofil unten stärker konvex geformt als oben. Unterkiefer steht deutlich vor, das Maul ist schräg nach oben gerichtet. Sie besitzen extrem große Augen. Die Rückenflosse ist durchgehend und hat im vorderen Teil 10 Stacheln. Schwanzflossen können sowohl konvex als auch konkav geformt sein. Schuppen klein. Die meisten Arten sind rötlich bis kräftig rot gefärbt, nachts sind sie silbrig. Dieser Farbwechsel ist manchmal auch am Tag zu beobachten. Manche Arten können auch eine Fleckenzeichnung haben.
Vorkommen: Weltweit in tropischen oder gemäßigten Meeren, von 2–200 m Tiefe. Am Tag unter Überhängen.
Lebensweise: Die nachtaktiven Fische können auch am Tag beobachtet werden. Tagsüber schweben sie in Höhlen oder unter Korallen und bewegen sich wenig. Erst nachts gehen sie auf Nahrungssuche. Sie kommen meist in sehr kleinen Gruppen vor, auch einzeln.
Nahrung: Großes Zooplankton.
Fortpflanzung: Langes Larvenstadium im Freiwasser.

Schiffshalter – Echeneididae

Familie Schiffshalter, Ordnung Barschartige (Perciformes). 8 Arten, max. 90 cm lang.
Erkennungsmerkmale: Runder, langgestreckter Körper mit einer länglichen Saugscheibe auf dem Kopf, die einer Profilsohle nicht unähnlich ist; diese hat sich aus der ersten Rückenflosse gebildet. Die Schwanzflosse ist gut entwickelt. Der Unterkiefer steht weit vor dem Oberkiefer. Erwachsene Tiere sind häufig oben und seitlich dunkelbraun, der Bauch ist leicht gelblich gefärbt. Die meisten Arten haben helle Längsstreifen.
Vorkommen: Weltweit verbreitet, aber in wärmeren Gebieten häufiger anzutreffen. Sie begleiten Wale und Großfische im offenen Meer. In Riffgebieten sieht man sie auch an kleineren Fischen und Schildkröten oder freischwimmend ohne Wirtstier.
Lebensweise: Schiffshalter haben die Fähigkeit, sich mit ihrer Saugscheibe an anderen Tieren festzusaugen und mitziehen zu lassen. Es sind aber keine Schmarotzer, weil viele sich als Putzerfische betätigen und ihre Wirte von Parasiten befreien. Manche Arten sind nur auf ein Wirtstier spezialisiert, andere wechseln zu verschiedenen Arten. Nicht selten heften sie sich irrtümlich an Menschen fest.
Nahrung: Abfälle und Parasiten ihrer Wirtstiere.

Riff-Großaugenbarsch, *Priacanthus hamrur* (Goggle Eye); bis 32 cm. Am Tag ist die Art meistens dunkelrot, nachts silbern. Der Farbwechsel geschieht in Sekunden. Rotes Meer bis Tahiti. Foto: Thailand.

Glas-Großaugenbarsch, *Heteropriacanthus cruentatus* (Glass-eye); bis 28 cm. Typisches Merkmal ist die am Ende gerade »abgeschnittene« Schwanzflosse. Alle tropischen Meere. Foto: Thailand.

Gestreifter Schiffshalter, *Echeneis naucrates* (Sharksucker); bis 1 m. Hat sich auf einem Zebrahai festgesaugt. Alle Meere. Foto: Thailand.

Stachelmakrelen – Carangidae

Familie Stachelmakrelen, Ordnung Barschartige (Perciformes). Über 200 Arten. Von 20 cm bis fast 2 m lang; große Exemplare sind selten geworden.

<u>Erkennungsmerkmale:</u> Körper seitlich abgeflacht und meist relativ hoch. Jungtiere sind höher gebaut als Erwachsene. Stachelmakrelen besitzen unterschiedlich große Schuppen und einen auffallend dünnen Schwanzkiel. Die Schwanzflosse ist sehr hoch und tief gegabelt. Von den beiden Rückenflossen ist die erste nur sehr selten zu sehen, da sie in einer Nut versenkt werden kann und so genau mit der Körperoberfläche abschließt, daß die Fugen kaum sichtbar sind. Die zweite Rückenflosse steht beinahe symmetrisch zur Afterflosse; sie sind am Anfang sehr langstrahlig und bilden dann einen kurzen Saum, der sich bis zur Schwanzwurzel zieht. Das verleiht den Fischen eine typische Form (siehe auch Grafik). Auch die langen, dünnen, sichelförmigen Brustflossen sind sehr markant, aber meist durchsichtig und deshalb nicht deutlich erkennbar. Die durchgehende Seitenlinie endet in einer kielartigen, knochigen Verstärkung des Schwanzstieles. Stachelmakrelen sind unterschiedlich gefärbt, aber die meisten Arten sind silbrig, mit einem metallischblauen oder -grünen Rücken; die Flossen sind oft gelblich. Jungtiere können auch an den Seiten gelb sein oder dunkle Querbinden haben.

<u>Vorkommen:</u> Weltweit in tropischen und gemäßigten Meeren. Stachelmakrelen schwimmen vorzugsweise im oberflächennahen Wasser. Sie durchstreifen das offene Meer und jagen gelegentlich in der Nähe von Riffen. Es gibt aber auch Arten, die immer in Riffen leben.

<u>Lebensweise:</u> Stachelmakrelen sind als Bewohner der offenen See schnelle und ausdauernde Schwimmer, die bis 50 km/h erreichen können. Meist sind sie in unterschiedlich großen Schwärmen zu beobachten, kommen gelegentlich auch einzeln vor. Es sind tag- und nachtaktive Tiere, die ständig in Bewegung sind, sonst würden sie absinken; ihre Schwimmblase ist zurückgebildet oder fehlt. Bei der Jagd versuchen sie, Fischschwärme zu teilen, indem sie von mehreren Seiten mit großer Geschwindigkeit in den Schwarm schwimmen. Fische, die einen Moment zögern, welchem Teilschwarm sie sich anschließen sollen, sind potentielle Opfer. Jungtiere sieht man häufig im Schutz von Schirmquallen, wenn sie nach Plankton jagen. Bei Gefahr verstecken sie sich zwischen den nesselnden Tentakeln (siehe auch Seite 42/43). Stachelmakrelen sind wichtige Fische für den kommerziellen und privaten Fischfang.

<u>Nahrung:</u> Fische, Krebse und andere Wirbellose.

<u>Fortpflanzung:</u> Noch weitgehend unbekannt, vermutlich pelagisch in Schwärmen.

Blauflossen-Makrele, *Caranx melampygus* (Bluefin Travelly); bis 80 cm. Schnelle Schwimmer des offenen Meeres, die häufig an Riffhängen jagen. Rotes Meer bis östlicher Pazifik. Foto: Malediven.

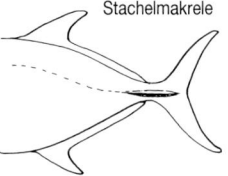

Stachelmakrele

Gelbgefleckte Stachelmakrele, *Caranx bajad* (Yellow-spotted Travelly); bis 53 cm. Die gleiche Art kann silbrig mit gelben Flecken sein. Rotes Meer bis Indonesien. Foto: Ägypten.

Schnapper – Lutjanidae

Familie Schnapper, Ordnung Barschartige (Perciformes).
4 Unterfamilien mit 103 Arten. Bis 1 m, die meisten Arten
unter 30 cm.

Erkennungsmerkmale: Robuste Fische mit seitlich abgeflachtem Körper, der unterschiedlich hoch sein kann. Einige sind schlank, andere können eher als gedrungen bezeichnet werden. Bei der Gattung *Lutjanus* hat der Kopf eine
fast dreieckige Form mit einer länglichen Schnauze. Die
Gattung *Macolor* dagegen hat einen abgerundeten stumpfen Kopf. Das Maul ist endständig und vorstülpbar, mit auffallend großen Zähnen. Sie haben relativ große Augen, der
Körper ist mit Schuppen bedeckt. Rückenflosse durchgehend; im vorderen Teil hoch, mit Stacheln, fällt nach hinten
im weichstrahligen Teil ab. Schwanzflosse gut entwickelt,
mit konkaver oder leicht gegabelter Form. Bei Jungtieren
kann sie auch rund oder konvex sein; Schwanzwurzel relativ hoch. Färbung und Zeichnung variieren; meistens sind
sie einfarbig oder haben Längsstreifen; häufig auch mit einem dunklen Fleck. Auffällig ist die schwarz-weiße Färbung der Jungtiere der Gattung *Macolor*.

Vorkommen: Tropische und subtropische Meere; sie halten
sich im Schutz der Riffe, unter Vorsprüngen, zwischen
Korallenstöcken, in Höhlen, an Außenriffen, aber auch in
Schwärmen im freien Wasser über den Riffen auf. Meist in
Tiefen von 2–40 m, rotgefärbte Arten leben bis 80 m tief.
Lutjanus kasmira hat man sogar in 265 m Tiefe im Roten
Meer gefunden. Einige Arten leben im Brackwasser.

Lebensweise: Schnapper sind keine aktiven Schwimmer,
die große Strecken zurücklegen. Viele Arten kann man in
sehr großen Schwärmen antreffen. Sie sind teils tag- teils
nachtaktiv. Schnapper legen sich nicht wie Barsche auf den
Grund, sondern schweben oft dicht gedrängt nahe an Korallen oder über Sandgrund. Andere Arten halten sich in
Schwärmen in Brandungszonen auf oder sind Einzelgänger. Sie leben standorttreu. Diese Familie ist für den kom-
merziellen Fischfang von großer Bedeutung, da das Fleisch
der Fische sehr geschätzt wird.

Nahrung: Kleine Fische, Krebse und Plankton.

Fortpflanzung: Wenig bekannt; nur bei den Gelbstreifen-
Schnappern, *Lutjanus kasmira*, weiß man, daß die Paarung
in der Dämmerung stattfindet. Das Männchen löst die
Eiablage beim Weibchen aus, indem es gegen den Bauch
stupst. Das Weibchen steigt dabei in einer Spirale an die
Oberfläche und gibt die Eier ins Freiwasser ab.

Vorsicht! Große Exemplare können durch Ciguatera
giftig sein.

Gelbstreifen-Schnap-
per, *Lutjanus kasmira*
(Blue-lined Snapper);
bis 30 cm. Häufigste
Art. Die Fische halten
sich am Tag dicht
gedrängt im Schutz der
Riffe auf. Rotes Meer
bis Tahiti.
Foto: Malediven.

Gelbflossen-Schnap-
per, *Lutjanus ehren-
bergi* (Black-spot
Snapper); bis 30 cm.
Ostafrika bis Samoa.
Foto: Ägypten.

Kupfer-Schnapper,
Lutjanus bohar (Twin-
spot-snapper); bis
90 cm. Ausgewachsene
Exemplare verlieren die
weißen Signalflecken.
Rotes Meer bis West-
pazifik.
Foto: Thailand.

Füsiliere – Caesionidae

Familie Füsiliere, Ordnung Barschartige (Perciformes). Sie sind mit den Schnappern verwandt und wurden ihnen früher sogar biologisch zugeordnet. Etwa 25 Arten. Größe bis 30 cm.

Erkennungsmerkmale: Schlanker, spindelförmiger Körper, kleiner Kopf mit großen Augen und kleines endständiges Maul. Die lang durchgehende Rückenflosse liegt meist dicht an, so daß nur die gut entwickelte und tief gegabelte Schwanzflosse auffällt. Viele Arten sind zwei-, manche sogar dreifarbig. Am häufigsten sind Blau, Gelb und Türkis. Nachts können sie sich rot verfärben. Die Musterung variiert sehr stark. Längsstreifen und -bänder überwiegen. Manche haben zwei dunkle Flecken an den Enden der gegabelten Schwanzflosse. Eine diagonale Trennungslinie der Farben Gelb und Blau beim Gelbrücken-Füsilier, *Caesio teres,* ist sehr auffällig. Füsiliere besitzen kleine Schuppen; die gut erkennbare Seitenlinie ist durchgehend.

Vorkommen: Tropische Meere, meist im Freiwasser. Gelegentlich durchstreifen sie auch die Riffe in mitteltiefem Wasser.

Lebensweise: Füsiliere sind schnelle, ausdauernde Schwimmer, die den ganzen Tag in Bewegung sind. Sie gönnen sich nur eine kurze Pause, wenn sie eine Putzerstation aufsuchen: Geduldig warten oft mehrere, bis sie an der Reihe sind. Entfernt sich der Schwarm, folgen sie ihm, ohne von ihren Parasiten befreit zu sein. Füsiliere kommen ausschließlich in Schwärmen vor, die sehr groß sein können. Sie sind an das Leben im Freiwasser gut angepaßt, wo sie nach Plankton jagen. Dort werden sie aber oft von großen Raubfischen verfolgt. Im dichten Schwarm sind sie relativ sicher, da es sehr schwierig für den Angreifer ist, im dichten Gewühl einen einzelnen Fisch zu fixieren. Nicht immer ist nur eine Art in einem Schwarm zu finden, es können zwei oder drei Arten zusammensein. Nachts verstecken sich Füsiliere in den Riffen unter Überhängen und in Spalten.

Wie groß die Schwärme der Füsiliere sein können, und welch außergewöhnlichen Eindruck sie auf einen Taucher machen können, möchte ich anhand eines Erlebnisses schildern. Bei einem obligatorischen Blick in Richtung offenes Meer – in der Hoffnung Großfische zu sehen – färbte sich das Wasser in wenigen Sekunden gelb. Ich war sehr verblüfft, bis ich merkte, daß ein riesiger Schwarm gelber Füsiliere auf der Flucht in großer Geschwindigkeit auf mich zukam, um im Riff Schutz zu suchen. Es waren etwa zweitausend Fische.

Nahrung: Ausschließlich tierisches Plankton.

Fortpflanzung: Weitgehend unbekannt.

Gelbrücken-Füsilier, *Caesio teres* (Yellowback Fusilier); bis 30 cm. Am Tage machen sie Jagd auf Zooplankton. Ostafrika bis Samoa. Foto: Malediven.

Neon-Füsilier, *Caesio tile* (Bluestreak Fusilier); bis 25 cm. Im Freiwasser verlieren sie die Rotfärbung. Ostafrika bis Tahiti. Foto: Malediven.

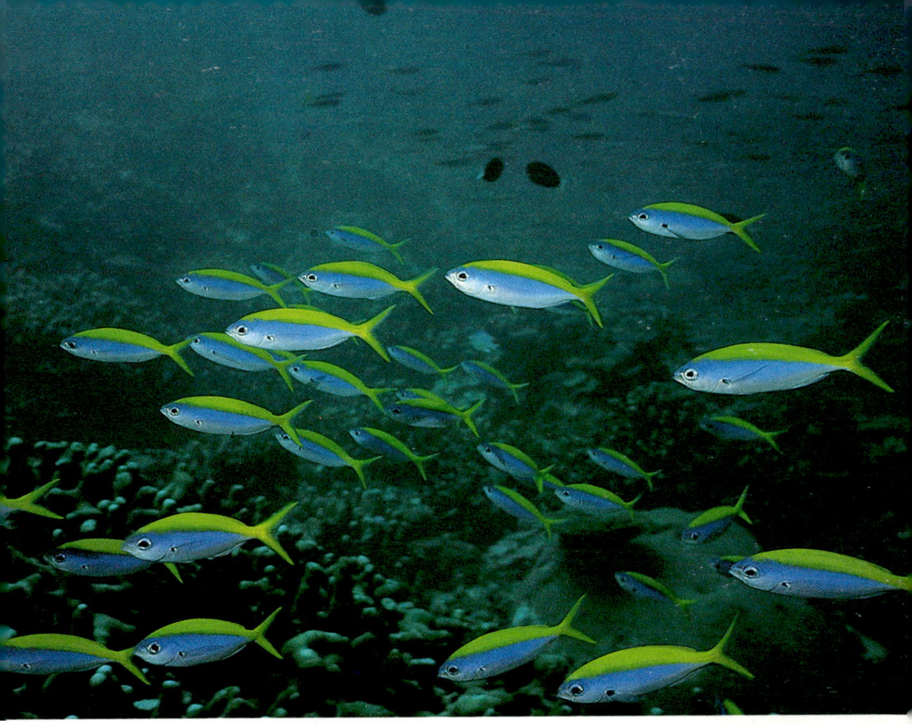

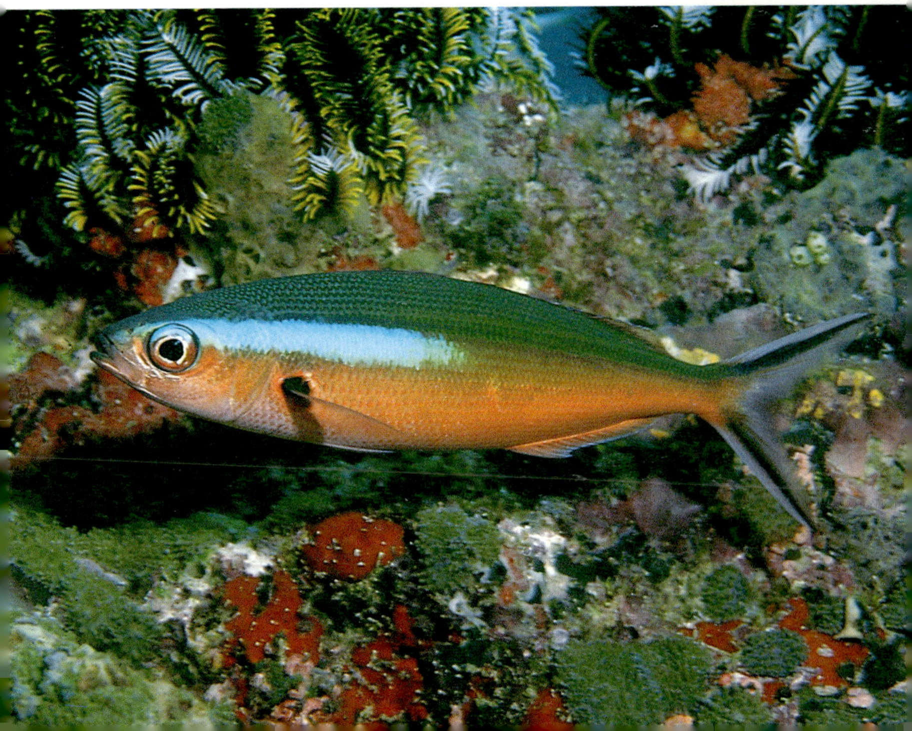

Süßlippen (Grunzer) – Haemulidae

Familie Süßlippen, Ordnung Barschartige (Perciformes). Sie werden auch Grunzer oder Weichlipper genannt. Man ist sich bis heute noch nicht klar, welchem Namen der Vorrang zu geben ist. So habe ich mich für den in Taucherkreisen bekannteren Namen »Süßlippen« entschieden. Die Familie umfaßt 175 Arten in 17 Gattungen. Sie werden 27–95 cm lang.

Erkennungsmerkmale: Süßlippen haben eine barschähnliche Körperform, unterscheiden sich aber von ihnen durch ihre wulstigen Lippen. Ihr Körper ist seitlich abgeflacht und oft relativ hoch. Sie besitzen eine lange, hohe Rückenflosse, deren erster Teil aus 9–14 mit Membranen verbundenen Stacheln besteht. Die Schwanzflosse ist gut entwickelt und hat verschiedene Formen: gerade, konvex, konkav oder leicht gegabelt. Jungtiere haben meist runde Schwanzflossen. Süßlippen sind meist prächtig gefärbte Fische, die oft »bonbonfarben« sind, daher der Name. Während des Wachstums machen sie extreme Veränderungen durch; das betrifft nicht nur die Farben, sondern auch die Musterung. Viele Jungtiere haben Längsstreifen oder Flecken und sind sehr schwierig zu bestimmen. Andere sind auffällig gefärbt und groß gefleckt. Wenn sie ausgewachsen sind, ist die auffällige Farbe meistens verschwunden und der Körper ist nur noch mit feinen Flecken oder Streifen bedeckt.

Vorkommen: Alle tropischen Meere, in nicht zu tiefen Riffen küstennaher Gebiete. Nur wenige Arten sind auch in gemäßigten Meeren zu finden.

Lebensweise: Süßlippen trifft man häufig in Schwärmen unterschiedlicher Größe an, in manchen Gebieten mehrere hundert in einem Schwarm. Die nachtaktiven Fische stehen am Tag meist dicht gedrängt unter Korallenstöcken. Jungtiere unterscheiden sich nicht nur in ihren äußeren Merkmalen von den Erwachsenen, sondern auch in ihrem Verhalten. Man sieht sie nur einzeln. Ihr Bewegungsdrang hat keine Ähnlichkeit mit dem Verhalten einer erwachsenen Süßlippe. Sie machen beim Schwimmen schnelle schlängelnde Bewegungen, ohne dabei schnell vorwärtszukommen. Sie verfolgen keine zielstrebige Richtung, sondern schwimmen in einem kleinen Revier scheinbar sinnlos hin und her und stehen dabei keine Sekunde still. Ob diese Verhaltensweise als Mimikry ungenießbarer tropischer Nacktschnecken zu deuten ist, muß noch nachgewiesen werden. Der Name »Grunzer« kommt von der Fähigkeit einiger Arten, mit ihren Mahlzähnen Geräusche zu machen, die durch die Schwimmblase verstärkt werden. Süßlippen sind nicht sehr scheu und werden in manchen Gebieten durch das Harpunieren stark dezimiert.

Nahrung: Wirbellose Bodentiere.

Harlekin-Süßlippe, Jungtier (siehe auch Foto Mitte). Foto: Thailand.

Harlekin-Süßlippe, *Plectorhinchus chaetodonoides* (Harlequin Sweetlip); bis 70 cm. Alterskleid (Jungtier siehe Foto oben). Mauritius bis Neukaledonien. Foto: Malediven.

Orientalische Süßlippe, *Plectorhinchus orientalis* (Oriental Sweetlip); bis 60 cm. Häufige Art in Riffen. Jungtiere sind dunkelbraun mit cremfarbenen Flecken. Ostafrika bis Samoa. Foto: Malediven.

Süßlippen – Haemulidae

1. Orientalische Süßlippe, *Plectorhinchus orientalis* (Oriental Sweetlip); 80 cm. Schwarze Längsstreifen. Jungtiere ähneln Nacktschnecken. Lebensweise: Häufige Art, die sich am Tag unter Korallenköpfen in kleinen Gruppen aufhält. Bevorzugt Außenriffe mit reichem Korallenbewuchs. Tiefe: 2–25 m. Ostafrika bis Samoa.

2. Streifen-Süßlippe, *Plectorhinchus diagrammus* (Lined Sweetlip); 45 cm. Keine Streifen am Bauch. Lebensweise: Am Tag versteckt unter Korallenvorsprüngen in geschützten Lagunenriffen und Außenriffen bis mindestens 25 m Tiefe. Ostafrika bis Neukaledonien.

3. Goldmanns Süßlippe, *Plectorhinchus goldmanni* (Goldmann's Sweetlip); 70 cm. Schwarze Streifen sind diagonal, Bauch ohne Streifen. Lebensweise: Diese scheue Art lebt am Tag in kleinen Gruppen in korallenreichen Außenriffen oder Riffkanälen von 2–30 m Tiefe.Westpazifik: Ryukyus, südlich bis Großes Barriere-Riff.

4. Schwarzgepunktete Süßlippe, *Plectorhinchus gaterinus* (Black-spotted Sweetlip); 60 cm. Jungtiere haben sechs schwarze Seitenstreifen, die sich langsam auflösen. Lebensweise: Lebt in Gruppen auf Korallenriffen, insbesondere an Außenriffen bis zu einer Tiefe von 30 m. Rotes Meer bis Südafrika.

5. Zweibinden-Süßlippe, *Plectorhinchus albovittatus* (Two-lined Sweetlip); 40 cm. Alttiere ähnlich wie Jungtiere, aber untere Seitenlinie verschwindet. Lebensweise: Einzeln auf korallenreichen Riffen bis 30 m Tiefe. Rotes Meer bis Celebes.

6. Goldstreifen-Süßlippe, *Plectorhinchus polytaenia* (Many-striped Sweetlip); 40 cm. Charakteristische gelb-braune Seitenstreifen. Flossen sind gelb. Lebensweise: Am Tag in geschützten Stellen von Korallen oder Felsenriffen. Indonesien bis Westaustralien,Indien.

7. Celebes Süßlippe, *Plectorhinchus celebecus* (Celebes Sweetlip); 45 cm. Auf grauem Untergrund schmale gelbe Seitenlinien. Flossen gelb. Lebensweise: Einzeln auf geschützten Riffen von 8–25 m Tiefe. In der Nähe von Korallenköpfen und isolierten Korallenstöcken. Ryukyus bis südliches Großes Barriere-Riff.

8. Gelbstreifen-Süßlippe, *Plectorhinchus flavomaculatus* (Lemon Sweetlip); 60 cm. Gelbe Seitenstreifen verschwinden weitgehend im Alter(bis auf den Kopf). Lebensweise: Felsen- und Korallenriffe, aber auch in Algengebieten. Rotes Meer bis Westpazifik.

9. Vielstreifen-Süßlippe, *Plectorhinchus multivittatum* (Goldspotted Sweetlip); 40 cm. Gelbe Streifen lösen sich zu Punkten auf. Gelbe Flossen. Lebensweise: Wenig bekannt. Einzeln auf Korallenriffen. Östlicher Indischer Ozean und Westpazifik.

10. Schwarz-weiß-Süßlippe, *Plectorhinchus picus* (Spotted Sweetlip); 85 cm. Dunkle Flecken auf hellem Untergrund. Jungtiere schwarz-weiß. Lebensweise: Bewohnt Lagunen und Außenriffe von 3–50 m Tiefe. Einzeln am Tag unter Korallenüberhängen. Seychellen bis Gesellschaftsinseln.

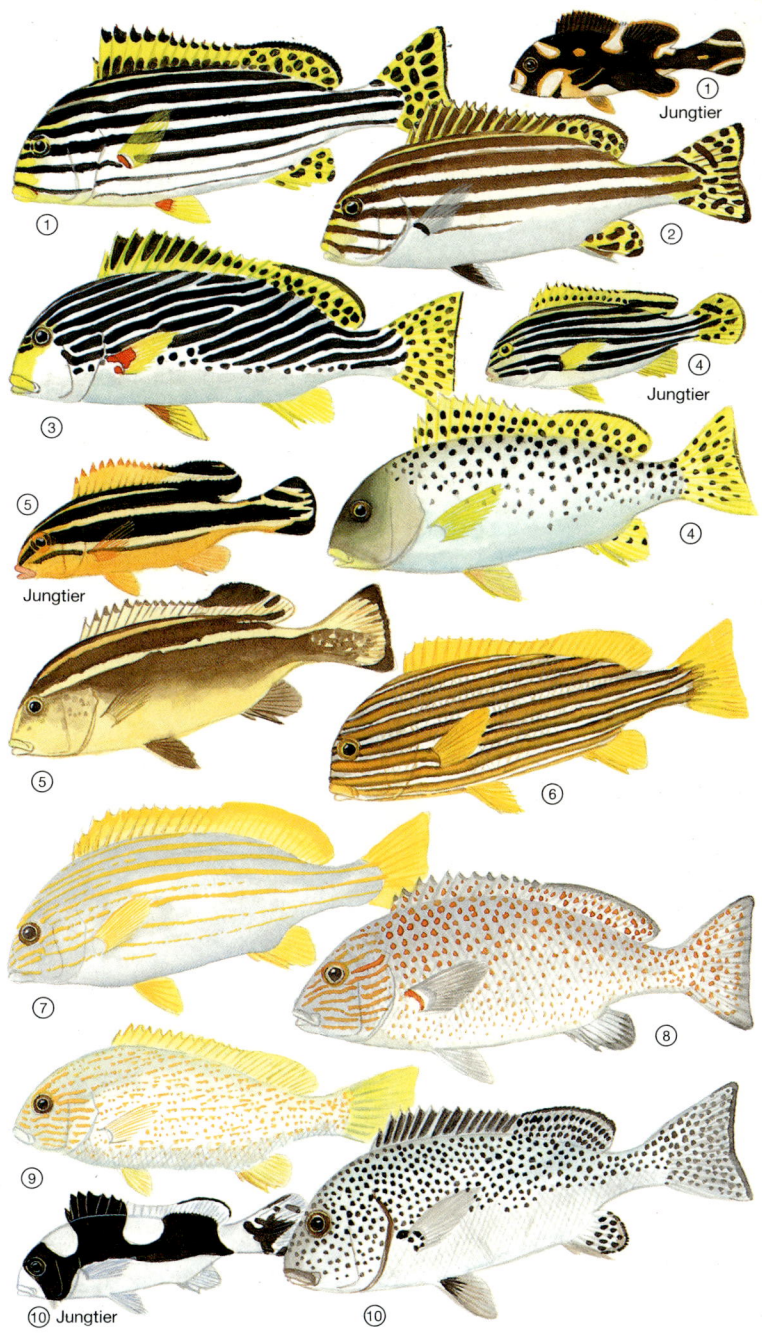

① Jungtier

① ②

③ ④ Jungtier

⑤ Jungtier ④

⑤ ⑥

⑦ ⑧

⑨

⑩ Jungtier ⑩

Scheinschnapper – Nemipteridae

Familie Scheinschnapper, Ordnung Barschartige (Perciformes). Zahlreiche Arten. Bis 40 cm lang.
Erkennungsmerkmale: Scheinschnapper sind schlanke, seitlich abgeflachte Fische mit einem kleinen Kopf, großen Augen und einer kurzen Schnauze; das Maul ist klein. Sie besitzen eine durchgehende Rückenflosse, die im vorderen Teil 10 dünne Stacheln hat. Die gut entwickelte Schwanzflosse ist leicht gegabelt; die Afterflosse hat 3 dünne Stacheln. Fast alle Arten haben große Schuppen, die den ganzen Körper bedecken, aber nicht den Kopf. Viele von ihnen sind kräftig gemustert, andere haben zarte Pastellfarben. Die Jugendfärbung kann sehr von den Erwachsenen abweichen. Die Gattung *Scolopsis* hat ein charakteristisches Merkmal: Unmittelbar unter dem Auge befindet sich ein kräftiger, nach hinten gerichteter Stachel, der dieser Familie in englisch den Namen »Spinecheek« (Stachelwange) einbrachte. Bei einigen Arten wurde eine Geschlechtsumwandlung beobachtet. Man nimmt an, daß alle Arten der Familie zuerst weiblich sind und sich dann zu Männchen umwandeln können. Die Umwandlung wird »sozial kontrolliert«.

Vorkommen: Rotes Meer, Indischer Ozean bis zum Pazifik. Sie bewohnen meist Riffe und Flachwassergebiete der Küstenregionen.

Lebensweise: Scheinschnapper sind weder schnelle noch lebhafte Schwimmer. Oft schweben sie bewegungslos zwischen den Korallen, schwimmen ein paar Meter, um dann wieder regungslos an einer Stelle zu verharren. Diese Verhaltensweise ist für diese Familie charakteristisch. Sie leben einzeln oder in kleinen Gruppen und sind im bunten Treiben eines Korallenriffes eher unauffällige Fische. Viele Arten bevorzugen sandige Stellen mit vereinzelten Korallenköpfen in geschützten Küstengewässern. In manchen Gebieten werden sie als Speisefische genutzt.

Nahrung: Am Boden lebende Wirbellose, wie Borstenwürmer oder Kleinkrebse.

Fortpflanzung: Es ist wenig bekannt; wahrscheinlich findet die Paarung nachts in größeren Schwärmen außerhalb der Riffe statt. Jungtiere sind zuerst weiblich und können sich später in Männchen umwandeln.

Braunstreifen-Scheinschnapper, *Scolopsis margaritifer* (Brownstriped Spinecheek); bis 25 cm. Jungfisch; es könnte sich auch um eine noch nicht beschriebene Art handeln. Indien bis Indonesien. Foto: Thailand.

Silberstreifen-Scheinschnapper, *Scolopsis ciliatus* (Ciliated Spinecheek); bis 20 cm. Der weiße Rückenstreifen leuchtet unter Wasser auffallend. Indien bis Mikronesien. Foto: Thailand.

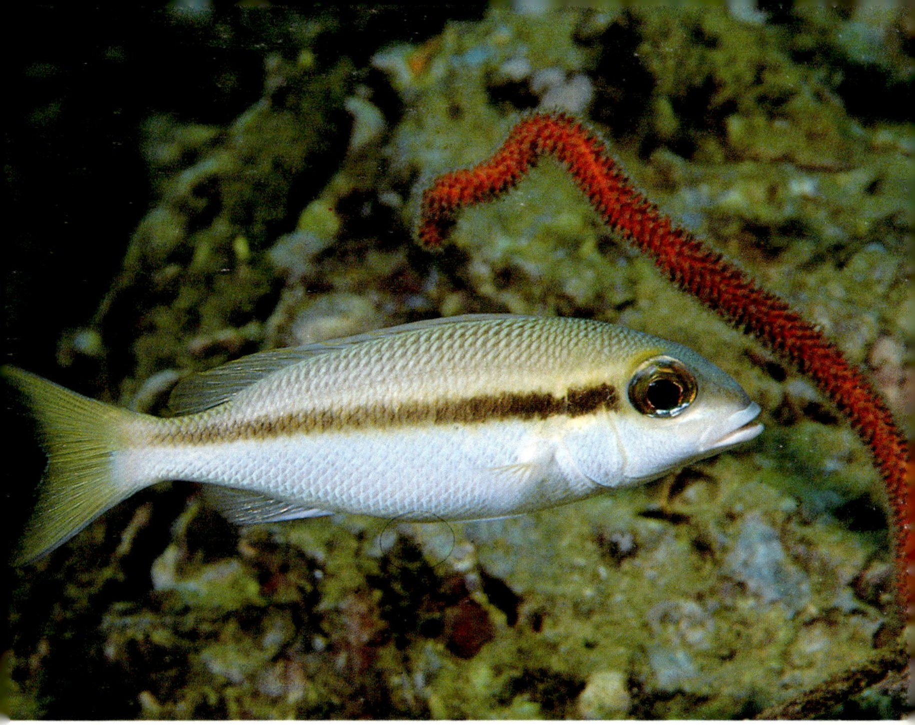

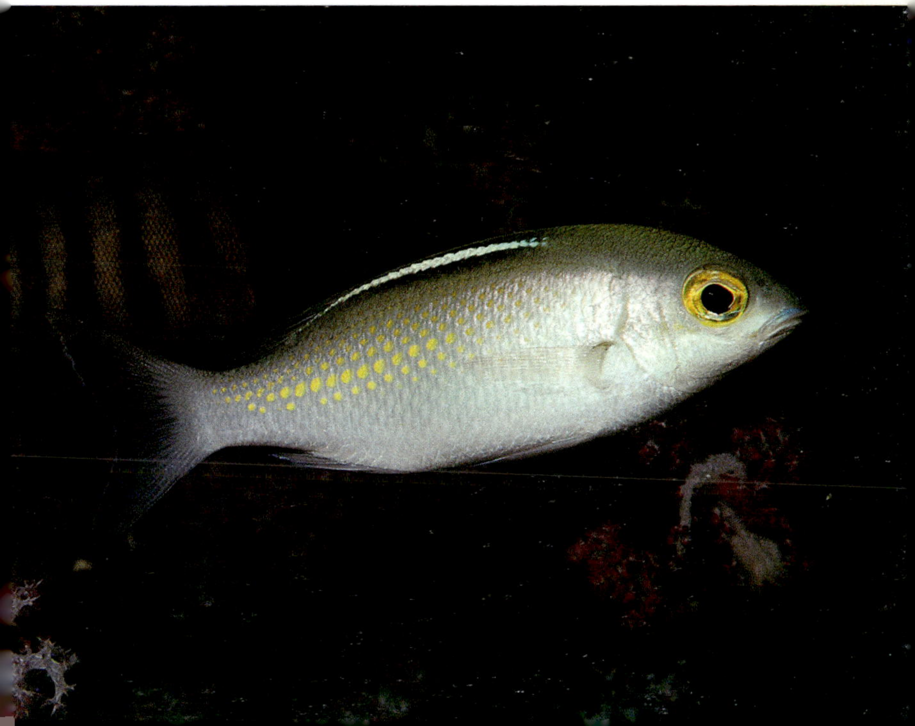

Straßenkehrer – Lethrinidae

Familie Straßenkehrer, Ordnung Barschartige (Perciformes). Sie sind nahe verwandt mit den Schnappern. Es gibt nur 20 Arten. Bis 90 cm lang.

Erkennungsmerkmale: Alle Gattungen haben seitlich abgeflachte Körper und große Schuppen, außer auf der Schnauze. Das unterscheidet sie eindeutig von den Schnappern. Auffällig sind die sehr hoch angeordneten Augen der meisten Arten. Die durchgehende Rückenflosse hat im vorderen Teil 10, die Afterflosse 3 Stacheln. Alle anderen Merkmale variieren stark, besonders die Kopfformen. Manche Arten haben einen stumpfen Kopf, andere ein zugespitztes Maul und die auffälligste Art, *Lethrinus elongatus,* hat eine extrem langgezogene, konkave Schnauze. Viele Arten haben dicke Lippen, ein mittelgroßes Maul und relativ große Augen. Die Färbung ist meist unauffällig; die Musterung reicht von Längsstreifen über Querbänder bis zu unregelmäßigen undeutlichen Flecken; einige sind einfarbig. Bei vielen Arten kann man eine starke Farbveränderung beobachten, die nachts oder in der Paarungszeit auftritt.

Vorkommen: Alle tropischen Meere.

Lebensweise: Ihr Verhalten ist unterschiedlich: Während der Großaugen-Straßenkehrer, *Monotaxis grandoculis,* sich als Einzelgänger oder in Schwärmen am Tag im Freiwasser über den Riffhängen aufhält, ziehen die Arten der Gattung *Lethrinus* über Sandflächen in der Nähe von Riffen, um nach Nahrung zu suchen; der Goldfleck-Straßenkehrer, *Gnathodentex auroliniatus,* hält sich immer in dichten Schwärmen inaktiv zwischen Korallenstöcken auf. Die meisten Arten sind nachtaktiv. Alle Arten sind fähig ihr Geschlecht zu verändern; Jungtiere sind weiblich und können männlich werden. Eine Rückumwandlung ist nicht möglich.

Nahrung: Hartschalige Tiere und Fische.

Fortpflanzung: Weitgehend unbekannt.

Achtung! Bei manchen großen Arten kann eine Ciguatera-Vergiftung beim Verzehr der Fische nicht ausgeschlossen werden.

Großaugen-Straßenkehrer, *Monotaxis grandoculis* (Bigeye Emperor); bis 55 cm. Schwebt einzeln oder in Gruppen über Riffhängen. Rotes Meer bis Hawai. Foto. Ägypten.

Langschnauziger Straßenkehrer, *Lethrinus olivaceus,* früher *L. elongatus* (Longnose Emperor); bis 1 m. Zieht meist in kleinen Gruppen nach Nahrung suchend zwischen Korallenblöcken umher und wühlt den Grund auf. Rotes Meer bis Samoa. Foto: Thailand.

Gelbflossen-Straßenkehrer, *Lethrinus erythracanthus* (Orangefin Emperor); bis 80 cm. Scheuer Einzelgänger. Früher *L. kallopterus* genannt. Ostafrika bis Samoa. Foto: Malediven.

Meerbarben – Mullidae

Familie Meerbarben, Ordnung Barschartige (Perciformes). Etwa 60 Arten. Bis 55 cm lang; Weibchen werden größer als Männchen.

Erkennungsmerkmale: Meerbarben haben einen seitlich abgeflachten, länglichen Körper, der durch sein Profil auffällt. Kopf und Rücken verlaufen stärker konvex als die Unterseite des Fisches. Die Augen liegen sehr hoch und weit zurückgesetzt. Auffälligstes Merkmal sind zwei lange Barteln, die sich unter dem Kinn befinden und beim Schwimmen nach hinten gerichtet werden. Sie sind dann nicht zu sehen, da sie in Rinnen liegen. Diese Tastorgane sind mit Geschmacksnerven ausgestattet. Bei der Nahrungssuche werden sie nach vorn geschwenkt und mit großer Geschicklichkeit sehr schnell in alle Löcher und Spalten gesteckt, um Beutetiere aufzuspüren. Das endständige Maul hat wulstige Lippen, die ausgestülpt werden können. Von den zwei relativ hohen Rückenflossen wird die erste meist angelegt. Die gut entwickelte Schwanzflosse ist tief gegabelt, der Körper mit großen, gut sichtbaren Schuppen bedeckt. Die Färbung der Fische ist variabel: Von Rot, Gelb, Blau reicht das Spektrum bis zu hellen Farben mit den verschiedensten Mustern.

Vorkommen: In tropischen und gemäßigten Meeren weltweit verbreitet; bewohnen meist sandigen Grund, Schlick oder Böden mit Korallenbruch.

Lebensweise: Meerbarben sind tag- oder nachtaktiv – oder je nach Art beides. Sie ziehen oft in Gruppen nahrungssuchend über den Grund. Wenn sie mit ihren Barteln im Boden Nahrung aufspüren, wühlen sie mit erstaunlicher Energie den Grund auf und wirbeln dabei oft große Staubwolken hoch. Davon werden andere räuberisch lebende Fische angelockt, die aufgeschreckte Bodentiere erbeuten. Junge Meerbarben entwickeln sich erstaunlicherweise im offenen Meer. Sie sind silbrig gefärbt und haben einen dunkelblauen Rücken. Es ist unklar, wie sie sich dort vor Freßfeinden schützen. Erst bei einer Größe von mehreren Zentimetern besiedeln sie die Riffe.

Nahrung: Kleine Fische und Wirbellose.

Fortpflanzung: Viele Arten scheinen bei Voll- oder Neumond paar- oder gruppenweise abzulaichen, wobei bestimmte Plätze an Außenriffen bevorzugt werden. Auf diese Weise werden die Eier durch die Gezeitenströmungen ins offene Meer getrieben und können nicht von den vielen nach Plankton jagenden Riffbewohnern dezimiert werden. Das offene Meer ist wesentlich dünner besiedelt, damit erhöht sich die Überlebenschance der Eier und Larven.

Sattelstreifen-Meerbarbe, *Parupeneus bifasciatus* (Two-barred Goatfish); bis 32 cm. Einige Arten ruhen am Tage auf dem Boden. Ostafrika bis Tahiti. Foto: Malediven.

Strich-Punkt-Meerbarbe, *Parupeneus barberinus* (Dash-and-dot Goatfish); bis 50 cm. Auf dem Foto sind die typischen Barteln zu erkennen. Ostafrika bis Tahiti. Foto: Malediven.

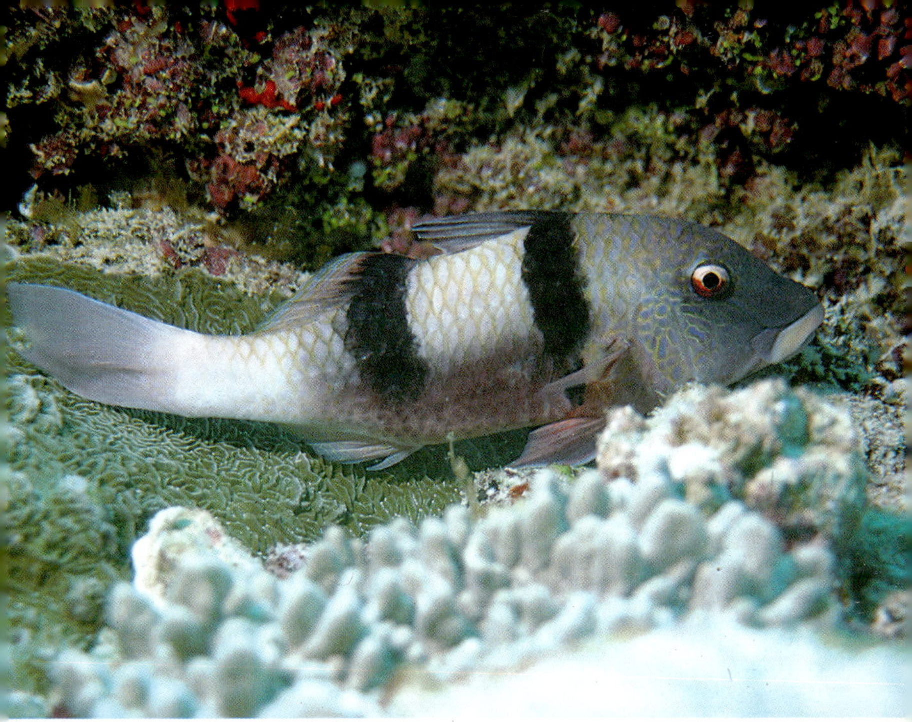

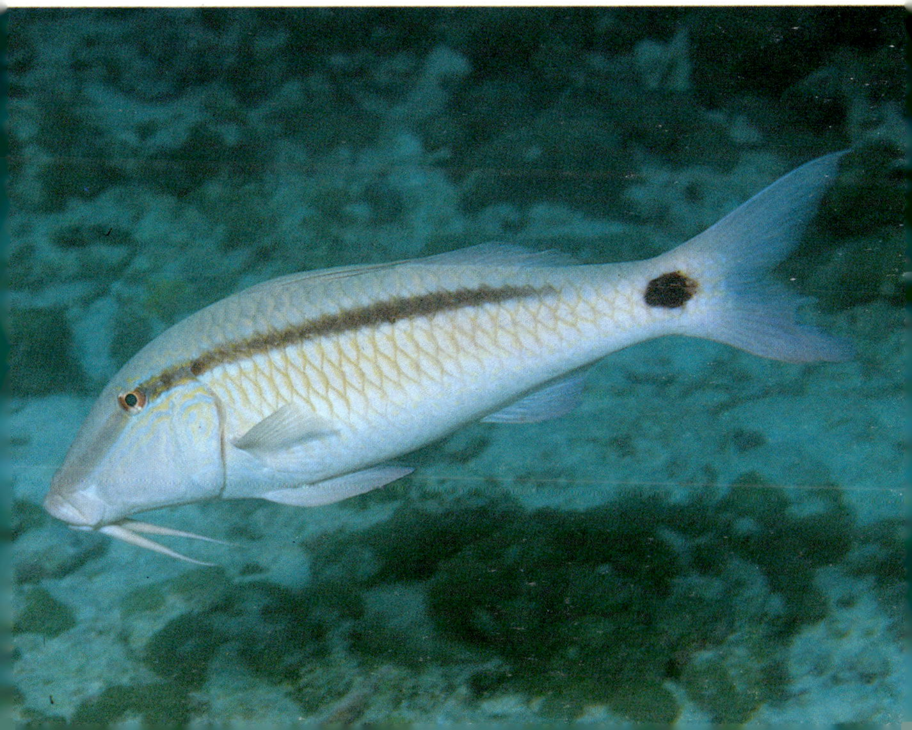

Fledermausfische – Platax

Gattung Fledermausfische, Familie Spatenfische (Ephippidae), Ordnung Barschartige (Perciformes). Bis 50 cm lang. Die Gattung umfaßt 4 Arten.

Erkennungsmerkmale: Fledermausfische sind seitlich stark abgeflacht und extrem hoch. Die Höhe verändert sich mit dem Alter proportional zur Länge. Jungtiere besitzen stark verlängerte Rücken-, Bauch- und Afterflossen, die sich mit dem Wachstum verkürzen. Alle Arten sind silbrig und haben mindestens 2 Querbinden; eine läuft über das Auge, die zweite am Ende des Kiemendeckels durch die Basis der Brustflossen, meist bis zu den Bauchflossen. Das Maul ist endständig und klein. Erkennung der Arten: *Platax teira* hat eine stark abgerundete Rückenflosse und ein konvexes Kopfprofil. Bei Jungtieren sind die Flossen stark verlängert, die Färbung ist gleich. *Platax pinnatus* fällt durch seine konkave Schnauze auf, die Rückenflosse ist relativ spitz. In der Jugend ist der Körper dunkelbraun und mit einem hellorangenen Streifen gesäumt, der über den Kopf und alle Flossen läuft. Diese Färbung soll ungenießbaren Nacktschnecken ähneln und damit Freßfeinde abschrecken. Die extrem verlängerten Flossen wirken unproportioniert. Mit dem Wachstum verlieren sie ihre dunkle Färbung und die orangenen Streifen. *Platax orbicularis* erinnert an einen Halbmond, da die Flossen nach hinten fliehen, so lange sie noch nicht voll ausgewachsen sind. Die Jungen haben eine rötlichbraune Tarnfärbung, die einem welken Mangrovenblatt ähnelt. Bei Gefahr lassen sie sich seitlich umkippen und imitieren ein im Schwall hin- und herschaukelndes Blatt, so wie es vom Schaukelfisch seit langem bekannt ist. Vorkommen: Nur in tropischen Meeren. Meist in kleineren Gruppen, dicht am Riff, aber auch im Freiwasser über den Riffen in großen Schwärmen.

Lebensweise: Fledermausfische sind tagaktive Tiere, die unterschiedliche Reviere haben. *Platax teira* ist meist im Freiwasser über Riffen zu finden. *Platax pinnatus* bevorzugt den Schutz der Korallenriffe und *Platax orbicularis* lebt auf Sandflächen, wenn es in der Nähe ein Riff mit Versteckmöglichkeiten für die Nacht gibt. Die Arten sind auch unterschiedlich scheu. *Platax teira* hat selten Angst vor Menschen und gesellt sich oft zu Tauchern.

Nahrung: Quallen, kleine Krabben, Würmer und Weichtiere. Sie lassen sich manchmal mit Brot oder hartgekochten Eiern füttern. Ob diese ungewohnte Nahrung den Tieren bekommt, ist allerdings fraglich.

Fortpflanzung: Nur wenig bekannt; lediglich von einer amerikanischen Art weiß man, daß sie in Gruppen von 10–20 Tieren in einer Entfernung von etwa 40 m von der Küste laichen.

Falterfische – Chaetodontidae

Familie Falterfische (früher Unterfamilie der Familie Borstenzähner), Ordnung Barschartige (Perciformes). 113 Arten. Zwischen 7 und 25 cm lang.

Erkennungsmerkmale: Körper extrem abgeflacht und sehr hoch; Kopf relativ klein. Die großen Augen liegen häufig in einem vertikalen, dunklen Streifen. Die mehr oder weniger zugespitzte Schnauze endet in einem endständigen, winzigen Maul, das mit borstenartigen Zähnen bestückt ist. Bei den Pinzettfischen ist die Schnauze röhrenartig verlängert. Die durchgehende Rückenflosse ist bei den meisten Arten hinten abgerundet. Die ersten Rückenflossenstrahlen sind durch ausgeschnittene Membranen verbunden. Der hintere Teil der Rückenflosse und die Afterflosse gleichen sich bei vielen Arten in Größe und Form. Die Schwanzflosse ist konvex geformt, in Ausnahmefällen gerade. Die Brustflossen sind fast immer farblos und durchsichtig. Der Körper der Falterfische ist mit Schuppen bedeckt. Die prächtige Färbung und Zeichnung brachte den Tieren den Namen Schmetterlings- oder Falterfische ein, bis sich letzterer durchsetzte. Die grellen Farben dieser Familie sind keine gute Tarnung, aber offensichtlich ist das keine Gefahr für den Fortbestand der Arten. Diese auffälligen Unterscheidungsmerkmale sind in einem so dicht besiedelten Gebiet, wie ein Korallenriff es darstellt, von Bedeutung – sowohl für die Fortpflanzung als auch für das territoriale Verhalten.

Einige Arten haben einen Fleck am hinteren Teil des Körpers, der ein Auge vortäuschen soll. Es wird angenommen, daß dieser Augenfleck, zusammen mit dem Augenstreifen, der das Auge tarnt, angreifende Raubfische irritiert. Sie werden in der vermeintlichen Fluchtrichtung getäuscht. Diese Verzögerung reicht den Falterfischen meist, zwischen die Korallen zu flüchten, wohin ihnen die wesentlich größeren Angreifer nicht folgen können.

Vorkommen: Tropische Meere, meist Korallenriffe. Jungtiere bevorzugen Flachwasserzonen und halten sich gern zwischen den schützenden Ästen von *Acropora*-Korallen auf.

Lebensweise: Falterfische sind mit ihrem flachen Körper dem Leben im Korallenriff gut angepaßt. Geschickt manövrieren sie durch enge Spalten oder Korallenäste. Ihr hoher Körperbau verleiht ihnen eine gute Seitenstabilität. Scheinbar mühelos gleiten sie langsam durch Korallenriffe, ohne auffällige Bewegungen zu machen. Sie schwimmen fast immer nur mit ihren Brustflossen, die so durchsichtig sind, daß man sie kaum wahrnimmt.

Sattelfleck-Falterfisch, ▶
Chaetodon ephippium
(Saddled Butterflyfish);
bis 23 cm. Einzeln oder in
Gruppen in korallenreichen
Riffen. Thailand bis Tahiti.
Foto: Thailand.

Kleins Falterfisch, ▶ ▶
Chaetodon kleinii (Klein's
Butterflyfish); bis 13 cm.
In lockeren Verbänden an
der Riffkante von 2–25 m
Tiefe. Ostafrika bis Hawai,
Samoa.
Foto: Malediven.

Gitter-Falterfisch, ▶
Chaetodon rafflesii
(Latticed Butterflyfish); bis
14 cm. Lebt in Gebieten mit
viel Korallenbewuchs. Sri
Lanka bis Tahiti.
Foto: Thailand.

Zitronenfalterfisch, ▶ ▶
Chaetodon semilarvatus
(Lemon Butterflyfish);
bis 23 cm. In Paaren oder
Gruppen in Tiefen von
2–30 m. Rotes Meer, Golf
von Aden.
Foto: Ägypten.

Doppelsattel-Falterfisch, ▶
Chaetodon falcula (Sickle
Butterflyfish); bis 20 cm.
Häufig in korallenreichen
Riffen. Tiefe: 1–20 m. Ostafrika bis Indonesien.
Foto: Thailand.

Gebänderter Falterfisch, ▶ ▶
Chaetodon meyeri (Meyer's
Butterflyfish); bis 16 cm. In
Paaren in geschützten,
korallenreichen Riffen.
Ostafrika bis Tahiti.
Foto: Thailand.

Falterfische (Fortsetzung)

Falterfische sind tagaktiv und verstecken sich nachts im Riff; dabei verändern sie häufig ihre Färbung. Bei den Falterfischen gibt es unterschiedliche Nahrungsspezialisten. Einige in Paaren lebende Arten sind auf Korallenpolypen angewiesen und haben Territorien im Flachwasser. In Schwärmen auftretende Arten ernähren sich vom Zooplankton an Riffhängen in mittlerer Wassertiefe.

Obwohl fast alle Fische Zwitter sind, finden wir bei den Falterfischen Arten, die ein unveränderliches Geschlecht haben. Viele Arten sind monogam und leben lange Zeit zusammen, wenn nicht sogar lebenslang.

Nahrung: Plankton, Korallenpolypen, Krebse, Würmer, Tentakeln, Fischeier oder Algen. In dieser Familie finden wir viele Nahrungsspezialisten.

Fortpflanzung: Zur Eiablage schwimmen Falterfische während der Dämmerung paarweise zur Wasseroberfläche. Dabei stupst das Männchen dem Weibchen an den Bauch. Die Eier werden ins Wasser abgegeben und treiben als Plankton davon. Schon nach 2 Tagen schlüpfen die planktonischen Larven. Das Larvenstadium dauert Wochen oder Monate. Die Larven besiedeln während der Dunkelheit das schützende Riff.

Tabak-Falterfisch, ▶
Chaetodon fasciatus (Red Sea Racoon Butterflyfish); bis 18 cm. Bei der ähnlichen Art *Ch. lunula,* dem Mondsichel-Falterfisch, ist das weiße Band länger. Rotes Meer bis Golf von Aden. Foto: Ägypten.

Winkel-Falterfisch, ▶ ▶
Chaetodon paucifasciatus (Red Sea Chevron Butterflyfish); bis 14 cm. Nur im Roten Meer anzutreffen. Foto: Ägypten.

Gelber Masken-Pinzettfisch, *Forcipiger flavissimus* ▶ (Long-nosed Butterflyfish); bis 19 cm. Die sehr ähnliche Art *F. longirostris* hat an der Brust dunkle Schuppen und ein längeres Maul. Rotes Meer bis östlicher Pazifik. Foto: Thailand.

Langflossen-Wimpelfisch, ▶ ▶
Heniochus acuminatus (Long-fin Butterflyfish); bis 22 cm. Lebt immer in Schwärmen in geschützten Korallenriffen. Ostafrika bis Gesellschaftsinseln. Foto: Thailand.

Masken-Wimpelfisch, ▶
Heniochus monoceros (Masked Butterflyfish); bis 21 cm. Paarweise anzutreffen. Hier mit dem Putzerfisch *Labroides dimidiatus.* Ostafrika bis Tahiti. Foto: Malediven.

Phantom-Wimpelfisch, ▶ ▶
Heniochus pleurotaenia (Indian Ocean Bannerfish); bis 18 cm. Stehen paarweise oder in Gruppen bewegungslos an bestimmten Stellen von Korallenriffen; leicht mit *H. varius* zu verwechseln. Malediven bis Java. Foto: Malediven.

Kaiserfische – Pomacanthidae

Imperator-Kaiser-
fisch, erwachsenes
Tier (siehe auch Fotos
Mitte).
Foto: Ägypten.

Familie Kaiserfische (früher wegen ihrer engen Verwandtschaft zu den Falterfischen als Unterfamilie Pomacanthinae
zur Familie Borstenzähner gestellt). Ordnung Barschartige
(Perciformes). Etwa 80 Arten. Sehr unterschiedliche Größen: Die kleinste Zwergkaiserfischart erreicht nur 4,5 cm,
während die größte etwa 60 cm werden kann.

Erkennungsmerkmale: Kaiserfische unterscheiden sich von
den Falterfischen durch einen typischen, kräftigen, nach
hinten gerichteten Vorkiemenstachel, der teilweise auffällig gefärbt ist und bei allen Arten unten am Kiemendeckel beginnt (siehe Grafik). Ihr Maul ist nicht so spitz zu-
laufend und erinnert mit seinen wulstigen Lippen an einen
»Schmollmund«.

Kaiserfisch

Kiemenstachel

Imperator-Kaiser- ▶
fisch, Pomacanthus ▶ ▶
imperator (Emperor
Angelfish); bis 35 cm.
Oben: Erwachsen,
Mitte links: Jungfisch,
Mitte rechts: Zwischen-
stadium. Rotes Meer bis
Tahiti.
Fotos: Ägypten und
Malediven.

Kaiserfische sind oft plakativer gefärbt als Falterfische. Die
ersten Flossenstrahlen der Rückenflosse sind wesentlich
kürzer, als die der Falterfische. Brustflossen nur bei wenigen Arten farblos. Die Form der Schwanzflosse variiert bei
Kaiserfischen von rund bis sichelförmig. Sie haben unterschiedlich große Schuppen. Während der Wachstumsphase
machen Kaiserfische einen erstaunlichen Farbwechsel
durch. Jungtiere der Gattung Pomacanthus sind dunkel-
blau bis schwarz und haben weiße, hellblaue oder blau-vio-
lette Streifenmuster, die von Art zu Art unterschiedlich
sind. Diese Zeichnung verändert sich so stark, daß man bei
Jungtieren nicht die geringste Ähnlichkeit mit den Erwachsenen feststellen kann. Deshalb hatten die Jungtiere früher
andere wissenschaftliche Namen. Kurz bevor die Tiere geschlechtsreif werden, wechseln sie in wenigen Wochen die
Färbung und Zeichnung (siehe Fotoserie: P. imperator). In
dieser Zeit kann man oft beide Muster gleichzeitig erkennen (siehe Foto Mitte rechts). Dieser Farbwechsel ist notwendig, da ausgewachsene Kaiserfische aufgrund ihrer Ernährungsweise ein territoriales Verhalten haben und
Jungtiere keine Überlebenschance gegen die größeren und

Ring-Kaiserfisch, ▶
Pomacanthus annularis
(Blue-ringed Angelfish);
bis 35 cm. Mit Schiffs-
halter. Bevorzugt Fel-
senriffe. Andamanen
bis Westpazifik.
Foto: Thailand.

Blaukopf-Kaiserfisch, ▶ ▶
Pomacanthus xantho-
metapon (Blue-faced
Angelfish); bis 40 cm.
Meist einzeln oder in
Paaren an Außenriffen.
Malediven bis Austra-
lien.
Foto: Malediven.

Kaiserfische (Fortsetzung)

kräftigeren, ausgewachsenen Tiere hätten. Jungtiere und im Farbwechsel befindliche Tiere sind selten zu finden, da sie sehr scheu sind und versteckt leben. Bei der Gattung *Genicanthus* sind Männchen und Weibchen unterschiedlich gezeichnet und gefärbt (siehe Fotos rechts).

Vorkommen: Überwiegend Bewohner tropischer Gewässer, die sowohl in Korallen- als auch Felsenriffen zu finden sind. Nur wenige Arten kommen in subtropischen Gewässern vor.

Lebensweise: Kaiserfische sind tagaktive Fische, die meist einzeln, selten paarweise leben. Sie sind wie die Falterfische Brustflossenschwimmer. Gewöhnlich beschützt ein Männchen einen Harem von 2–5 Weibchen in einem relativ großen Revier, ohne daß sie ständig zusammen sind. Die Männchen können ein Territorium von wenigen Quadratmetern *(Centropyge)* bis zu 1000 m² *(Pomacanthus)* haben, welches energisch gegen Artgenossen verteidigt wird. Dieses Territorialverhalten sichert die Ernährung: Die Gattung *Centropyge* lebt vorwiegend von Bodenalgen; *Genicanthus* hingegen ernährt sich von Zooplankton; wieder andere Gattungen fressen Schwämme, Fischeier oder Niedere Tiere. Alle Kaiserfische sind zuerst weiblich und können sich bei Bedarf in ein Männchen umwandeln. Eine Rückverwandlung ist nicht möglich. Junge Kaiserfische wurden schon beobachtet, wie sie sich als Putzerfische betätigten und größeren Fischen die Schmarotzer abfraßen. Kaiserfische können laute Geräusche im Wasser erzeugen. Werden sie beunruhigt, stoßen sie »Knack«-Laute aus, die den Angreifer abschrecken sollen. Wahrscheinlich wird dieses Drohverhalten auch an den Reviergrenzen gegen Artgenossen eingesetzt.

Nahrung: Algen, Schwämme und Moostierchen. Es gibt aber auch Arten, die Fischgelege, Zooplankton und am Boden lebende Wirbellose nicht verschmähen.

Fortpflanzung: Die Eiablage erfolgt gewöhnlich paarweise bei Sonnenuntergang im Freiwasser, wobei das Männchen »auf-und-ab-schwimmt« und dann das Weibchen an den Bauch stupst. Innerhalb von 24 Stunden schlüpfen die planktonisch lebenden Larven, die nach 3–4 Wochen die Riffe besiedeln.

Lyra-Kaiserfisch, *Genicanthus caudovittatus* (Zebra lyretail Angelfish); bis 25 cm. Männchen (Weibchen im Foto Mitte links). Paarweise an panktonreichen, steilen Riffhängen ab 15 m bis 45 m Tiefe. Rotes Meer. Foto: Ägypten.

Lyra-Kaiserfisch, ▶ Weibchen (siehe auch Foto oben). Foto: Ägypten.

Dreipunkt-Zwergkaiserfisch, *Apolemichthys trimaculatus* (Three-spot Angelfish); bis 30 cm. In Korallen- und Felsenriffen, meist einzeln. Ostafrika bis Samoa. Foto: Malediven.

Pfauen-Kaiserfisch, ▶ *Pygoplites diacanthus* (Regal Angelfish); bis 26 cm. Dieser attraktive Fisch bevorzugt ruhige, geschützte und korallenreiche Riffe. Rotes Meer bis Tahiti. Foto: Malediven.

Sichel-Kaiserfisch, ▶ ▶ *Pomacanthus maculosus* (Moon Angelfish); bis 50 cm. Rotes Meer bis Ostafrika, Persischer Golf. Foto: Ägypten.

Riffbarsche – Pomacentridae

Familie Riffbarsche, Ordnung Barschartige (Perciformes). Mehr als 200 Arten in 4 Unterfamilien. 4–20 cm lang.
Erkennungsmerkmale: Seitlich abgeflachter, meist hoher Körper und kleiner stumpfer Kopf mit relativ großen Augen; durchgehende Rückenflosse und tief gegabelter Schwanz. Die Färbung variiert sehr stark. Die Unterfamilie Preußenfische (Pomacentrinae) hat ihren deutschen Namen von der schwarz-weißen Färbung; sie tragen häufig Querbinden. Diese Farbvariante findet man aber auch in der Unterfamilie Chrominae bei der Gattung *Dascyllus*. Bei den anderen Unterfamilien, außer den Anemonenfischen, sind meist nur die Jungtiere leuchtend gefärbt. Alle Arten haben deutlich sichtbare, große Schuppen.
Vorkommen: Weltweit in tropischen und subtropischen Meeren. Am häufigsten im flachen Wasser küstennaher Gebiete. Sie halten sich dort auf, wo es viele Versteckmöglichkeiten gibt, z. B. in Korallen der Gattung *Acropora*.
Lebensweise: Riffbarsche sind tagaktiv und leben territorial, wenn sie ausgewachsen sind. In der Jugend trifft man sie in großer Zahl, wenn sie über »ihrem Korallenstock« nach Plankton schnappen. Bei Gefahr und nachts verstecken sie sich zwischen den Korallenästen. Dabei hat vermutlich jeder Fisch einen bestimmten Platz. Das würde bedeuten, daß schon in der Jugend territoriales Verhalten vorhanden ist, aber tagsüber zum eigenen Schutz mit Artgenossen ein kleiner Lebensraum geteilt wird. Die Algenfresser unter den Riffbarschen sind besonders aggressiv: Unter ihnen gibt es Arten, die als »Farmer-«Fische ihre eigenen Algen-Farmen bewirtschaften, indem sie nicht schmeckende Algen aus ihren »Feldern« herauszupfen. Jungtiere des Dreipunkt-Preußenfisches, *Dascyllus trimaculatus,* suchen in Anemonen Schutz wie Anemonenfische.
Nahrung: Vorwiegend Plankton, einige ernähren sich von Algen. Es gibt aber auch Allesfresser.
Fortpflanzung: Riffbarsche laichen häufig am Morgen; manche Arten am Höhepunkt einer bestimmten Mondphase. Sie heften die gestielten, elliptischen Eier auf festen Untergrund, der vorher sorgfältig gereinigt wird. Meist besteht der Grund aus Felsen oder Korallengestein, auch tote Korallenäste oder Sandgrund sind möglich. Die Eier können sehr unterschiedlich gefärbt sein: rot, pink, violett, braun, grün, weiß oder transparent. In der Regel wird das Gelege von den Männchen bewacht und versorgt. Durch Flossenbewegungen wird den Eiern frisches Wasser zur Sauerstoffversorgung zugeführt. Abgestorbene Eier werden sorgfältig vom bewachenden Elternteil entfernt. Die planktonischen Larven schlüpfen nachts, steigen nach oben und treiben mit der Strömung ins offene Meer.

Fünfstreifen-Riffbarsch, *Abudefduf saxatilis* (Sergeant-major); bis 17 cm. Kommt häufig in großen Schwärmen vor. Alle tropischen Meere. Foto: Thailand.

Philippinen-Riffbarsch, *Pomacentrus philippinus* (Philippine Damsel); bis 9 cm. Eine weitverbreitete und häufige Art. Thailand bis Fiji. Foto: Thailand.

Blauer Schwalbenschwanz, *Chromis atripectoralis* (Black axil Chromis); bis 10 cm. Der sehr ähnliche *Ch.viridis* hat keinen schwarzen Fleck an der Innenseite der Brustflossenbasis. Madagaskar bis Tahiti. Foto: Thailand.

Anemonenfische – Amphiprioninae

Unterfamilie Anemonenfische, Familie Riffbarsche, Ordnung Barschartige (Perciformes). 27 Arten. Länge 8–15 cm. Erkennungsmerkmale: Körper seitlich abgeflacht, relativ hoch, stumpfer Kopf und kleines endständiges Maul. Die Flossen sind abgerundet, der Körper mit Schuppen bedeckt. Viele Anemonenfische sind sehr kontrastreich gefärbt. Fast alle Arten zeichnen sich durch 1–3 weiße Querbinden aus. Anemonenfische können nur in Verbindung mit bestimmten großen Meeres-Anemonen leben. Jungfische verändern ihre Zeichnung und Farbe während ihrer Entwicklung.

Vorkommen: Tropische Meere; Rotes Meer bis Tahiti.

Lebensweise: Anemonenfische leben mit »ihrer« Anemone in Symbiose. Sie entfernen sich selten mehr als 2 m von der Anemone und können bei Gefahr zwischen den nesselnden Tentakeln Schutz suchen; andererseits schützen sie diese vor spezialisierten Freßfeinden, die sich von Tentakeln ernähren. Die kleinen Anemonenfische fürchten sich auch vor größeren Angreifern nicht und greifen sogar Taucher an, die der Anemone zu nahe kommen. Das Nesselgift kann ihnen nichts anhaben, da sie den Schleim der Anemone schon im »Kindesstadium« auf ihren Körper übertragen und bei späterer Berührung mit den Tentakeln eine »Immunität« besitzen. Die Anemone reagiert auf den Anemonenfisch so, als wenn sich die Tentakeln gegenseitig berühren. Kommt ein fremder Fisch mit den Tentakeln in Berührung, wird er festgehalten und hat keine Chance mehr, zu entkommen. Jede Anemonenfischart bevorzugt bestimmten Anemonen. Alle Jungtiere sind zunächst männlich und können bei Bedarf ihr Geschlecht umwandeln. In jeder Anemone herrscht eine strenge Rangordnung. Der größte Anemonenfisch ist immer ein dominierendes Weibchen und der zweitgrößte ein Männchen. Alle anderen sind kleiner und werden von den Erwachsenen am Wachstum gehindert. Dieser Vorgang ist noch nicht eindeutig erforscht. Man könnte von einer »sozialen Unterdrückung« sprechen. Stirbt das Weibchen, verwandelt sich innerhalb einer Woche das ranghöchste Männchen zum Weibchen und das »zweitgrößte« Männchen wächst schnell nach.

Nahrung: Plankton und kleine Krebse.

Fortpflanzung: Anemonenfische heften ihre Eier nahe am Anemonenfuß auf eine feste Unterlage; die Eier werden vom Männchen bewacht. Nach etwa 1 Woche schlüpfen die Larven und treiben mit der Strömung als Plankton davon. Die Larven besiedeln nach 2–3 Wochen ein Riff und die Jungfische beginnen mit der Suche nach einer Anemone. Durch das kurze Larvenstadium sind viele Arten endemisch, d. h. sie kommen in einem begrenzten Gebiet vor.

Orangeringel-Anemonenfisch, *Amphiprion ocellaris* (Anemone Demoiselle); bis 10 cm. Indien bis Indonesien. Foto: Philippinen.

Glühkohlen-Anemonenfisch, *Amphiprion ephippium* (Saddle Anemonefish); bis 12 cm. Jungtiere haben eine weiße Nackenbinde. Thailand bis Java. Foto: Thailand. ▶

Clarks Anemonenfisch, *Amphiprion clarkii* (Clark's Anemonefish); bis 12 cm. Persischer Golf bis Fiji. Foto: Malediven. ▶▶

Rotmeer-Anemonenfisch, *Amphiprion bicinctus* (Two-banded Anemonefish); bis 10 cm. Rotes Meer und Golf von Aden. Foto: Ägypten. ▶

Malediven-Anemonenfisch, *Amphiprion nigripes* (Black-finned Anemonefish); bis 11 cm. Malediven, Sri Lanka und Lakkadiven. Foto: Malediven. ▶▶

Lippfische – Labridae

Familie Lippfische, Ordnung Barschartige (Perciformes). Nach groben Schätzungen etwa 500 Arten. Ihre Größen variieren sehr stark, die kleinsten werden nur 4 cm lang, während die größten bis über 2 m erreichen können. Die meisten Arten werden bis 25 cm lang.

Erkennungsmerkmale: Die Körperformen der Lippfische sind so unterschiedlich wie ihre Größen. Die wenigen großen Arten haben einen hohen, seitlich abgeflachten Körper, während die kleinen eher schlank und länglich sind. Alle besitzen eine durchgehende Rückenflosse und Schuppen. Weibchen und Männchen sind unterschiedlich gefärbt und gemustert; männliche Lippfische sind meist brillianter und auffälliger. Jungtiere durchlaufen während ihrer Entwicklung eine Reihe von Farbvarianten, was das Bestimmen der Arten sehr erschwert. Bis heute sind noch nicht alle Jungtiere eindeutig bestimmt. Viele Arten wechseln zudem ihre Färbung während der Laichzeit. Es ist sogar möglich, daß bei einer Art und gleichem Geschlecht 2 voneinander abweichende Farbvarianten auftreten (z.B. bei *Epibulus insidiator*).

Auch die Körperform kann zwischen den Geschlechtern variieren. Die vielen kleinen Lippfischarten haben meist einen kleinen Kopf und ein klein wirkendes, endständiges Maul, das oft ausstülpbar ist (siehe Grafik) oder relativ weit geöffnet werden kann. Sie besitzen ein stark entwickeltes Gebiß mit Reiß- und Mahlzähnen. Große Arten sind gedrungen mit großem Kopf und dicken Lippen (Name). Alte Tiere, bekommen manchmal einen vorstehenden Stirnwulst, z.B. der Napoleonfisch.

Napoleonfisch, *Cheilinus undulatus* (Napoleonfish); bis 230 cm. Im Roten Meer sehr zutraulich. Rotes Meer bis Tahiti. Foto: Ägypten.

Gebänderter-Lippfisch, *Cheilinus fasciatus* (Red-breasted Wrasse); bis 30 cm. Rotes Meer bis Samoa. Foto: Malediven.

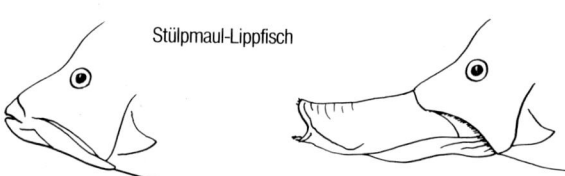

Stülpmaul-Lippfisch

Lippfische – und auch ihre nächsten Verwandten, die Papageifische – sind gut an ihrer wippenden Schwimmweise zu erkennen: Sie schwimmen mit kräftigen Brustflossenschlägen, wodurch eine leichte Hoch-Tief-Bewegung entsteht, die für diese Gruppen typisch ist.

Vorkommen: Weltweit in tropischen, subtropischen und gemäßigten Meeren.

Lebensweise: Lippfische sind tagaktive Tiere, die nachts schlafen. Viele Arten graben sich im Sand ein oder verstecken sich zwischen Steinen, andere schlafen in Spalten

166

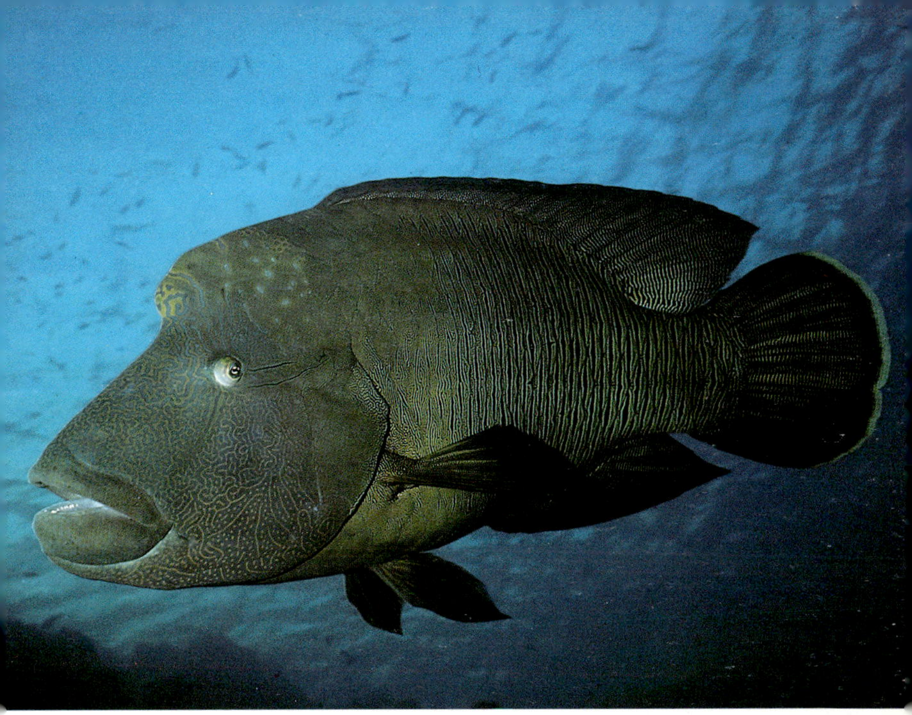

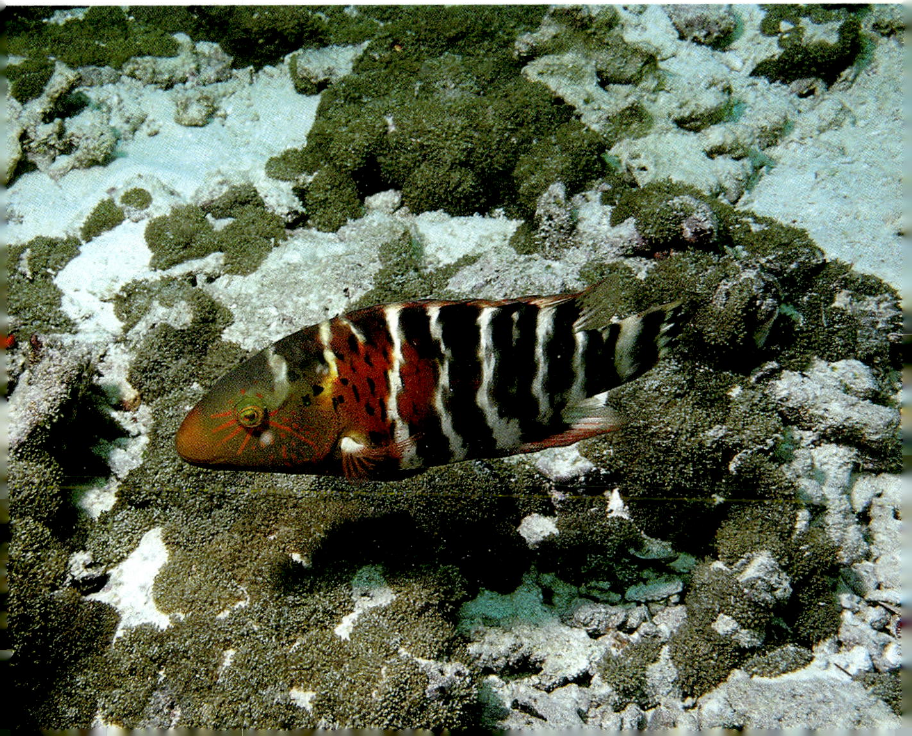

Lippfische (Fortsetzung)

oder Höhlen. Kleine Lippfische sind flinke und wendige Schwimmer, die dauernd in Bewegung sind, während größere ruhig und gelassen ihre Bahnen ziehen. In der Familie der Lippfische sind viele Putzerfische zu finden (siehe auch Seite 28, Symbiose). Die kleinsten Arten der Gattung *Labroides* kann man häufig in tropischen Meeren bei dieser Tätigkeit beobachten. Sie leben ortsgebunden in einem kleinen Revier, in dem sich die unterschiedlichsten Fischarten einfinden und eine »Körperpflege« über sich ergehen lassen. Die Putzerfische suchen nicht nur die Körperoberfläche, sondern auch die Mundhöhle und Kiemen nach Schmarotzern ab, von denen sie sich ernähren. Großfische wie Haie und Mantas werden aber auch von größeren Lippfischarten geputzt.

Lippfische können ihr Geschlecht umwandeln. Wenn die Fische geschlechtsreif werden, beginnt die sogenannte Anfangsphase, in der sie weiblich und nicht so intensiv gefärbt sind. Später reifen sie dann in der sogenannten Endphase zu prächtig gefärbten Männchen heran. Die Jungtiere ähneln häufig den Weibchen. Diese verwirrenden Farbveränderungen während der Geschlechtsumwandlung haben dazu geführt, daß man früher viele Altersstadien als eigene Arten beschrieb.

Nahrung: Vorwiegend Fische und Niedere Tiere. Manche Arten ernähren sich von Polypen oder Plankton, während Putzerfische die Parasiten anderer Fische fressen.

Fortpflanzung: Lippfische laichen meist im Freiwasser über den Riffen, wobei ein ausgedehntes Balzverhalten mit verschiedenen »Tanzformen« beobachtet werden kann. Jüngere Tiere bilden dazu große Gruppen, ältere laichen paarweise. Manche Arten bauen Nester, über die das Männchen nach der Eiablage viele Male schwimmt und die Eier befruchtet. Das Gelege wird auch von den Männchen bewacht.

Gestreifter-Lippfisch, *Hemigymnus fasciatus* (Barred Thicklip Wrasse); bis 50 cm. Bei dieser Farbvariante könnte es sich allerdings auch um eine noch nicht beschriebene Art handeln. Rotes Meer bis Tahiti. Foto: Malediven.

Stülpmaul-Lippfisch, ▶ *Epibulus insidiator* (Sling-jaw); bis 35 cm. Diese Art kann das Maul weit ausstülpen (siehe Grafik Seite 166). Rotes Meer bis Hawai, Tahiti. Foto: Ägypten.

Blaustreifen-Putzerfisch, *Labroides dimidiatus* (Bluestreak Cleaner Wrasse); bis 10 cm. Der bekannteste Putzerfisch. Oft 2–5 Tiere an einer Putzerstation. Rotes Meer bis Tahiti. Foto: Malediven. ▶ ▶

Dianas Lippfisch, *Bodianus diana* (Diana's Hogfish); bis 25 cm. Jungtiere sehen völlig anders aus: braun mit weißen Punkten. Rotes Meer bis Samoa. Foto: Malediven.

Lippfische – Labridae

1. Zweifarben Lippfisch, *Thalassoma amblycephalum* (Two-tone Wrasse); 14 cm. Jungtiere und Weibchen haben einen schwarzen Seitenstreifen. Lebensweise: Aktive und schnelle Schwimmer. Männchen haben einen Harem mit mehreren Weibchen. Bewohnt Lagunenriffe und Außenriffe bis 20 m Tiefe. Im Flachwasser sieht man häufig große Ansammlungen von Weibchen. Ernähren sich vorwiegend von Zooplankton aus Krebstieren. Malediven bis Tahiti.

2. Rotwangen-Lippfisch, *Thalassoma genivittatum* (Red-cheek Wrasse); 20 cm. Diese seltene Art kommt nur auf Mauritius und an der Natalküste vor.

3. Sattel-Lippfisch, *Thalassoma duperrey* (Saddle Wrasse); 25 cm. Weibchen ähnlich gefärbt, nur nicht so intensiv. Lebensweise: Sehr häufig auf Innenriffen und Außenriffen von der Brandungszone bis 23 m Tiefe. Manchmal als Putzerfische beobachtet. Endemisch um Hawai und Johnston-Inseln.

4. Goldstreifen-Lippfisch, *Thalassoma hebraicum* (Gold-bar Wrasse); 23 cm. Weibchen haben blassere Farben. Lebensweise: Männchen gewöhnlich einzeln, Weibchen in kleinen Gruppen. Bewohnen geschützte Innenriffe bis zu einer Tiefe von 18 m. Ostafrika bis Malediven.

5. Zitronen-Junker, *Thalassoma lutescens* (Sunset Wrasse); 30 cm. Jungfische gelb, mit schwarzen Augenflecken in der Rückenflosse. Lebensweise: Bewohnt klare Lagunen und Außenriffe bis 30 m Tiefe, aber auch offene Sand- und Geröllflächen sowie dichte Korallengärten. Ernährt sich von kleinen benthischen Wirbellosen. Sri Lanka bis Panama.

6. Mondsichel-Junker, *Thalassoma lunare* (Crescent-tail Wrasse); 25 cm. Leuchtend blaugrün, mit einem gelb-roten Schwanz. Lebensweise: Bevorzugt Lagunen und Küstenriffe bis 20 m Tiefe, gewöhnlich im oberen Bereich von Überhängen und Korallenköpfen. Ernährt sich vorwiegend von kleinen bodenlebenden Wirbellosen. Rotes Meer bis Line-Inseln.

7. Jansens Junker, *Thalassoma janseni* (Jansen's Wrasse); 20 cm. Schwarz-gelbes Grundmuster variiert nur wenig während des Wachstums. Lebensweise: Geschützte Lagunenriffe und exponierte Außenriffe mit mäßigem Korallenwachstum bis zu einer Tiefe von 15 m. Normalerweise einzeln. Malediven bis Fiji.

8. Sechsstreifen-Junker, *Thalassoma hardwickii* (Six-bar Wrasse); 20 cm. Weibchen weniger stark gefärbt. Lebensweise: Diese häufige Art bewohnt flache Lagunen und Außenriffe bis 15 m Tiefe mit klarem Wasser. Nahrung: Krebsplankton, kleine Fische und Foraminiferen. Ostafrika bis Tuamotus.

9. Brandungs-Junker, *Thalassoma purpureum* (Surge Wrasse); 43 cm. Weibchen hat braune Streifen auf hellem Untergrund. Lebensweise: Lebt bevorzugt in Brandungszonen der Riffplatte, Riffkante und felsigen Küsten. Ernährt sich von Fischen und bodenlebenden Wirbellosen. Rotes Meer bis Osterinseln.

10. Weihnachts-Junker, *Thalassoma trilobatum* (Ladder Wrasse); 29 cm. Weibchen ähnlich wie *T. purpureum*, aber waagerechte Linien hinterm Auge. Lebensweise: Einzeln auf der Riffplatte, Riffkante und an Felsküsten. Bevorzugt Brandungszonen. Ernährung wie obige Art. Ostafrika bis Pitcairn-Inseln.

11. Rotstreifen-Junker, *Thalassoma quinquevittatum* (Five- stripe Wraase); 16 cm. Ähnlich *T. klunzingeri*, welcher nur im Rotem Meer vorkommt. Lebensweise: Häufig in Riffkanälen, Lagunen und Außenriffen bis 18 m Tiefe. Ostafrika bis Hawai.

12. Schwarzschwanz-Junker, *Thalassoma ballieui* (Black-tail Wrasse); 39 cm. Weibchen nur heller gefärbt. Lebensweise: Häufig in klaren Lagunen und Außenriffen von Felsküsten mit wenig Korallenwachstum. Nur um Hawai und Johnston-Inseln.

Papageifische – Scaridae

Familie Papageifische, Ordnung Barschartige (Perciformes). Sie sind stammesgeschichtlich aus der Familie der Lippfische hervorgegangen. Etwa 80 Arten. Größe von 20 bis 120 cm.

<u>Erkennungsmerkmale:</u> Kräftiger Körper mit sehr großen, oft auffällig gefärbten Schuppen. Ihr Kopf ist abgerundet, mit endständigem Maul, das mit einem extrem kräftigen schnabelartigen Gebiß versehen ist. Die Zähne der Arten oder Gattungen sind in ihrem Aufbau sehr unterschiedlich. Bei einigen sind sie im Laufe der Entwicklung zu Zahnplatten verschmolzen, während bei anderen noch einzelne Zähne – teilweise viele winzige – zu sehen sind, die ganz dicht in Reihen stehen und nur an der Basis zu Platten verwachsen sind. Wenige Arten besitzen nach hinten gebogene Eckzähne, die wahrscheinlich als Verteidigungswaffen dienen. Die Schlund- oder Mahlzähne sind ebenfalls miteinander verschmolzen. Mit diesem kräftigen Gebiß können lebende oder tote Korallenstücke abgebissen und zermahlen werden. Dabei schleifen sich die Zähne schnell ab, wachsen aber genauso schnell nach. In Gefangenschaft gehaltene Papageifische können ihre Zähne nicht abschleifen, sie wachsen aber so schnell wie unter natürlichen Bedingungen weiter, bis die Fische ihren Unterkiefer nicht mehr bewegen können. Sie können dann keine Nahrung mehr aufnehmen. Alle Papageifische haben eine lange, durchgehende Rückenflosse. Die Schwanzflossenformen variieren sehr stark. Papageifische schwimmen – genau wie die Lippfische – mit den Brustflossen und sind leicht an ihrer wippenden Schwimmweise zu erkennen. Der Schwanz dient nur als Ruder. Der Name »Papageifisch« kommt nicht nur von ihrem schnabelartigen Gebiß, sondern auch von den vielen Farbvarianten in Blau, Grün, Rot, Gelb, aber auch düstere Farben, Braun, Grau bis fast Schwarz kommen vor. Pastelltöne sind ebenfalls häufig, und bei mehrfarbigen Tieren fließen die Farben aquarellartig ineinander über. Männchen, Weibchen und Jungtiere einer Art sind fast immer unterschiedlich gefärbt (s. Fotoserie rechts). Viele Jungtiere sind dunkel und haben helle Längsstreifen. Das auffälligste Jungtier hat der Zweifarben-Papageifisch, *Cetoscarus bicolor*, in der Grundfarbe Weiß, mit einer orangenen Querbinde über dem Auge. Je nach Alter wird das leuchtende Orange erst ocker, dann bräunlich, bis hin zur grauen Färbung des Weibchens.

<u>Vorkommen:</u> Tropische und subtropische Meere in nicht zu tiefen Riffgebieten.

<u>Lebensweise:</u> Papageifische sind tagaktive Fische, die nachts tief schlafen. Einige Arten suchen sich Spalten oder Höhlen, in denen sie sich mit ihren kräftigen Flossenstrah-

Masken-Papageifisch,
Cetoscarus bicolor
(Bicolor Parrotfish); bis 75 cm. Oben: Männchen, unten links: Weibchen, unten rechts: Jungtier. Die extreme Veränderung der Färbung bei Papageifischen wird hier besonders deutlich. Auf den Malediven und in Ägypten ist diese Art wenig scheu. Rotes Meer bis Tahiti.
Fotos: Ägypten, Malediven und Thailand.

Masken-Papageifisch, ▶
links Weibchen, rechts ▶ ▶
Jungtier (siehe auch Foto oben).
Fotos: Malediven und Thailand.

Papapeifische (Fortsetzung)

len festklemmen; andere umgeben sich mit einer Schleimhülle, die das Tier wie ein Kokon umhüllt. Diese Hülle gewährt ihnen Schutz vor den nächtlich jagenden Muränen, die mit ihrem gut entwickelten Geruchsorgan auch unverletzte Beutetiere riechen können. Durch die Schleimhülle nehmen Muränen die Papageifische nicht wahr. Wird die Schleimhülle durch einen Angreifer durchbrochen, erwacht der schlafende Papageifisch und kann fliehen.

Am Tag kann man Papageifische gut beobachten, wenn sie einzeln oder in Gruppen unentwegt auf Nahrungssuche sind. Sie schaben hörbar die Korallen ab, zerbeißen Korallenstücke und zermahlen sie zu einem Brei. In ihrer Nahrung befinden sich relativ wenig Nährstoffe, aber viel zerriebenes Korallengestein, das häufig in einer Sandwolke ausgeschieden wird. Ein Großteil des Sandes, der an tropischen Stränden vorkommt, ist von Papageifischen produziert worden.

Papageifische machen während ihrer Entwicklung eine ganze Reihe von Farbwechseln durch, die vom Alter und Geschlecht abhängen. Jungtiere sind immer weiblich, wenn sie geschlechtsreif werden; sie befinden sich jetzt in der Anfangsphase. Entweder bleiben sie Weibchen oder verwandeln sich zu Männchen. In der Endphase gibt es nur männliche Tiere, sogenannte Supermännchen. Diese sind größer und farbenprächtiger als Männchen der Anfangsphase. Während der verschiedenen Entwicklungsphasen sind Papageifische schwer zu bestimmen. Sie kommen sowohl einzeln als auch in Gruppen vor. Jungtiere leben meist einzeln, während halbwüchsige oft in großen Schwärmen durch die Riffe ziehen. Erwachsene Tiere sind einzeln oder in kleinen Gruppen zu beobachten.

Nahrung: Je nach Art: Korallenpolypen, Algen oder Seegras.

Fortpflanzung: Viele Arten laichen in großen Schwärmen zu Beginn einer Mondphase ab. Diese Schwärme bestehen aus Weibchen und Männchen der Anfangsphase. Die Weibchen der »Supermännchen« scheinen immer paarweise abzulaichen.

Vorsicht! Papageifische können mühelos einen Finger samt Knochen durchbeißen. In ihrer natürlichen Umgebung sind sie völlig ungefährlich. Bei älteren Tieren sollen Fälle von Ciguatera bekannt geworden sein, obwohl Papageifische nicht räuberisch leben.

Kugelkopf-Papageifisch, *Scarus sordidus* (Bullethead Parrotfish); bis 40 cm. Männchen. Weibchen haben 8 weiße Punkte auf der Seite oder einen schwarzen Fleck auf weißer Schwanzwurzel. Rotes Meer bis Hawai, Tahiti. Foto: Ägypten.

Rostnacken-Papageifisch, *Scarus ferrugineus* (Rusty Parrotfish); bis 41 cm. Weibchen. Männchen sind grünblau und haben einen deutlich rostfarbenen Nacken. Rotes Meer bis Golf von Aden. Foto: Ägypten.

Blauband-Papageifisch, *Scarus ghobban* (Blue-barred Orange Parrotfish); bis 66 cm. Weibchen. Männchen haben einen leicht gewölbten Nasenhöcker und sind grün-blau gefärbt. Rotes Meer bis östlicher Pazifik. Foto: Thailand.

Barrakudas – Sphyraenidae

Familie Barrakudas, Ordnung Barschartige (Perciformes). Etwa 20 Arten. Bis 1,80 m lang.

Erkennungsmerkmale: Langgestreckter, fast zylindrischer Körper, der mit kleinen Schuppen bedeckt ist. Kopf ebenfalls länglich, läuft spitz zu. Große Augen, riesiges Maul, das mit furchterregenden, dolchartigen Zähnen bestückt ist. Der Unterkiefer steht deutlich vor. Die gut entwickelte Schwanzflosse ist leicht gegabelt, die 2 Rückenflossen stehen weit auseinander. Alle Arten sind silberglänzend, können auch undeutlich dunkle Querbänder haben, die manchmal nur in der oberen Körperhälfte zu sehen sind. Jungtiere haben meist undeutliche dunkle oder auch gelbliche Längsstreifen.

Vorkommen: Weltweit in tropischen und subtropischen Meeren; oft in Buchten und Mündungsgebieten.

Lebensweise: Barrakudas sind sehr schnelle Raubfische, die als erwachsene Tiere Einzelgänger sind. Es gibt tagaktive und nachtaktive Arten; letztere und Jungtiere halten sich tagsüber inaktiv in großen Schwärmen auf. Barrakudas tarnen sich, indem sie sich schräg oder senkrecht zwischen Korallenäste stellen, die etwa ihre Größe haben. Viele Taucher berichten, daß sie Barrakudas nie kommen sehen, »sie sind plötzlich da«. Das liegt daran, daß sie von vorn gesehen kaum Kontraste zeigen und gut getarnt sind.

Nahrung: Jede Art von Fischen.

Großer Barrakuda, *Sphyraena barracuda* (Great Barracuda); bis 2 m. In manchen Gebieten sind sie mehr gefürchtet als Haie. Große Barrakudas drohen gelegentlich mit Scheinangriffen. Alle tropischen Meere. Foto: Thailand.

Vorsicht! Barrakudas werden in manchen Gebieten mehr als Haie gefürchtet. Ihre Zähne reißen Wunden, die nur schwer behandelt werden können. Betroffene Opfer sollen deshalb häufig verbluten. Angriffe sind wahrscheinlich auf optische Täuschungen in trübem Wasser zurückzuführen. Barrakudas reagieren auf glitzernde Objekte wie z.B. Fische, die harpuniert worden sind. Angriffe sind aber sehr selten. Es wurde beobachtet, daß die Tiere vor dem Angriff mit Beißbewegungen drohen. Dabei kann es sich um Territorialverhalten handeln. Drohgebärden sind auch von Haien bekannt. Wenn man dieses Verhalten kennt und sich zielstrebig aus dem Revier des Barrakudas entfernt, kann man wahrscheinlich einen Angriff verhindern. Barrakudas sind sehr neugierig und nähern sich Tauchern. In klarem Wasser braucht man vor ihnen keine Angst zu haben. Bei dem Verzehr von Barrakudas sind in manchen Gebieten Fälle von Ciguatera-Vergiftungen bekannt geworden. In manchen Teilen der Karibik dürfen deshalb keine Barrakudas verkauft werden. In der Regel sollte man keine Barrakudas über 1 m Länge essen.

Gelbschwanz-Barrakuda, *Sphyraena jello* (Yellowtail Barracuda); bis 75 cm. Jungfische leben in Schwärmen. Ostafrika bis Marquesa-Inseln. Foto: Thailand.

Schleimfische – Blenniidae

Familie Schleimfische, Ordnung Barschartige (Perciformes). 2 Unterfamilien: Salariinae, Kammzahn-Schleimfische (Foto oben) und Blenniinae, Säbelzahnschleimfische (Foto unten). Etwa 300 Arten. Bis 15 cm lang. Erkennungsmerkmale: Schlanker Körper mit kleinem Kopf. Kammzahn-Schleimfische besitzen einen stumpfen Kopf mit verschiedenen Anhängseln, ein endständiges Maul und meist große, hoch angeordnete Augen. Der Kopf der Säbelzahn-Schleimfische dagegen ist etwas spitzer und hat ein unterständiges Maul. Alle haben eine lang durchgehende Rückenflosse und eine relativ lange Afterflosse. Kammzahn-Schleimfische benutzen ihre Brust- und Bauchflossen zum Stützen und Halten. Sie besitzen weder eine Schwimmblase, noch Schuppen. Ihre Färbungen und Muster variieren stark, auch Männchen und Weibchen unterscheiden sich. Manche sind dem Untergrund gut angepaßt, während andere auffällig gefärbt und gemustert sind.

Vorkommen: Weltweit in tropischen und gemäßigten Meeren, in felsigen Küstenregionen und Korallenriffen.

Lebensweise: Die beiden Unterfamilien der Schleimfische unterscheiden sich in ihrer Lebensweise stark. Die Kammzahn-Schleimfische sind typische Bodenbewohner, die sich am Grund festhalten und nur sehr kurze Strecken schwimmen. Sie sind hauptsächlich Vegetarier, aber verschmähen auch kleinere Lebewesen nicht, die sich zwischen den Algen verstecken. Bei Gefahr ziehen sie sich rückwärts in ihre Wohnröhre zurück. Die Säbelzahn-Schleimfische sind schnelle und ausdauernde Schwimmer, die sich räuberisch ernähren. Der bekannteste unter ihnen ist der Falsche Putzerfisch, *Aspidontus taeniatus*, der die Putzer-Lippfische der Gattung *Labroides* in seiner Färbung nachahmt. Diese Nachahmung kommt in der Natur häufig vor und wird »Mimikry« genannt. Der Falsche Putzerfisch ähnelt nicht nur dem echten in der Färbung, sondern er immitiert auch sein Verhalten, um unbemerkt in die Nähe seiner Opfer zu gelangen. Den arglosen Fischen, die glauben »geputzt« zu werden, reißt er dann Haut- oder Flossenstücke mit den scharfen Zähnen heraus. Schleimfische leben ortsgebunden und bewohnen Löcher von Röhrenwürmern und anderen Tieren. Manche bauen auch eigene Höhlen. Männliche Tiere sind territorial.

Nahrung: Kammzahn-Schleimfische vorwiegend Algen. Säbelzahn-Schleimfische ernähren sich räuberisch.

Fortpflanzung: Schleimfische legen haftende Eier in Spalten, Höhlen, unter Steine oder in Muschelschalen, die meist vom Männchen bewacht werden, gelegentlich auch von beiden Elternteilen. Die meisten Arten haben ein kurzes Larvenstadium.

Ohrfleck-Blenny, *Cirripectes auritus* (Blackflap Blenny); bis 7 cm. Männchen. Typisches Merkmal ist der dunkle, gelb umrandete Fleck über dem Kiemendeckel. Ostafrika bis Philippinen. Foto: Thailand.

Blaustreifen-Säbelzahn-Schleimfisch, *Plagiotremus rhinorhynchus* (Bluestriped Blenny); bis 11 cm. Farbvariante. Die Jungtiere dieser Art und die blauen Arten dieser Familie ahmen den Blaustreifen-Putzerfisch (Foto Seite 169) nach. Rotes Meer bis Marquesa-Inseln. Foto: Thailand.

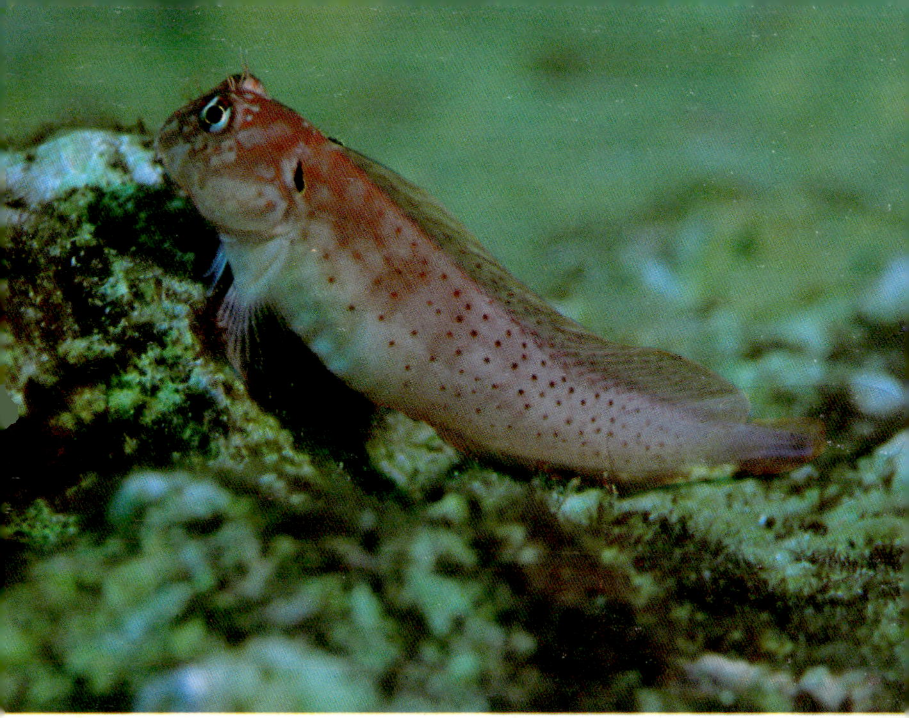

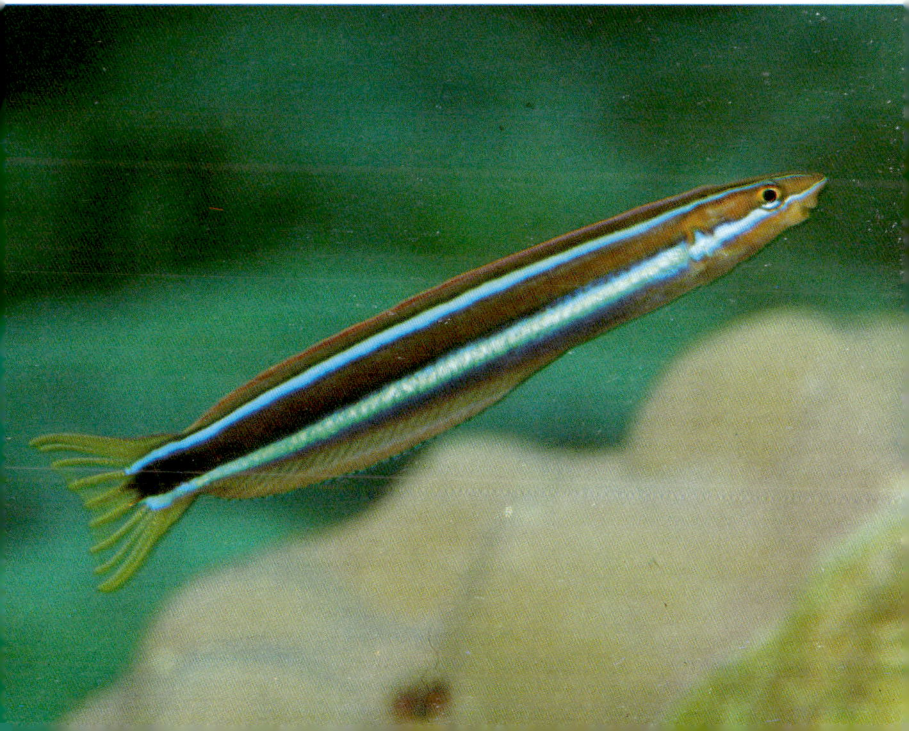

Schläfergrundeln – Ptereleotrinae

Unterfamilie Schläfergrundeln, Familie Wurmfische (Microdesmidae), Unterordnung Gobioidei, Ordnung Barschartige (Perciformes). 150–250 Arten (sehr unterschiedliche Angaben). Länge bis 12 cm.

Erkennungsmerkmale: Langgestreckter, schlanker Körper. Kleiner, stumpfer Kopf mit großen Augen und leicht vorstehendem Unterkiefer. Das schräg nach oben gerichtete Maul ist bei vielen Männchen größer als das der Weibchen. Die 1. Rückenflosse der Schwertgrundeln *Ptereleotris* hat 1–2 stark verlängerte Flossenstacheln, die mit einem Membransaum versehen sind und wie Flossenstrahlen aussehen. Die gut entwickelte 2. Rückenflosse und die Afterflosse sind etwa gleich in Größe und Form und verleihen den Fischen ein ganz typisches Profil. Einige Arten sind auffällig bunt gefärbt, während andere einfarbig – meist bläulich – sind. Während der Balz können die Männchen ihre Farbe verändern. Die Zebra-Schläfergrundel, *Ptereleotris zebra,* hat ein Querstreifenmuster in zartem rotviolett.

Vorkommen: Weit verbreitet im Indischen und Pazifischen Ozean, aber auch stellenweise in der Karibik; über Sand, Geröll oder Felsen.

Lebensweise: Manche Arten halten sich ruhend auf dem Grund flacher Riffe auf. Von dieser Verhaltensweise wurde der Name abgeleitet. Andere Arten sind aktive Schwimmer, die sich fast ausschließlich im Freiwasser aufhalten. Nachts und bei Gefahr suchen sie Schutz in ihrer Wohnhöhle. Am Tag schweben sie unweit von ihrem Unterschlupf bis etwa 1 m über dem Grund und schnappen nach vorbeitreibendem Plankton. Sie leben gewöhnlich paarweise, manchmal einzeln in Tiefen von 2–50 m. Jungtiere sind auch in Gruppen zu beobachten.

Über Sandboden lebende Arten graben sich bei Gefahr im Sand ein. Gelegentlich bauen sie sich auch Wohnröhren. Die Schwertgrundeln sind auch an ihrer ruckartigen Schwimmweise zu erkennen. Sie stehen reglos an einer Stelle, schnappen plötzlich nach erspähtem Plankton und bleiben dann wieder still stehen, bis sie den nächsten Happen entdecken. Auch bei Strömung bleiben sie am gleichen Fleck, ohne daß man eine auffällige Schwimmbewegung erkennen kann. Bei Annäherung eines Feindes verharren Schläfergrundeln in kurzer Entfernung vor ihrem Unterschlupf. Kommt der Feind zu nahe, stürzen sie sich kopfüber so schnell in ihr Versteck, daß man dies kaum mit den Augen verfolgen kann.

Nahrung: Zooplankton.

Fortpflanzung: Es ist wenig bekannt. Die untersuchten Arten zeigen ein starkes Territorialverhalten, wobei das Männchen das Weibchen nicht aus den Augen läßt, so daß es nie zu einem »Seitensprung« kommen kann.

Feuer-Schläfergrundel, *Nemateleotris magnifica* (Fire Dartfish); bis 6 cm. Leben in Bodenröhren und schweben bei der Futteraufnahme einen halben Meter über dem Grund. Ostafrika bis Tahiti. Foto: Thailand.

Schmuck-Schläfergrundel, *Nemateleotris decora* (Decorated Dartfish); bis 7 cm. Lebt in Tiefen zwischen 25 und 70 m. Mauritius bis Samoa. Foto: Thailand.

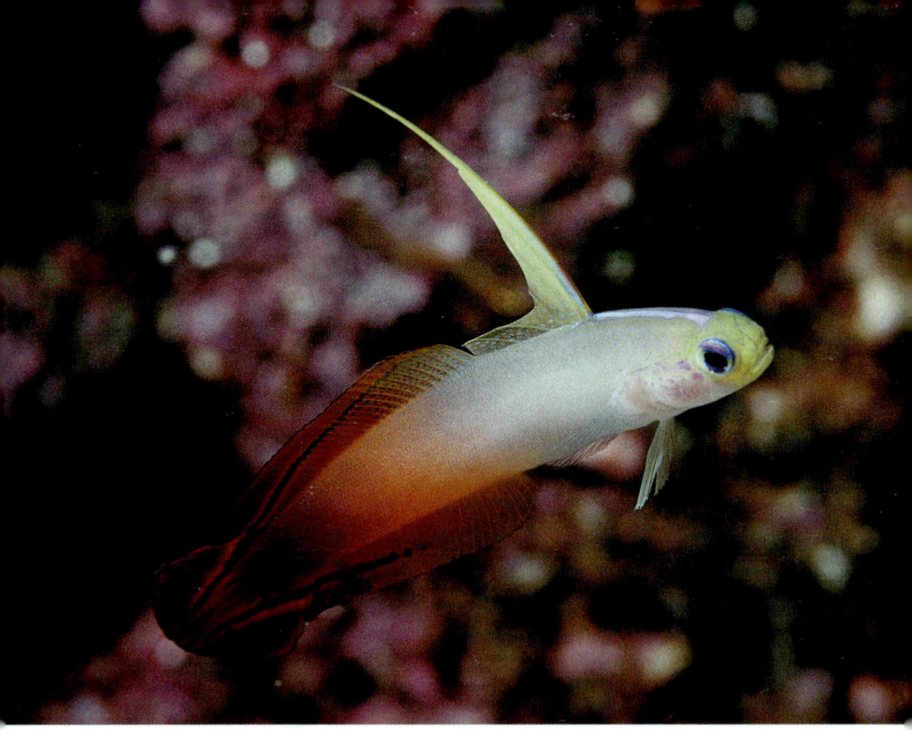
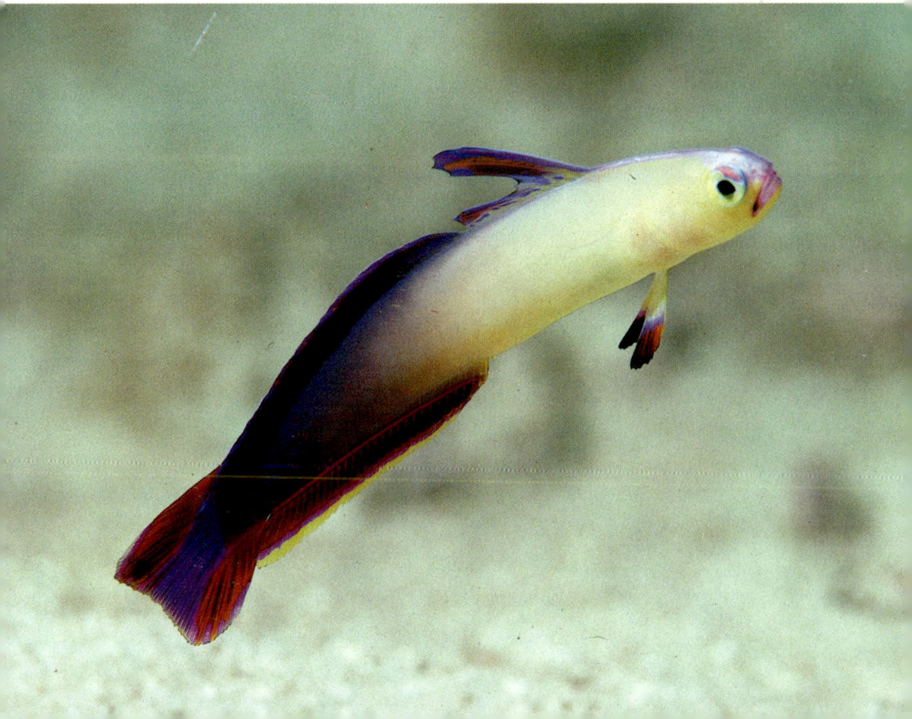

Grundeln – Gobiidae

Familie Grundeln, Unterordnung Gobioidei, Ordnung Barschartige (Perciformes). Etwa 1600 Arten. Meist 2–15 cm; nur sehr wenige werden über 30 cm lang. Erkennungsmerkmale:Länglicher oder gedrungener, leicht konisch zulaufender Körper; stumpfer Kopf mit relativ großem Maul. Eindeutiges Merkmal sind die verwachsenen Bauchflossen, die eine einzige tassenförmige Flosse bilden, mit der sich die Fische am Grund ansaugen können. Grundeln besitzen gewöhnlich zwei Rückenflossen und eine abgerundete Schwanzflosse. Mit den großen Brustflossen stützen sie sich auf dem Boden ab. Färbung und Zeichnung variiert sehr stark, doch sind die meisten Arten dem Untergrund gut angepaßt. Männchen sind meist auffällig gefärbt.

Vorkommen: Küstennahe Gebiete tropischer und gemäßigter Meere in nicht zu tiefem Wasser; auf Sand- und Schlammböden oder in Korallengebieten.

Lebensweise: Grundeln sind am Boden lebende »Lauerräuber«, die keine ausdauernden Schwimmer sind. Sie können aber kurze Strecken ralativ schnell schwimmen. In dieser großen Familie finden wir einige interessante Spezialisten mit unterschiedlichen Lebensgewohnheiten:

Die Planktonfresser unter ihnen haben eine Schwimmblase und jagen im oberflächennahen Wasser.

Eine andere Gruppe, die Wächtergrundeln, leben in Symbiose mit Pistolenkrebsen (Foto Seite 77). Die Krebse bewohnen Höhlen in Sand- oder Geröllgrund, die sie sich selbst graben. Sie haben ein sehr schlechtes Sehvermögen oder können blind sein. Die Grundeln übernehmen deshalb die Funktion eines Wächters (Name) und liegen vor dem Höhleneingang. Der Pistolenkrebs ist ständig beschäftigt, die Höhle von dem nachrieselnden Sand zu befreien. Manchmal schleppt er auch mit seinen Scheren einen großen Stein heraus oder er schiebt den Sand mit den Scheren vor sich her. Sobald er den Ausgang erreicht hat, berührt er mit seinen langen Fühlern die Schwanzflosse der Wächtergrundel, die ihm durch bestimmte Bewegungen signalisiert, ob »die Luft rein ist«. Bei einer drohenden Gefahr flüchtet zuerst der Krebs und dann die Grundel in die schützende Höhle. Die Gemeinschaft besteht immer aus zwei Krebsen und ein oder zwei Grundeln. Ohne die Wächtergrundel kann der Pistolenkrebs die Höhle niemals verlassen, sonst würde er sofort Raubfischen zum Opfer fallen.

Die kleinste Grundelart, *Pandaka pygmaea,* wird nur etwa 1 cm lang und ist damit das kleinste bekannte Wirbeltier.

Nahrung: Kleinfische, Niedere Tiere und Plankton.

Fortpflanzung: Die Männchen vieler Arten bauen während der Paarungszeit Nester in Höhlen oder unter Steinen und betreiben Brutpflege.

Goldstirn-Grundel, *Valenciannea strigatus* (Blue-streak Goby); bis 17 cm. Lebt in Röhren auf Sand oder Korallenschutt, meist paarweise. Ostafrika bis Tahiti. Foto: Thailand.

Pracht-Wächtergrundel, *Amblyeleotris wheeleri* (Gorgeous Dartfish); bis 7,5 cm. Lebt in Symbiose mit Pistolenkrebsen (siehe auch Foto Seite 77 unten rechts). Ostafrika bis Marschall-Inseln. Foto: Thailand.

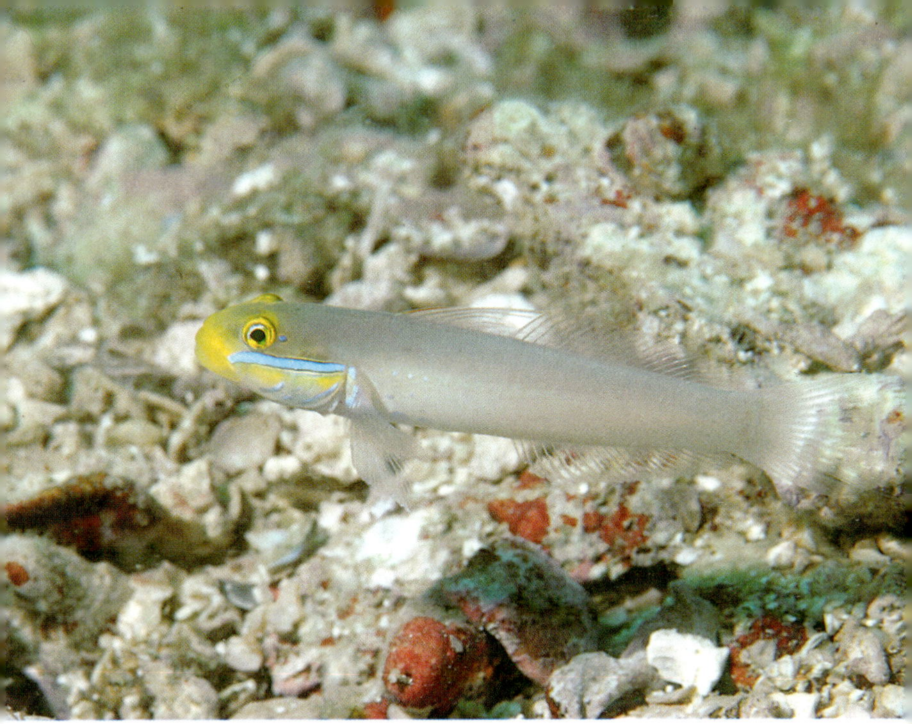

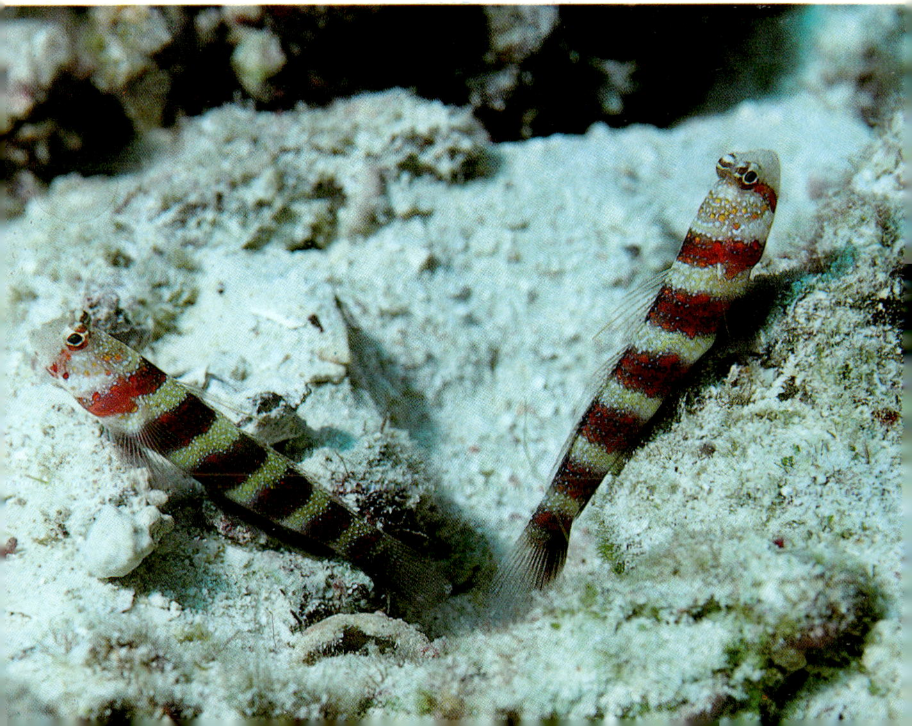

Doktorfische – Acanthuridae

Familie Doktorfische, Ordnung Barschartige (Perciformes). Etwa 50 Arten. 13–55 cm (Einhornfische größer).
Erkennungsmerkmale: Körper relativ hoch, seitlich abgeflacht; Kopf und Maul meist klein, Stirn stark abgerundet.
Typisches Merkmal ist ein auf jeder Seite der Schwanzwurzel befindlicher scharfer Knochenfortsatz. Diese Skalpelle liegen in Gruben versenkt und werden nur bei Aggression ausgestellt. Sie sind bei manchen Arten kräftig gefärbt. Doktorfische besitzen lang durchgehende große Rücken- und Afterflossen, die sich oft in ihrer Form gleichen. Die Schwanzflossen sind häufig sichelförmig. Alle Arten der Gattung *Zebrasama* haben sehr hohe Rücken- und Afterflossen; sie wurden früher Segelflosser genannt. Viele Doktorfische sind auffällig gefärbt und gemustert, andere können ihre Farbe bei der Balz oder in Aggression verändern. Die Farbe ist abhängig von der Stimmung der Fische. Einige Arten wechseln ihre Färbung während der Entwicklung so stark, daß man Jungfische früher für eine eigene Gattung *(Acronurus)* hielt. Alle Arten haben kleine, rauhe Schuppen.
Vorkommen: Weltweit in tropischen Meeren, in relativ flachem Wasser. Am häufigsten im Indopazifik.
Lebensweise: Doktorfische sind tagaktive Fische, die nachts im Riff versteckt schlafen. Sie sind langsame Schwimmer, da sie sich nur mit den Brustflossen vorwärtsbewegen. Durch diese Schwimmweise entsteht eine Hoch-Tief-Bewegung, die ihnen einen typischen Rhythmus verleiht. Sie sind hauptsächlich Vegetarier, die den ganzen Tag damit beschäftigt sind, Algen von Korallengestein oder Felsen abzuschaben. Teils leben sie einzeln, aber auch in kleinen oder größeren Ansammlungen, die aus mehreren hundert Tieren bestehen können. Ihre scharfen Skalpelle werden nur zur Verteidigung und bei Rivalitätskämpfen eingesetzt.
Nahrung: Vorwiegend Algen, aber auch kleine Bodentiere, wie Krebse, Moostierchen, Würmer, sowie Detritus (Schwebe- und Sinkstoffe).
Fortpflanzung: Während bestimmter Mondphasen im Winter und zeitigem Frühjahr laichen sie in Paaren oder Gruppen in der Abenddämmerung. Die Eier treiben mit der Strömung aufs offene Meer. Das Larvenstadium dauert sehr lange; sie siedeln sich erst an, wenn sie schon relativ groß sind.

Vorsicht! Die Skalpelle können tiefe, schmerzhafte Wunden verursachen, dienen aber nur der Verteidigung. Wer nicht versucht, die Tiere zu fangen, hat nichts zu befürchten. Das gilt auch für die Einhornfische.

Paletten-Doktorfisch, *Paracanthus hepatus* (Palette Surgeon); bis 25 cm. Jungtiere halten sich bevorzugt in *Acropora*-Korallen auf. Ostafrika bis Samoa. Foto: Thailand.

Weißkehl-Doktorfisch, *Acanthurus leucosternum* (Whitebreasted Surgeon); bis 30 cm. Treten oft in großen Schwärmen auf dem Riffplateau auf. Indischer Ozean. Foto: Thailand.

Goldring-Doktorfisch, *Ctenochaetus strigosus* (Goldring Surgeonfish); bis 16 cm. Jungfisch, der sich später beige und dann braun färbt. Ostafrika bis Hawai. Foto: Thailand.

Gestreifter Doktorfisch. *Acanthurus lineatus* (Bluebanded Surgeonfish); bis 30 cm. Im Roten Meer lebt der ähnliche Rotmeer-Doktorfisch *A. sohal*. Ostafrika bis Hawai. Foto: Thailand.

Einhornfische – Nasinae

Unterfamilie Einhornfische, Familie Doktorfische, Ordnung Barschartige. Etwa 15 Arten. Bis 1 m lang.
Erkennungsmerkmale: Einhornfische sind größer als ihre nächsten Verwandten, die Doktorfische. Ein paar Angehörige dieser Unterfamilie haben auf der Stirn zwischen den Augen einen langen nach vorn gerichteten Knochenzapfen (»Horn«), der langsam während ihrer Entwicklung wächst, bei *Naso unicornus* haben nur Männchen das Horn. Andere besitzen nur eine runde Stirnwulst. Einhornfische tragen auf jeder Seite 2 »Skalpelle« (siehe Grafik), die aber nicht eingeklappt werden können. Sie wachsen erst, wenn die Fische geschlechtsreif werden. Viele Arten sind unauffällig gefärbt, können aber abhängig von der Stimmung ihre Farbe verändern.
Vorkommen: Rotes Meer bis zum Ostpazifik.
Lebensweise: Einhornfische sind tagaktiv; nachts ruhen sie in Verstecken. Man trifft sie einzeln oder in unterschiedlich großen Schwärmen an Riffhängen.
Nahrung: Zooplankton, einige Braunalgen.
Fortpflanzung: Während der Balz nehmen die Männchen auffällige Farbmuster an. Das Larvenstadium dauert sehr lange.

Halfterfische – Zanclidae

Familie Halfterfische, Ordnung Barschartige (Perciformes). Nur eine Art. Bis 18 cm lang.
Erkennungsmerkmale: Ihr Körperbau ist den Wimpelfischen der Familie Falterfische ähnlich (s. Seite 156). Halfterfische sind an ihrem schwarzen Schwanz eindeutig von ihnen zu unterscheiden. Sie sind mit den Doktorfischen nahe verwandt, haben aber keine Skalpelle. Die eigenartige Zeichnung des Gesichts brachte ihnen den Namen ein. Die Augen sind weit oben gelegen. Der 3. Rückenflossenstachel ist mit einem peitschenartigen Filament extrem verlängert und ragt etwa 10 cm über den Schwanz hinaus. Die erwachsenen Tiere bekommen zwischen den Augen kleine, gekrümmte Hörner.
Vorkommen: Rotes Meer bis Tahiti und Hawaii.
Lebensweise: Halfterfische sind Brustflossenschwimmer und deshalb nicht schnell. Sie sind tagaktiv und leben paarweise oder in Gruppen.
Nahrung: Allesfresser, aber vorwiegend Schwämme.
Fortpflanzung: Sie laichen nachts oder in der Morgendämmerung. Nach etwa 30 Stunden. schlüpfen schon die Larven. Das pelagische Larvenstadium dauert relativ lang. Sie besiedeln die Riffe ab einer Größe von 6–7 cm.

Buckel-Nashornfisch, *Naso brachycentron* (Humpback Unicornfish); bis 60 cm. Einzelgänger, der geschütze Riffe bevorzugt. Ostafrika bis Westpazifik. Foto: Malediven.

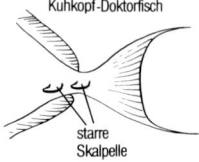

Kuhkopf-Doktorfisch

starre Skalpelle

Kuhkopf-Doktorfisch, *Naso lituratus* (Orangespine Unicornfish); bis 40 cm. Nachtaufnahme. Im Pazifik zeigt diese Art eine weiße Rückenflosse. Rotes Meer bis Ostpazifik. Foto: Malediven.

Halfterfisch, *Zanclus cornutus* (Moorish Idol); 16 cm. Meist in kleinen Gruppen zu beobachten. Ostafrika bis östlicher Pazifik. Foto: Malediven.

Kaninchenfische – Siganidae

Familie Kaninchenfische, Ordnung Barschartige (Perciformes). 27 Arten. Bis 40 cm lang. Sie sind mit den Doktorfischen verwandt.

Erkennungsmerkmale: Körper seitlich abgeflacht, hoch und länglich. Kleiner Kopf mit großen Augen. Das »Mümmelmaul« mit den verdickten Lippen soll ihnen den Namen gegeben haben. Ihre durchgehende Rückenflosse ist mit 13 Stacheln bestückt, die in einem giftigen Gewebe eingebettet sind. Der erste Stachel ist klein und nach vorn gerichtet. Auch die Bauch- und Afterflossen sind mit giftigen Stacheln ausgerüstet. Kaninchenfische sind unterschiedlich gefärbt. Kleine Flecken- und Linienmuster sind über dem ganzen Körper verteilt und erinnern an Ornamente. *Siganus vulpinus* und *magnifica* haben kontrastreiche, breite Streifen am Kopf, die einen Vergleich zum Dachs aufkommen lassen. Nachts nehmen Kaninchenfische eine diffuse Färbung an. Auch in Streßsituationen verändern sie ihre Farbe sehr schnell. Die Schuppen sind klein und länglich. In manchen Gebieten als Speisefische sehr geschätzt.

Vorkommen: Rotes Meer, Indischer Ozean bis zum Pazifik. (*Siganus rivulatus* ist durch den Suezkanal ins Mittelmeer eingewandert.) Meist in Korallenriffen in nicht zu tiefem Wasser.

Lebensweise: Kaninchenfische sind tagaktive Tiere, die den ganzen Tag damit beschäftigt sind, den Bewuchs von festem Untergrund abzuweiden. Sie sind sehr gefräßig und leben paarweise oder in Gruppen. In der Dämmerung nehmen sie eine gestaltauflösende, kontrastarme Färbung an und legen sich bewegungslos auf den Boden. So sind sie vor Freßfeinden, die meist in der Dämmerung auf Jagd gehen, relativ sicher.

Nahrung: Algen, Seegras, Manteltiere, Schwämme.

Fortpflanzung: Sie laichen in Paaren oder Gruppen während bestimmter Mondphasen im Frühjahr, meist nachts oder am frühen Morgen. Bei Ebbe werden die Eier ins Freiwasser hinausgetrieben.

Dachsgesicht, *Siganus magnifica* (Magnificent Rabbitfish); bis 25 cm. Lebt paarweise in flachen Riffen. Bisher nur aus der Andaman-See bekannt. Foto: Thailand.

Gelber Kaninchenfisch, *Siganus corallinus* (Coral Rabbitfish); bis 28 cm. Grasen in flachen Riffen Algenteppiche ab; meist paarweise. Seychellen bis Neuguinea. Foto: Thailand.

Vorsicht! Fast alle Flossen sind mit giftigen Stacheln ausgerüstet, die sehr schmerzhafte Wunden verursachen können. Die Verletzungen sind aber nicht gefährlich. Diese Waffen werden nur zur Verteidigung eingesetzt; die harmlosen Fische sind meist scheu. Kaninchenfische sind in tropischen Ländern begehrte Speisefische, die auf allen Fischmärkten angeboten werden. Es sollen in manchen Gebieten gelegentlich Fälle von Ciguatera-Vergiftungen auftreten. In diesen Gebieten werden sie als Speisefische gemieden.

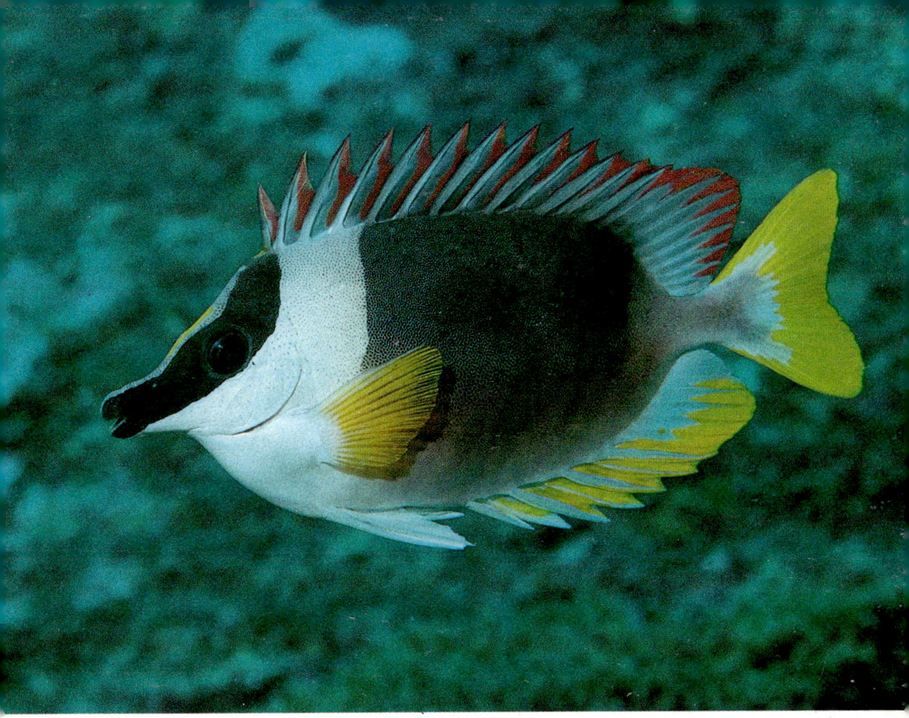

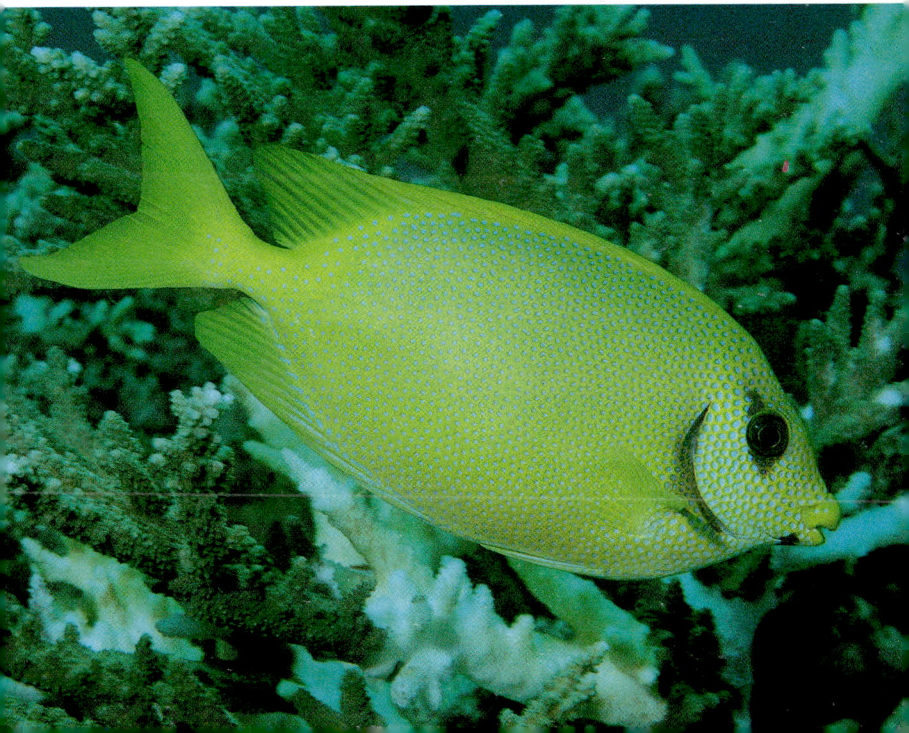

Thunfische – Scombridae

Familie Thunfische, Unterordnung Scombroidei, Ordnung Barschartige (Perciformes). 48 Arten. 35–230 cm.

Erkennungsmerkmale: Körper spindelförmig, mit dünnem Schwanzstiel, Querschnitt rundlich; Kopf mit endständigem, mittelgroßem Maul und großen Augen; Rückenflossen deutlich getrennt. Die 2. Rückenflosse und Afterflosse gleichen sich in Form und Größe. Hinter diesen ziehen sich oben und unten eine Reihe von kleinen Flossen bis zum Schwanzstiel, meist 5–10 Paar (siehe Grafik). Der Schwanzstiel wird durch kräftige Seitenkiele verstärkt. Thunfische sind silbrig gefärbt, der Rücken ist dunkler.

Vorkommen: Weltweit in tropischen und gemäßigten Meeren; manche dringen auch in kältere Meere vor.

Lebensweise: Thunfische gehören zu den schnellsten Schwimmern und legen sehr große Strecken zurück. Sie können ihre Körpertemperatur mehrere Grade über der des umgebenden Wassers halten. Diese »Warmblütigkeit« bringt eine große Ausdauer mit sich. Sie sind tag- und nachtaktiv und schlafen nie. Sie kommen sowohl einzeln als auch in großen Schwärmen vor. Die Bestände sind in den letzten Jahren durch 50 km lange, treibende Stellnetze stark zurückgegangen.

Nahrung: Tintenfische, Schalentiere und Fische.

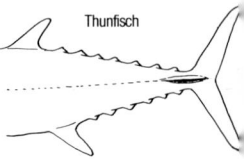

Thunfisch

Sandbarsche – Pinguipedidae

Familie Sandbarsche, Ordnung Barschartige (Perciformes). Wenig Arten. Etwa 15 cm lang.

Erkennungsmerkmale: Fast zylindrischer, langgestreckter Körper und kleiner, konisch zulaufender Kopf mit endständigem Maul. Sie besitzen deutlich hervorstehende Augen. Die Grundfarben sind beige oder sandfarben. Ein Fleckenmuster erstreckt sich vom Kopf bis zum Schwanz über den gesamten Körper. Die Anzahl der Flecken ist ein wichtiges Bestimmungsmerkmal. Männliche und weibliche Tiere haben unterschiedliche Muster.

Vorkommen: Tropische Meere; auf Sand- und Geröllgrund.

Lebensweise: Sandbarsche sind Lauerräuber, die regungslos am Boden liegen. Der Kopf ist immer etwas vom Boden abgehoben, da sie sich auf ihre Bauchflossen stellen. Männliche Tiere sind territorial und haben einen kleinen Harem. Alle Jungtiere sind weiblich und können sich später in Männchen umwandeln.

Nahrung: Kleine Fische und Wirbellose.

Fortpflanzung: Die Eier werden vor Sonnenuntergang in das Freiwasser abgegeben und treiben ins offene Meer hinaus. Das Larvenstadium dauert 1–2 Monate.

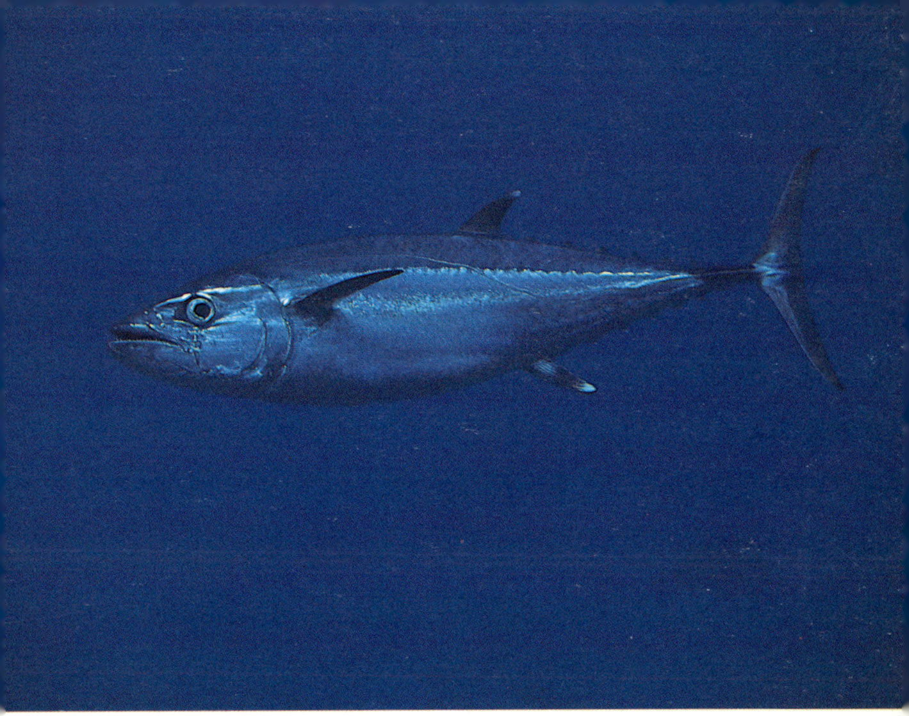
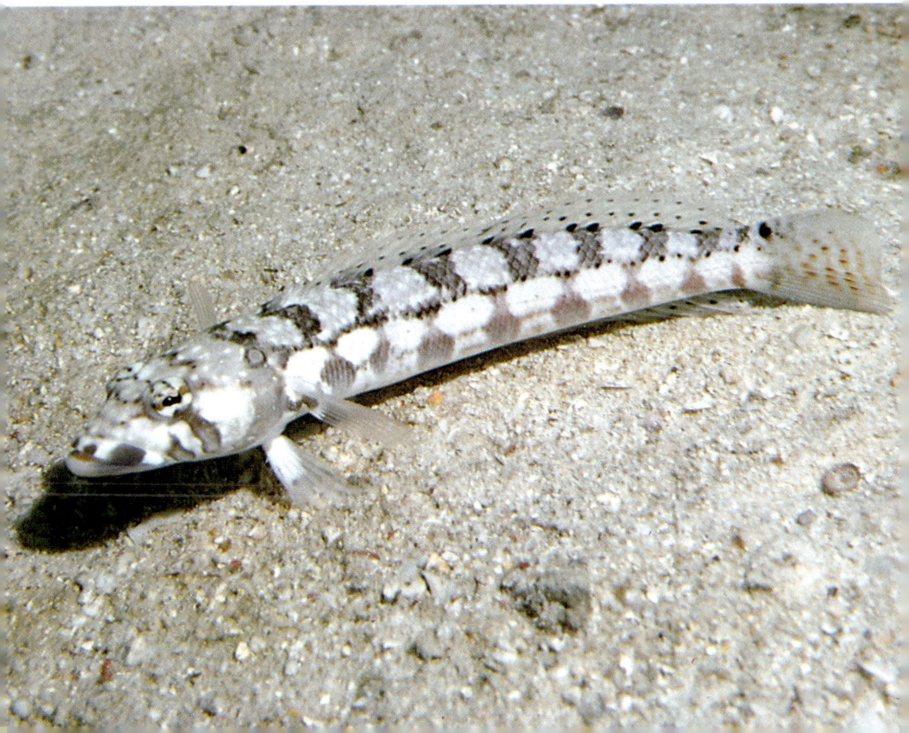

Drückerfische – Balistidae

Familie Drückerfische, Ordnung Haftkiefer (Tetraodontiformes). Viele Arten. Länge 17–70 cm.
<u>Erkennungsmerkmale:</u> Körper seitlich abgeflacht und hoch; die Seitenansicht ist rhombusförmig. Der sehr große Kopf läuft konisch zu; Augen weit zurückgesetzt und sehr hoch gelegen; das endständige, kleine Maul ist mit kräftigen Zähnen bestückt, die teilweise sichtbar sind. Die 1. Rückenflosse kann in einer Nut versenkt werden und ist nicht immer zu sehen. Sie besteht aus drei kräftigen Stacheln, die nach hinten kleiner werden und einen mechanischen Sperrmechanismus haben (siehe unten). Die 2. Rückenflosse und Afterflosse sind Flossensäume, die sich in Form und Größe gleichen. Drückerfische sind oft auffällig gefärbt und gezeichnet. Sie besitzen sehr große und kräftige Schuppen, die eine Art Panzer bilden. Die Jungtiere mancher Arten weichen in der Färbung sehr von den Erwachsenen ab.
<u>Vorkommen:</u> Tropische und gemäßigte Meere; in flachen, felsigen Küstengewässern, Korallenriffen und Seegraswiesen.
<u>Lebensweise:</u> Drückerfische schwimmen, indem sie die Flossensäume der 2. Rücken- und Afterflosse wellenförmig bewegen. Sie schwimmen nicht nur horizontal, sondern auch schräg oder sogar in vertikaler Haltung. Wenn das Schwimmtempo mit den Flossensäumen nicht ausreicht, wird mit der Schwanzflosse kräftig beschleunigt. Das geschieht, wenn sie auf der Flucht sind oder ein anderer Fisch (oder auch Taucher) sich ihrem Gelege zu sehr nähert, ohne die Warnzeichen zu beachten.
Das Brutverhalten des grünen Drückerfisches ist vielen Tauchern bekannt: Das Männchen stellt sich mit dem Kopf nach unten über das Gelege und bläst den Eiern sauerstoffreiches Wasser zu; dabei beobachtet es mit rollenden Augen die Umgebung. Wer dieses Verhalten nicht kennt und sich dem Nest nähert, wird mit einem Scheinangriff deutlich gewarnt; der Drückerfisch schwimmt dann mit relativ großer Geschwindigkeit auf den vermeintlichen Angreifer zu und dreht kurz vorher ab. Wer daraufhin nicht sofort sein Revier verläßt, wird mit voller Wucht gerammt und gebissen. Beim Verlassen des Reviers sollte man nie nach oben schwimmen; das scheint ihn besonders zu reizen. Das Nest wird oft auch von beiden Elternteilen bewacht.
Außerhalb der Brutzeit leben Drückerfische einzeln, sind friedlich und eher scheu. Die tagaktiven Tiere schlafen nachts in Höhlen oder Löchern und verkeilen sich darin mit ihrem 1. Rückenflossenstachel. Der 2. Stachel wird gegen den 1. gestützt und liegt in einer kleinen Mulde. Es ist nun unmöglich, den 1. Stachel einzuklappen (s. Grafik). Ein Freßfeind, der den Drückerfisch in seiner Höhle findet,

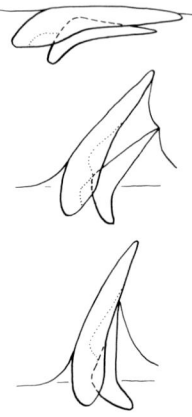

Drückerfische (Fortsetzung)

kann ihn nicht herausziehen. In dieser verkeilten Stellung kann sich der Drückerfisch noch mit seinem kräftigen Gebiß zur Wehr setzen. Es ist so stark, daß er damit hartschalige Muscheln mühelos zerbeißt.

Drückerfische haben auch eine besondere Angriffstechnik auf Seeigel entwickelt, die von Hans W. Fricke beobachtet und fotografiert wurde: Die langen Stacheln des Diadem-Seeigels, die scheinbar ein unüberwindliches Hindernis für Angreifer darstellen, beißt er ab, bis er einen kräftigen Stachel hat, an dem er den Seeigel hochheben kann. Er schwimmt mit ihm etwa 1 m hoch und läßt ihn fallen. Während der Seeigel langsam zu Boden trudelt, schwimmt er unter ihn und beißt in die schwach geschützte Mundseite des Seeigels. Seine weit zurückgesetzten Augen sind dabei nicht gefährdet. Eine weitere Jagdtaktik besteht darin, den Seeigel durch einen kräftigen Wasserstrahl – den der Drückerfisch mit dem Maul erzeugen kann – umzukippen. Der Wasserstrahl wird auch bei der Nahrungssuche im Sand eingesetzt, um Nahrung freizulegen – ebenso beim Nestbau.

Drückerfische bauen sehr große Nestmulden. So entsteht um das Gelege ein freier Raum, der gut überblickt werden kann. Es ist dadurch für den Räuber nicht so leicht, unbemerkt an die Eier heranzukommen. Wenn der Drückerfisch den Platz für sein Nest gewählt hat, beginnt er mit kräftigem Wasserstrahl den Sand nach außen zu blasen. Die unter dem Sand befindlichen Korallenbruchstücke oder Steine, die dabei freigelegt werden, nimmt er ins Maul und schwimmt zum Rand der Mulde und läßt sie fallen. So entsteht in mühevoller Arbeit eine große Mulde, die bei großen Arten einen Durchmesser von 1–2 m erreicht.

Nahrung: Fische, Weichtiere, Krebse, Korallen, Manteltiere, Seeigel und andere Stachelhäuter. Einige Arten nehmen auch Algen oder größeres Zooplankton.

Fortpflanzung: Sie bauen Nester und legen vor der Dämmerung haftende Eier, die vom Männchen oder von beiden Elternteilen bewacht werden. Die schlüpfenden Larven treiben nach oben und mit der Strömung ins offene Meer.

Vorsicht! Während der Brutzeit sind größere Drückerfischarten sehr aggressiv und greifen auch Taucher an, die sich ihrem Nest nähern. Es ist ratsam, die Warnzeichen dieser Fische zu kennen und zu beachten (siehe auch Lebensweise). Beim Erkennen dieser Situation sofort zielstrebig in Rückenlage vom Nest wegschwimmen, niemals nach oben! Bisse in Flossen oder Kniekehlen sind nicht selten!

Blaustreifen-Drückerfisch, *Pseudobalistes fuscus* (Blue Triggerfish); bis 48 cm. Jungfische haben breite blaue Streifen auf gelbem Grund. Rotes Meer bis Gesellschaftsinseln.
Foto: Malediven.

Picasso-Drückerfisch, ▶ *Rhinecanthus aculeatus* (Picassofish); bis 25 cm. Kommt in geringer Wassertiefe auf Sand und Geröllgrund vor. Ostafrika bis Hawai, Tahiti.
Foto: Aquarium.

Rotzahn-Drücker- ▶ ▶ **fisch,** *Odonus niger* (Redtooth Triggerfish); bis 33 cm. Leben oft in großer Zahl an Riffhängen; ziehen sich bei Gefahr in Spalten oder Löcher zurück, wobei der Gabelschwanz sichtbar bleibt. Rotes Meer bis Tahiti.
Foto: Malediven.

Gelbsaum-Drückerfisch, *Pseudobalistes flavimarginatus* (Yellowmargin Triggerfish); bis 60 cm. Baut große, bis 2 m breite Nestmulden im Sand. Rotes Meer bis Tahiti.
Foto: Ägypten.

Feilenfische – Monacanthidae

Familie Feilenfische, Ordnung Haftkiefer (Tetraodontiformes). Etwa 20 Gattungen. Länge 6–75 cm.
Erkennungsmerkmale: Körper sehr stark abgeflacht; meist relativ hoch. Körperform, Augen und Flossen sind denen der Drückerfische ähnlich; meist kleiner. Beide Familien sind sehr nahe verwandt und unterscheiden sich hauptsächlich durch die 1. Rückenflosse; Feilenfische besitzen einen charakteristischen Stachel. Daher werden sie auch Einstachler genannt. Der Stachel ist lang und dünn – manchmal mit kleinen Dornen besetzt – und sitzt weit vorn, bei vielen Arten direkt über den Augen. Ein zweiter, sehr kleiner Stachel ist unter der Haut eingebettet und nicht zu sehen; er rastet auch ein, wie beim Drückerfisch. Das kleine endständige Maul ist mit kräftigen Zähnen ausgestattet. Schwanzflosse sehr groß, wird aber fast immer flach zusammengefaltet. Die Schwanzwurzel ist seitlich abgeflacht, aber relativ hoch. Kleine Arten variieren sehr in der Form und können wie Spitzkopf-Kugelfische aussehen, der Körper ist aber flacher; das deutlichste Unterscheidungsmerkmal sind die wesentlich längere 2. Rücken- und Afterflosse. Sie besitzen sehr rauhe Schuppen, daher der Name Feilenfisch. Die meisten Arten sind unauffällig gefärbt und können sich zur Tarnung ihrer Umgebung, z. B. der Farbe des Untergrunds, anpassen. Eine kleine Art, *Oxymonocanthus longirostris,* ist auffällig bunt gefärbt. Die Musterung ist fast bei jeder Art unterschiedlich.
Vorkommen: Tropische und gemäßigte Meere; in Korallenriffen, Seegraswiesen und Algenzonen flacher Küsten.
Lebensweise: Feilenfische sind langsame Schwimmer, die sich mit der 2. Rücken- und Afterflosse durch Wellenbewegungen vorwärtsbewegen. Sie leben einzeln, paarweise oder auch in Gruppen. Sie bevorzugen flache Riffgebiete mit klarem Wasser und reichem Korallenbewuchs, insbesondere Weichkorallen oder die Steinkorallen *Acropora* und *Pocillopora.* Sie führen in diesen Gebieten eine versteckte Lebensweise. Geschickt manövrieren sie zwischen den Ästen der Korallen und schwimmen nicht nur vorwärts, sondern auch rückwärts. Der Schwarzsattel-Feilenfisch, *Paraluteres prionurus,* zeigt eine interessante Mimikry, indem er fast identisch in der Färbung mit dem giftigen Spitzkopf-Kugelfisch, *Canthigaster coronata,* ist.
Nahrung: Korallenpolypen, kleine Krebse, Fischfleisch.
Fortpflanzung: Sie legen haftende Eier, die vom Männchen oder Weibchen bewacht werden.

Feilenfische sind keine Speisefische, ihr Fleisch ist ungenießbar bitter, aber nicht giftig.

Schwarzsattel-Feilenfisch, *Paraluteres prionurus* (Black-saddlemimic); bis 9 cm. Einzige Art, die zwei verschieden gefärbte Spitzkopf-Kugelfische nachahmen kann. In der Andaman-See verliert er die typischen Sattelflecken und ist braun mit hellen Punkten. Ostafrika bis Samoa. Foto: Thailand.

Orange-Feilenfisch, *Oxymonacanthus longirostris* (Longnose Filefish); bis 12 cm. Kleinster Feilenfisch; lebt zwischen *Acropora*-Korallen. Ostafrika bis Samoa. Foto: Thailand.

Schrift-Feilenfisch, *Aluterus scriptus* (Sribbled Filefish); bis 90 cm. Größte Art der Familie. Alle tropischen Meere. Foto: Ägypten.

Kofferfische – Ostraciidae

Familie Kofferfische, Ordnung Haftkiefer (Tetraodontiformes). 37 Arten. Länge 13–38 cm.

Erkennungsmerkmale: Körper und Kopf werden von einem starren, eckigen, »kofferartigen« Panzer vollständig umhüllt. Der Panzer besteht aus sechseckigen Knochenplatten, die fugenlos unter der schuppenlosen Haut liegen. Die meisten Kofferfische sind viereckig im Querschnitt, einige auch dreieckig. Der Panzer hat nur Aussparungen für Maul, Augen, Kiemen, After und Flossen. Alle Flossen sind rund und, außer der Schwanzflosse, relativ klein. Sie besitzen nur eine Rückenflosse; Bauchflossen fehlen. Die Gattung *Rhynchostracion* besitzt eine »Nase«. Das Maul der Kofferfische ist sehr klein und hat dicke Lippen. Die Färbung variiert und kann bei Jungtieren anders sein als bei erwachsenen Tieren; bei manchen Arten unterscheiden sich auch Männchen und Weibchen.

Vorkommen: Weltweit in tropischen Meeren.

Lebensweise: Kofferfische sind langsame, aber sehr manövrierfähige, dem Leben im Riff gut angepaßte Fische. Mit ihren kleinen Flossen können sie sich im Stand drehen wie ein Hubschrauber. Sie bewegen sich vorwärts, indem sie die 2. Rücken- und Afterflosse gegensätzlich wellenförmig bewegen. Diese eigenartige Schwimmweise wird »Gondoliereschwimmen« genannt. Die Brustflossen führen dabei propellerartige Bewegungen aus, die der so entstehenden Schaukelbewegung entgegenwirken. Zur Flucht wird häufig die Schwanzflosse eingesetzt, die das Tier zu einer erstaunlichen Schwimmgeschwindigkeit befähigt. Wegen ihres Panzers besitzen Kofferfische keine Kiemendeckel. Die zur Sauerstoffversorgung nötige Wasserzirkulation wird durch Heben und Senken eines Mundhöhlenbodens erreicht. Die tagaktiven Fische stellen sich bei der Nahrungssuche auf den Kopf und erzeugen mit ihrem Mundhöhlenboden einen Wasserstrahl, der den Sand aufwühlt und im Sand versteckte Nahrung freilegt. Männliche Tiere sind territorial und halten sich einen Harem mit 3–4 Weibchen.

Nahrung: Kleine Niedere Tiere und Algen.

Fortpflanzung: Zur Paarung suchen sie erhöhte Plätze im Riff; von da aus schwimmen sie paarweise hoch ins Freiwasser und überlassen die Eier der Strömung.

Vorsicht! Gestreßte Tiere sondern ein sehr giftiges Sekret ab, das auf andere Fische tödlich wirken kann. Besonders auf engem Raum, z. B. im Aquarium, führt das zum Tod aller Insassen, einschließlich des giftabsondernden Kofferfisches.

Gelbbrauner Kofferfisch, erwachsenes Tier (siehe auch Foto Mitte). Foto: Malediven.

Gelbbrauner Kofferfisch, *Ostracion cubicus* (Cube Trunkfish); bis 45 cm. Jungtier in typischer Färbung (erwachsenes Tier siehe Foto oben). Rotes Meer bis Hawai,Tahiti. Foto: Thailand.

Gefleckter Kofferfisch, *Ostracion meleagris* (Spotted Trunkfish); bis 19 cm. Männchen. Das Weibchen ist dunkelbraun mit weißen Punkten. Ostafrika bis östlicher Pazifik. Foto: Thailand.

Kugelfische – Tetraodontidae

Familie Kugelfische, Ordnung Haftkiefer (Tetraodontiformes). Etwa 115 Arten. Größe 6–90 cm.

Erkennungsmerkmale: Körper rundlich und plump; der Kopf erinnert an einen Seehund. Das endständige, kleine Maul ist mit einem extrem kräftigen Gebiß ausgestattet, das hartschalige Tiere mühelos zerbeißen kann. Der schuppenlose Körper ist elastisch und extrem dehnbar. Sie besitzen keine Kiemendeckel, sondern Kiemenöffnungen vor den Brustflossen. Die Rückenflosse und Afterflosse sind weit zurückgesetzt und gleichen sich in Form und Größe; sie sind »Gondoliereschwimmer« (vgl. Seite 198). Alle Flossen, außer der Schwanzflosse, sind relativ klein; Bauchflossen fehlen. Fast alle Kugelfische sind unauffällig gefärbt. Arten der Gattung Spitzkopf-Kugelfische *(Canthigaster)* haben, wie der Name schon sagt, einen relativ spitzen Kopf und sind nur wenige Zentimeter groß.

Vorkommen: Alle tropischen und subtropischen Meere; in Korallen- und Felsriffen, auch in Seegraswiesen.

Lebensweise: Kugelfische sind langsame, aber manövrierfähige Fische, die dem Leben in Korallenriffen gut angepaßt sind. Ihre Fähigkeit, ihr Körpervolumen in kurzer Zeit um ein Vielfaches zu vergrößern, soll Angreifer abschrekken. Sie saugen große Mengen Wasser in eine separate Kammer nahe dem Magen. Leider fangen viele Taucher Kugelfische nur zum Vergnügen, da sich der Fisch so »fotogen« aufbläst. Man übersieht dabei, daß sich das Tier in Lebensgefahr fühlt und nach einiger Zeit durch diesen unnötigen Streß sterben kann. Noch schlimmer ist es, wenn dies an der Oberfläche geschieht, weil ein Kugelfisch auch Luft schlucken und nicht mehr abtauchen kann. Er treibt – falls er den Streß überlebt – davon und hat kaum eine Chance, je wieder ein schützendes Riff zu erreichen. Meist halten sie sich in Bodennähe auf und versuchen sich zu tarnen.

Nahrung: Krebse, Schalentiere, Fische.

Fortpflanzung: Sie legen haftende Eier; sonst ist noch wenig bekannt.

Vorsicht! Mit ihrem kräftigen Gebiß können sie einen Finger abtrennen! In Japan werden Kugelfische von lang ausgebildeten »Fugu-Köchen« zubereitet und gelten als Delikatesse. In den Eingeweiden, Geschlechtsorganen und in der Haut dieser Fische befindet sich eines der stärksten Gifte (Tetrodontoxin), die die Natur je hervorgebracht hat. Bei falscher Zubereitung führen die meisten Vergiftungen in kurzer Zeit zum Tod. Die Giftigkeit hängt von der Art, dem Fanggebiet und der Jahreszeit ab.

Valentinnis Spitzkopf-Kugelfisch, *Canthigaster valentinni* (Valentinni's Sharpnose Puffer); bis 9 cm. Wird vom Schwarzsattel-Feilenfisch nachgeahmt (vgl. Seite 197 oben). Rotes Meer bis Tahiti. Foto: Ägypten.

Schwarzgefleckter Kugelfisch, *Arothron nigropunctatus* (Black Spotted Puffer); bis 33 cm. Es gibt mehrere Farbvarianten: gelb, braun und blaugrau. Ostafrika bis Hawai. Foto: Thailand.

Großer Kugelfisch, *Arothron stellatus* (Star Puffer); bis 1 m. Diese Art kommt in 2 Farbvarianten vor. Rotes Meer bis Ostpazifik. Foto: Thailand.

Igelfische – Diodontidae

Familie Igelfische, Ordnung Haftkiefer (Tetraodontiformes). 19 Arten. Bis 85 cm lang.

Erkennungsmerkmale: Der Körper sieht, sowohl im Profil als auch von oben gesehen, dreieckig aus. Der leicht abgeplattete, stumpfe Kopf mit dem endständigen, kleinen Maul fällt durch die extrem großen Augen auf. Kopf und Körper sind mit eng anliegenden, nach hinten gerichteten Stacheln bedeckt, die sich nur aufstellen, wenn sich Igelfische aufblasen. Die Flossen sind mit denen des Kugelfisches fast gleich. Das Gebiß besteht nur aus 2 Teilen; in jedem Kiefer befindet sich eine durchgehende Zahnplatte, mit einer gewaltigen Beißkraft. Igelfische sind meist beige bis bräunlich gefärbt. Wenige besitzen charakteristische, dunkle Augenflecken.

Vorkommen: Weltweit in tropischen Korallenriffen; auch in größeren Tiefen.

Lebensweise: Igelfische sind – wie ihre nächsten Verwandten, die Kugelfische – langsame Schwimmer und manövrieren ihren plumpen Körper ebenso geschickt durch das Gewirr der Korallenäste eines Riffes. Diese langsamen »Gondoliereschwimmer« können ihr Schwimmtempo mit der Schwanzflosse beachtlich steigern. Sie sind tagaktiv und verstecken sich nachts im Riff. Bei Gefahr pumpen sie sich wie Kugelfische voll Wasser und vergrößern ihr Volumen beträchtlich; dabei werden ihre relativ langen Stacheln strahlenförmig abgespreizt. Die bereits genannten Augenflecken werden so zu einer Schreckzeichnung für Angreifer. Sollte dennoch ein großer Raubfisch den Igelfisch fangen, bleibt er ihm im Maul stecken. Der sich weiter aufblasende Igelfisch verkeilt sich im Maul des Angreifers, der ihn nicht mehr herausbekommt. Auf diese Weise sollen schon große Haie erstickt sein. Diese scheuen, harmlosen Fische halten sich immer in Bodennähe auf und verstecken sich, sobald ein Feind auftaucht. Oft sieht man nur den großen Kopf mit den riesigen Augen in einer Höhle; unerfahrene Taucher erschrecken vor dem »Monster«, weil sie glauben, ein großes oder gefährliches Tier vor sich zu haben. Manche Arten graben sich bis zu den Augen im Sand ein.

Nahrung: Sie bevorzugen hartschalige Weichtiere, nehmen aber auch Krebse und Seeigel.

Fortpflanzung: In der Dämmerung steigen die Weibchen mit einem oder auch mehreren Männchen zur Wasseroberfläche auf und laichen ins freie Wasser ab.

Vorsicht! Igelfische können mit ihrem kräftigen Gebiß einen Finger durchbeißen.

Masken-Igelfisch, *Diodon liturosus* (Shortspine Porcupinefish); bis 65 cm. Am Tag häufig versteckt lebend. Ostafrika bis Gesellschaftsinseln. Foto: Malediven.

Gepunkteter Igelfisch, *Diodon hystrix* (Spotted Porcupinefish); bis 90 cm. Alle tropischen Meere. Foto: Thailand.

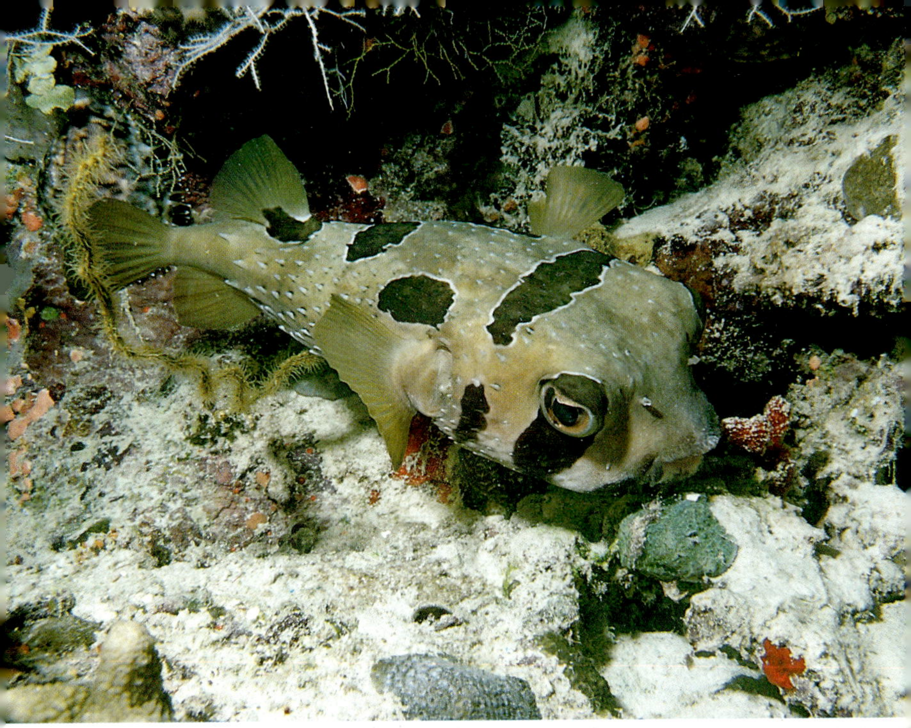

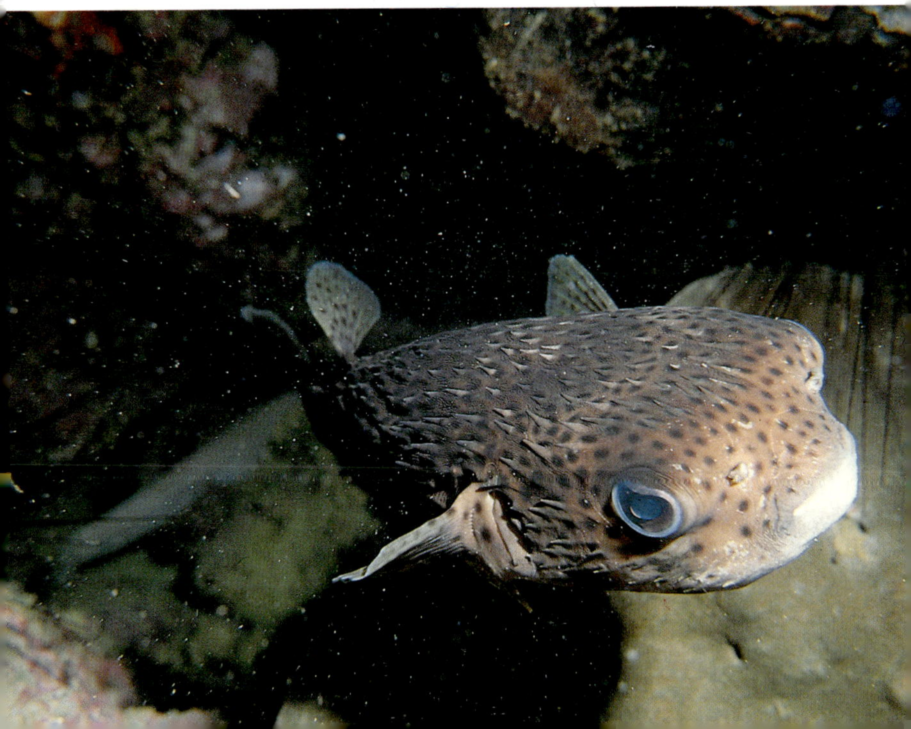

Meeresschildkröten – Cheloniidae

Familie Meeresschildkröten, Ordnung Schildkröten (Testudines), Klasse Kriechtiere (Reptilia). Etwa 12 Arten, bis 1,40 m lang.

Erkennungsmerkmale: Sie unterscheiden sich von den Landschildkröten hauptsächlich durch die paddel- oder flossenartig umgestalteten Schwimmfüße.

Vorkommen: Weltweit, außer in kalten Meeren.

Lebensweise: Meeresschildkröten sind ehemlige Landschildkröten. Als Lungenatmer müssen sie regelmäßig zum Atmen an die Oberfläche. Mit ihren Vordergliedmaßen können sie sehr schnell schwimmen, die hinteren Gliedmaßen haben nur eine Steuerfunktion.

Nahrung: Weichtiere, Krebse, Fische und Algen.

Fortpflanzung: Zur Paarungszeit wandern sie große Strecken, zurück zu dem Gebiet, in dem sie geboren wurden. Vor der Küste treffen sich die Tiere zur Paarung; diese findet im Wasser statt. Zur Eiablage müssen die Weibchen an Land. Sie graben mit ihren Hinterbeinen im Bereich des sonnendurchwärmten Strandes tiefe Gruben, in die 80–200 Eier gelegt werden. Danach schaufeln die erschöpften Tiere die Gelege wieder zu und glätten die Oberfläche mit ihrem Bauchpanzer. Dann kehren sie zurück zum Meer. Sie hinterlassen dabei eine deutliche Spur. Einheimische rauben oft die Gelege aus, so daß die Bestände stark zurückgehen.

Karettschildkröte, *Eretmochelys imbricata* (Hawksbill Turtle); bis 90 cm. Am gezackten Schildrand zu erkennen. Indopazifik. Foto: Malediven.

Suppenschildkröte, *Chelonia mydas* (Green Turtle); bis 1,4 m. Ernährt sich vorwiegend von Algen. Leider hat ihr Fleisch immer noch wirtschaftliche Bedeutung. Indopazifik. Foto: Malediven.

Seeschlangen – Hydrophiidae

Familie Seeschlangen, Klasse Kriechtiere (Reptilia). Etwa 50 Arten, 1–3 m lang.

Erkennungsmerkmale: Der Körper ist im hinteren Teil seitlich abgeflacht und endet in einem paddelförmigen Schwanz. Die Lunge zieht sich bis zum Schwanz und erlaubt den Tieren, in Verbindung mit einem langsamen Stoffwechsel, mehrere Stunden unter Wasser zu bleiben.

Vorkommen: Indischer Ozean und Pazifik; auch im Brackwasser.

Lebensweise: Seeschlangen tauchen bis 200 m tief und sind lange Zeit mit der Nahrungssuche beschäftigt. Dem Menschen gegenüber verhalten sie sich meist nicht aggressiv.

Nahrung: Kleine Fische.

Fortpflanzung: Die Jungen werden meist lebend im Meer geboren; einige Arten legen außerhalb des Wassers Eier.

Gebänderte Gelblippen-Seeschlange, *Laticauda colubrina* (Banded Yellow-lip Sea Snake); bis 1,5 m. Extrem giftig, aber normalerweise nicht aggressiv. Legen 5–6 Eier auf Sandstrände. Indopazifik. Foto: Thailand.

> Vorsicht! Alle Seeschlangen sind giftiger als eine Königskobra, aber nicht bei jedem Biß wird Gift injiziert. Etwa 25% der Bisse sind tödlich.

Unterwasserfotografie

Wer den Ehrgeiz hat, Schwierigkeiten zu meistern, findet in der Unterwasserfotografie ein breites Betätigungsfeld. Mit ein paar Tips aus der Praxis möchte ich Interessierten einige Hinweise geben, wie man den größten und häufigsten Problemen aus dem Weg gehen kann.

Bevor man sich mit einer Kamera in die Fluten stürzt, sollte man sich mit den Grundkenntnissen der Fotografie, mit ihren optischen Gesetzen vertraut machen und möglichst die entsprechenden praktischen Erfahrungen dazu haben.

Wer mit Tieren gut umgehen kann und Gefühl für sie hat, wird bessere Fotos nach Hause bringen, als Fotografen, denen Tiere suspekt sind.

Aber die wichtigste Voraussetzung ist das taucherische Können. Ein Anfänger, der gerade den ersten Tauchkurs hinter sich gebracht hat, weiß theoretisch schon recht viel, aber erst nach einiger Übung werden die Bewegungsabläufe automatisiert. Durch die Praxis lernt man Auftrieb, Abtrieb oder Strömungen rechtzeitig zu bemerken und schnell darauf zu reagieren. Sobald man durch den Sucher einer Kamera schaut, registriert man diese Dinge relativ spät.

Das Fotografieren von beweglichen Objekten erfordert eine hohe Konzentration, die noch mehr von allem ablenkt, was um uns herum vorgeht. Man sinkt zum Grund und bricht dabei Korallen ab, die vielleicht Jahrzehnte zum Wachsen gebraucht haben. Wer die Schönheit der Natur im Foto festhalten möchte, sollte auch bemüht sein, so wenig wie möglich zu zerstören. Deshalb ist es besser, erst mit der Unterwasserfotografie zu beginnen, wenn man genügend Taucherfahrung besitzt.

Wer sich mit dem Gedanken trägt, eine Unterwasser-Kamera zu erstehen, sollte sich einige Kenntnisse anlesen, damit er die Ausgabe später nicht bereut. Die relativ teure Spezialausrüstung und die erschwerten Bedingungen in diesem Medium lassen die Kosten pro gelungener Aufnahme enorm in die Höhe schnellen. Die meisten Aufnahmen, die über Wasser mühelos gelingen, sind unter Wasser oft schwer realisierbar und häufig Ausschuß; jedenfalls bei kritischer Betrachtung.

Jeder Mensch hat andere Erwartungen: Ein Perfektionist versucht ständig, die bereits vorhandenen guten Fotos noch besser zu machen, während andere mit ein paar Erinnerungsfotos zufrieden sind. – Nur, lohnt es dann, dafür eine teure Spezialausrüstung anzuschaffen? Viele Tauchschulen am Urlaubsort verkaufen sehr schöne Unterwasser-Dias oder -Postkarten, die fast den gleichen Erinnerungswert besitzen.

Von unseren Qualitätsansprüchen hängt es ab, für welche Kamera wir uns entscheiden.

Amphibien- oder Gehäusekamera?

Nicht ganz verständlich ist die Tatsache, daß es bis jetzt (1991) noch keine Spiegelreflexkamera als Amphibienkamera auf dem Markt gibt. Es müssen also Kompromisse in Kauf genommen werden.

Die Vorteile der Amphibienkameras sind:
- geringe Größe,
- geringeres Gewicht,
- preisgünstigere Anschaffung der Grundausrüstung.

Die Vorteile der Spiegelreflexkameras im Gehäuse sind:
- optische Schärfenkontrolle,
- genauer Sucherausschnitt,
- keine Parallaxenverschiebung des Suchers,
- Einsatzmöglichkeit von: Zoomobjektiven, Macroobjektiven, Autofokus-Kameras.

Eine Amphibienkamera ist nur unwesentlich größer und schwerer, als eine handelsübliche Durchschnittskamera; eine wünschenswerte Eigenschaft, die an Handlichkeit keine Wünsche offen läßt.

Der relativ günstige Preis der Grundausrüstung kann durch die Anschaffung von nützlichem oder wichtigem Zubehör sehr schnell in die Höhe steigen. Je erfahrener ein Fotograf ist, um so größer sind die Ansprüche. Auch wenn man viel Zubehör besitzt, muß man sich immer vor einem Tauchabstieg entscheiden, welches man wählt. Aber wer weiß schon vorher, was man beim nächsten Tauchgang sehen wird! Eine Sucherkamera bleibt deshalb immer ein Kompromiß.

Auch wenn die Zeit für eine Amphibien-Spiegelreflexkamera schon lange überfällig ist, müssen wir uns damit abfinden, daß wir eine Gehäusekamera benötigen, wenn wir die Vorteile der modernen Kameratechnik beim Fotografieren unter Wasser einsetzen wollen.

Der größte Vorteil der Spiegelreflexkamera ist die optische Schärfenkontrolle im Sucherfenster, denn das Schätzen der Entfernung, besonders im Nachbereich, ist sehr schwierig. Auch der Ausschnitt des Bildes entspricht dem, was man beim Auslösen auf der Mattscheibe gesehen hat. Es gibt keine Parallaxenverschiebung und kein Verkanten, wie bei Sucherkameras; man sieht zwar das Objekt im Sucher, aber merkt kaum, wenn es nicht richtig in der Mitte ist.

Seit geraumer Zeit gibt es AF- (Autofocus-)Kameras, die die Entfernung des Objektes automatisch einstellen. Dies geschieht wesentlich schneller, als es ein Mensch manuell könnte. Das AF-Meßsystem ist mit dem Auslöser gekoppelt und verhindert, daß die Kamera auslöst, wenn das anvisierte Objekt noch nicht scharf abgebildet ist. Voraussetzung dafür ist, daß das AF-Meßfeld, das sich in der Mitte des Suchers befindet, richtig auf das gewünschte Objekt ausgerichtet ist. Diese neue Aufnahmetechnik hat besonders bei Tieraufnahmen unter ungünstigen Lichtverhältnissen – wie so oft unter Wasser – große Vorteile. Bei wenig Licht muß die Blende weit geöffnet werden, so daß die Schärfentiefe sehr gering ist. Diesen kurzen Bereich bei manueller Einstellung zu treffen, ist nicht leicht. Der AF nimmt uns diese schwierige Arbeit ab.

Aber nicht alle AF-Meßsysteme sind gleich, es gibt verschiedene Techniken. Beim Fotografieren unter Wasser kann nur die Kontrastmessung verwendet werden.

Ein Unterwassergehäuse erschließt uns eine große Auswahl an verschiedenen Objektiven, die wir verwenden können. Außer den Festbrennweiten vom Tele- bis zum Weitwinkelobjektiv können Zoom- und Macroobjektive benutzt werden, die es für Amphibienkameras noch nicht gibt. Diese beiden Objektivarten sind zwar nicht universell einsetzbar, decken aber ein relativ breites Spektrum ab. Zoomobjektive kann man mit einer Planglasscheibe ab 24 mm Brennweite einsetzen. Sie haben den Vorteil, daß man Großfische genau so gut ablichten kann wie kleine Objekte bis zu einem Abbildungsmaßstab 1:4,5. Beim Kauf von Zoomobjektiven ist darauf zu achten, daß die kürzeste Entfernung möglichst 30 cm beträgt. Je kürzer die Entfernung, um so kleinere Motive können formatfüllend abgebildet werden.

AF-Macroobjektive sind nicht nur im Nahbereich einsetzbar, sondern können bis Unendlich fokusiert werden. Mit einem 50-mm-Objektiv kann ein großer Teil der Motive unter Wasser ab 1:1 fotografiert werden.

Die Wahl der AF-Kameraausrüstung

Die Entwicklung in der Fotoindustrie schreitet so schnell voran, daß man kein allgemeingültiges Urteil abgeben kann. Der Kameratyp, der heute als der beste gilt, kann in ein oder zwei Jahren bereits überholt sein. Die meiste Erfahrung mit der AF-Kontrastmessung hat ohne Zweifel die Fa. Minolta. Entsprechend groß ist auch die Auswahl an Objektiven. Wer sich zum Kauf entschließt, sollte nicht versäumen, die aktuellsten Fachzeitschriften zu studieren und sich bei einem Gehäusebauer nach den lieferbaren Gehäusen zu erkundigen. Auch sollte man wissen, welche Bedienungsmöglichkeiten man dann unter Wasser hat und ob diese den individuellen Wünschen entsprechen. Diesbezüglich machte ich mit der Fa. Subal in Österreich gute Erfahrungen, die mir auch ausgefallene Sonderwünsche erfüllte.

Ein Unterwassergehäuse für eine Spiegelreflexkamera ist bis jetzt die einzige Möglichkeit, unter Wasser mit Autofocus zu fotografieren (Subal-Miniflex).

Das Gehäuse ist relativ klein, handlich und sehr sauber verarbeitet. Auch der Kameraeinbau in das Gehäuse ist problemlos, und die Übertragungselemente funktionieren einwandfrei. Folgende Bedienungsmöglichkeiten sollte man außer dem Auslöser in Erwägung ziehen (je nachdem, was die gewünschte Kamera zu bieten hat):

Autofocus ein/aus,
Entfernungseinstellung,
Zoombedienung,
Macrolimit,
Programmumschaltung,
±-Korrektur,
Blende,
Belichtungszeit.

Das eine oder andere Bedienungselement kann manchmal aus bautechnischen Gründen nicht realisiert werden, so daß man sich zwischen zwei gewünschten Ausführungen entscheiden muß.

Haben Sie dann ihre Kamera so, wie Sie sie sich wünschen, muß man sich an das Fotografieren mit AF gewöhnen. Trotz der schnellen, automatischen Entfernungseinstellung kann es bei kontrastarmen, dunklen und beweglichen Objekten zu Verzögerungen beim Auslösen kommen. Wenn man erst auslöst, wenn sich der zu fotografierende Fisch schon in der Idealposition befindet, kann er sich bis zum wirklichen Auslösen bereits umgedreht haben.

Am besten übt man zuerst über Wasser ohne Film, damit man ein Gefühl dafür bekommt, wie lange der AF zum Auslösen benötigt. Diese Zeiten verlängern sich unter Wasser, da die Kontraste durch die starke Lichtstreuung wesentlich geringer sind, als an Land.

Je kürzer die Entfernung zum Aufnahmeobjekt ist, um so länger werden die Fokusierwege der Objektive. Bei einem Macroobjektiv in kurzer Entfernung braucht man besonders bei Bewegungsaufnahmen sehr viel Geduld, bis die Kamera die Entfernung

»akzeptiert« und auslöst. Das kann man z. B. über Wasser an einer vom Wind bewegten Blume üben.

Will man einen Fisch fotografieren, der in seinem Revier unruhig hin und her schwimmt, drückt man auf den Auslöser, wenn er sich auf uns zu bewegt. Sobald er sich dreht, muß der Finger vom Auslöser genommen werden, bis er wieder auf uns zu schwimmt. Das wiederholt sich so lange, bis der »Schuß« sitzt. Will man eine Gorgonie fotografieren, die an den Bildrand gestellt werden soll, so daß das Meßfeld nicht mehr die Gorgonie erreicht, würde sie unscharf abgebildet, weil die Kamera auf den neuen Hintergrund im Meßfeld scharfzieht. Man muß also die Kamera, bzw. das Meßfeld zuerst auf das Objekt richten, das scharf abgebildet werden soll, und betätigt den Auslöser nur leicht, bis der AF reagiert und die Kontrollampe die korrekte Entfernung anzeigt. Nun wird der AF ausgeschaltet, der gewünschte Ausschnitt neu gewählt und ausgelöst. Dabei darf natürlich die Entfernung nicht mehr verändert werden. Der AF hat dabei nur eine Hilfsfunktion. Auf diese Weise kann man manuell fotografieren, auch wenn man keine Einstellungsmöglichkeit für die Entfernung an dem Gehäuse hat. Weitere technische Tricks kann man aktuellen Tauch- und Fotomagazinen entnehmen.

Aber was nutzt uns die beste Kamera, wenn uns durch die Filterwirkung des Wassers nicht das ganze Farbspektrum zur Verfügung steht; wir benötigen also eine künstliche Lichtquelle.

Das Blitzgerät

Sobald man ins Wasser eintaucht, reduziert sich das Tageslicht beträchtlich, weil ein Großteil der Lichtstrahlen von der Oberfläche reflektiert werden. Je schräger das Licht auf die

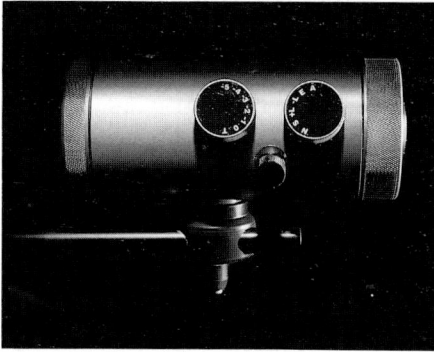

Unterwasser-Blitzgeräte sind Spezialanfertigungen, die leistungsstark und robust sein müssen. Eine TTL-Belichtungssteuerung und ein Pilotlicht sind bei Aufnahmen mit Autofocus eine große Hilfe (Hartenberger Magnum 250).

Wasseroberfläche trifft, um so mehr Licht wird reflektiert. Die beste Zeit für Tageslichtaufnahmen ist die Mittagszeit, wenn die Sonne am höchsten steht.

Mit zunehmender Tiefe nimmt die Helligkeit weiter ab, weil Schwebeteilchen das Licht streuen. Es entsteht ein diffuses Licht mit wenig Kontrast. Das Wasser hat außerdem eine starke Filterwirkung, die die Farben in folgender Reihenfolge absorbiert: rot, orange, gelb, grün und blau.

Wenn man ohne Blitzgerät unter Wasser fotografiert, werden die Bilder deshalb blaustichig und kontrastarm. Durch das geringe Restlicht muß die Blende weit geöffnet werden, so daß die Schärfentiefe besonders im Nahbereich auf ein Minimum reduziert wird. Mit einem Blitzgerät kann man diese Nachteile weitgehend ausgleichen. Heute sind fast nur noch Elektronenblitze im Einsatz. Die TTL (»through the lens« = durch das Objektiv)-Blitztechnik ermöglicht es, daß wir Motive in verschiedenen Entfernungen fotografieren können, ohne daß an dem Blitz eine Einstellung vorgenommen werden muß. Das hat bei beweglichen

Objekten einen großen Vorteil, denn man weiß vorher nie, wie nahe ein Fisch an die Kamera herankommt.

Beim Kauf eines Blitzes darf man kein leistungsschwaches Gerät wählen, weil bei Gegenlichtaufnahmen die Blende weit geschlossen werden muß. Ein Taucher, der etwa 2 m entfernt ist, wird dann so schlecht ausgeleuchtet, daß er nur als Silhouette erscheint. Nicht ausreichend ist auch ein Gerät, das nach 5 Vollastblitzen eine Abkühlpause von 5 Minuten braucht. Wie man einem interessanten Tier klarmacht, daß es so lange warten soll, steht nicht in der Betriebsanleitung. Vergißt man einmal den Blitz abzuschalten, sind die Batterien in 1 Stunde leer.

Die besten Erfahrungen machte ich mit dem Magnum 250 von der Fa. Hartenberger. Die Bereitschaft des Gerätes ist so schnell, daß man praktisch gar nicht darauf achten muß. Der Hersteller garantiert 36 Vollastblitze unmittelbar hintereinader. Das Pilotlicht als AF-Hilfe bei Nacht, in Höhlen oder größeren Tiefen hat 2 Leistungsstufen. Die Stecker des Synchronkabels sind mit 2 O-Ringen abgedichtet, so daß kein Wasser an die Steckergewinde gelangt und deshalb auch keine Kalkablagerung möglich ist. Wenn man vergißt, das Gerät auszuschalten, sind die Batterien nach ein paar Stunden immer noch nicht leer.

Fotografieren wir am Tag, sollten wir auch versuchen, das Tageslicht und die eindrucksvollen Unterwasser-Landschaften mit dem Blau des Wassers im Bild einzufangen. Mit einer kleinen Blende (22) ist die Schärfentiefe zwar sehr groß, aber das Tageslicht reicht nicht aus, den Film zu belichten. Das Foto wirkt dann wie eine Nachtaufnahme, weil der Hintergrund schwarz wird. Damit man gute Mischlichtaufnahmen erzielt, sollte das Tageslicht etwa 1–2 Blenden unterbelichtet werden, sonst wirkt das Bild zu blaß.

Tieraufnahmen

Es gibt viele Tierarten in tropischen Meeren, die uns das Fotografieren leicht machen. Es hat manchmal den Anschein, als wenn sie nichts lieber täten, als Modell zu stehen. Das sind aber fast immer die gleichen Arten: Rotfeuer-, Fledermaus- oder die beliebten Anemonenfische, die ihre Anemone nicht verlassen können.

Dann gibt es die ortsgebundenen Arten, die zwar nicht vor uns fliehen, aber sich mit einer Impertinenz von uns abwenden, daß man sich schier die Haare ausreißen könnte, weil man sie nie so bekommt, wie man sie gern hätte. Zu diesen gehört der Strahlenfeuerfisch, von dem man selten ein Foto von vorn oder schräg von vorn zu sehen bekommt.

Bei den schnellen Schwimmern, die nur gelegentlich an Riffen vorbeikommen, muß man schnell sein, daß der erste Schuß gleich sitzt, denn eine zweite Gelegenheit gibt es oft nicht. Viele Unterwasserfotografen machen den Fehler, daß sie auf die Tiere zuschwimmen. Damit erreichen sie genau das Gegenteil von dem, was sie erreichen wollten. Scheue Tiere schlägt man auf diese Weise am schnellsten in die Flucht, und die anderen kommen von selbst nahe genug. Also warum auf die Tiere zuschwimmen?

Dann gibt es noch viele Arten, die bei unserer Annäherung Schutz in einer Höhle suchen, wie Barsche, Wächtergrundeln und Schläfergrundeln. Barsche sind aber vielerorts angefüttert und deshalb leicht zu fotografieren. Bei den kleinen Arten hilft oft nur viel Geduld. Wer die nicht hat, wird von diesen keine guten Fotos nach Hause bringen.

Die schwierigsten Fotoobjekte sind Tiere mit großer Fluchtdistanz. Manchmal kommt dabei der Zufall zu Hilfe. Lange versucht man erfolglos, ein bestimmtes Tier nahe genug vor die Linse zu bekommen. Dann kommt man in ein anderes Gebiet, und die gleiche Art ist in ihrem Verhaltensmuster ganz anders und schwimmt uns vor der Nase herum. Auch jahreszeitlich bedingte Veränderung, wie Paarungsverhalten oder Brutpflege, bringt manchmal den lange ersehnten Erfolg. Aber eine ganz wichtige Voraussetzung ist unser Verhalten. Das Fotografieren von Tieren wird oft als Fotojagd bezeichnet. Genau wie ein Raubfisch seine Beute anvisiert, machen wir das gleiche mit unserem Fotoobjekt. Das empfindet das Tier als eine Gefahr und geht uns aus dem Weg. Je länger wir es verfolgen, um so scheuer wird es. Es ist also besser, wenn wir uns dem Tier wie zufällig nähern und es nur gelegentlich aus den Augenwinkeln beobachten. So kommen wir schneller zu brauchbaren Ergebnissen, als würden wir versuchen, einem Fisch nachzuschwimmen.

Wir sollten uns auch vorher überlegen, aus welchem Aufnahmewinkel wir ein Tier fotografieren wollen. Ein Fisch von der Seite aufgenommen, kann ein gutes Bestimmungsfoto sein, aber auf einen Betrachter langweilig wirken. Ein eindrucksvolles Effektfoto von vorn dagegen, ist als Bestimmungsfoto kaum zu gebrauchen. Jede Art der Fotografie hat ihre Reize, man muß sich nur darüber klar werden, was man möchte.

Filmmaterial für die Unterwasserfotografie

Wie überall, geht auch hier der Geschmack weit auseinander. Es ist aber ratsam, auf Negativfilme zu verzichten, obwohl einige Fotografen auch damit Erfolge vorweisen können.

Wenn man von einem Negativfilm Bilder machen läßt, korrigiert die Entwicklungsmaschine Fehlbelichtungen und Fehlfarben. Die ungewöhnlichen Lichtverhältnisse unter Wasser erkennt die Maschine als fehlerhaft und korrigiert, auch wenn der Film perfekt belichtet wurde. Das führt meist zu unbefriedigenden Ergebnissen. Wer sich Enttäuschungen ersparen will, greift besser gleich zum Dia-Film.

Jede Firma hat ein eigenes Herstellungsverfahren, das sich auf die Farbwiedergabe geringfügig auswirkt; Agfa z. B. bevorzugt Pastelltöne, während Fuji eher zum Gegenteil neigt. Diese Unterschiede sind bei Aufnahmen an Land nicht gravierend, aber bei Unterwasseraufnahmen wirkt sich das extremer aus.

Nach übereinstimmender Meinung der meisten Fachleute sind Kodak-Diafilme für diesen Spezialbereich in der Farbwiedergabe am natürlichsten. Es gibt 2 verschiedene Filme, Kodachrome und Ektachrome; beide sind mit unterschiedlicher Lichtempfindlichkeit lieferbar. Der Ektachrome hat den Vorteil, daß er fast überall in kurzer Zeit entwickelt werden kann. So besteht die Möglichkeit, die ersten Urlaubsfotos zu kontrollieren und eventuelle Fehler künftig zu vermeiden.

Die Kodachromefilme 25 und 64 sind seit langem Spitzenreiter vieler Unterwasserfotografen, wobei der 25er sich speziell für Macroaufnahmen eignet. Man braucht dazu einen starken Blitz, damit man mit kleiner Blende arbeiten kann. Für Mischlichtaufnahmen ist dem 64er der Vorzug zu geben, damit die Schärfentiefe ausreicht.

Bei einer neuen Kamera oder neuem Blitz kann es nicht schaden, einen Probefilm schon vor dem Urlaub zu belichten, denn die Angaben der Hersteller stimmen nicht immer mit der Praxis überein. Dazu muß nicht unbedingt ein aufwendiger Tauchgang im Süßwasser gemacht werden, ein Schwimmbecken mit möglichst viel Tageslicht tut es auch. Für Macro- oder Nahaufnahmen genügt schon die Badewanne. Damit das Licht an den weißen Wänden nicht zu stark reflektiert, legt man zweckmäßigerweise die Wanne mit einem Tuch aus, das nicht zu hell und nicht zu dunkel sein sollte. Plastikblumen, Puppen oder anderes farbiges Spielzeug können als Fotoobjekte nützliche Dienste leisten. Die aus diesen Ergebnissen gewonnenen Kenntnisse, können sich sehr positiv auf die nächsten Urlaubsfotos auswirken.

Wenn Filme falsch gelagert werden, können sie sich farblich stark verändern, auch der Kontrast kann darunter leiden. Aber nur Wärme schadet den Filmen; kühl gelagertes Filmmaterial kann jahrelang aufbewahrt werden. Im Kühlschrank bleibt die Zeit stehen! Aber achten sie darauf, daß der Film nicht sofort aus dem Kühlschrank in die Kamera eingelegt wird. Er muß erst der Umgebungstemperatur angepaßt sein, damit sich keine Feuchtigkeit niederschlagen kann.

Umweltschutz

Wenn man beobachtet, wie die Menschheit mit dem Meer umgeht, könnte man meinen, es handelt sich um eine sich selbst regenerierende Müllanlage: Giftstoffe, Säuren, Öle, Plastik und andere Abfälle werden dem Meer überlassen – aus Unwissenheit, Nachlässigkeit oder Egoismus. Es ist bekannt, daß oft nur kleine Eingriffe in die Natur große Folgen auslösen, aber beim Meer scheint man um das ökologische Gleichgewicht kaum Bedenken zu haben. Niemand hat Angst davor, daß es zu einer für uns schädlichen Reaktion kommt, geschweige, daß es zu einer lebensbedrohlichen Situation führen könnte.

Das Meer existiert – gemessen an einem Menschenalter – so unvorstellbar lange, daß es bildlich nicht auszudrücken ist. Und doch ist es den Menschen gelungen, in wenigen Jahren an weiten Strecken der Küstengebiete eine deutlich sichtbare Veränderung zu verursachen. Seit vielen Jahren warnen Wissenschaftler und Naturbeobachter vor dieser Zerstörung, aber es ändert sich kaum etwas. Man scheint sich gegenseitig in Bauleistungen und dem Fortschritt übertreffen zu wollen, der leider oft Vernichtung bedeutet. Auch wenn die schädlichen Einflüsse nur relativ kleine Gebiete – gemessen an der Größe der Ozeane – verändert haben, wissen wir nicht genau, wo die Belastungsgrenze liegt.

Das größte Problem unserer Zeit – die Überbevölkerung – wird von der Menschheit ignoriert – sie vermehrt sich hemmungslos weiter!

Alle Prognosen über den Bevölkerungszuwachs auf der Erde wurden bei weitem übertroffen. Weder Politiker, noch Religionsführer haben offensichtlich ein Interesse, etwas gegen diese – für unsere Nachkommen – bedrohliche Situation zu tun. Eher das Gegenteil ist der Fall! In den letzten 20 Jahren ist in Deutschland die Bevölkerung über 10% gestiegen, aber einige Politiker behaupten, unsere Renten sind in Gefahr, weil es nicht genug Kinder gibt!?

Die Natur wird infolge der Überbevölkerung immer mehr belastet.

Durch den steigenden Lebensstandard steigt die Belastung weiter an, und die Abfallprodukte »menschlicher Zivilisation« steigern sich progressiv.

Ein Teil dieser Produkte gelangt

durch Regen in Bäche und Flüsse oder wird vom Menschen direkt eingeleitet. Außer den natürlichen Stoffen, wie Laub, Sand und Schlamm, kommen jetzt noch giftige Chemikalien, Plastik und Dünger dazu. Tag um Tag, Jahr um Jahr werden so im Meer ungeheure Mengen dieser Stoffe gespeichert. Die giftigen Stoffe werden nicht nur im Wasser gespeichert, sondern auch in den Körpern von Tieren. Diese kommen dann als Nahrung auf unseren Tisch und gelangen so in unseren Körper – die schädlichen Stoffe, die wir selbst produziert haben!

Noch ist der Giftanteil nicht so groß, daß man in Panik geraten muß, aber die Chemieproduktion läuft unaufhaltsam weiter. Viele Gifte, die wir herstellen, bleiben uns letztlich erhalten, in welcher Form auch immer.

Es gibt heute schon Gebiete auf der Erde, in denen Menschen nicht genug Nahrung haben. Je größer die Bevölkerungsdichte wird, um so mehr Gebiete werden davon betroffen. Die Fischbestände der Meere sind deutlich zurückgegangen, und es ist an der Zeit, weniger zu fischen, damit sich die Bestände erholen können und diese Nahrungsquellen erhalten bleiben. In der Praxis sieht es aber so aus, daß die Maschen der Fischernetze verkleinert werden, damit man möglichst so viel fängt wie vorher. Die Bestände gehen dadurch weiter zurück, und die Ernährung der Zukunft wird noch mehr gefährdet.

Auf den Philippinen können die Fischer mit den konventionellen Fangmethoden den Nahrungsbedarf aus dem Meer nicht mehr decken, deshalb fischen sie mit Dynamit. Die verheerende Wirkung von Sprengstoffen unter Wasser ist bekannt. Nur ein kleiner Teil der getöteten Fische kommt an die Oberfläche, 90% sinken zum Grund! Die Anzahl der getöteten Kleinfische, Larven und Eier ist unvorstellbar groß. Leider werden dabei auch die Korallenriffe so zertrümmert, daß sich keine Fische in den nächsten Jahren hier ansiedeln können, da Versteckmöglichkeiten nun fehlen. Auch Steinkorallen wachsen auf den Korallenbruchstücken nicht mehr.

Dynamitfischen ist zwar überall verboten, aber auf den Philippinen ist man nicht in der Lage, diese Vernichtung zu unterbinden. Erst behauptete die Polizei, daß die Dynamitfischer nicht gefaßt werden könnten, weil sie zu schnelle Boote hätten. Auf diesen Hilferuf kamen Spenden aus Europa in Form von Schnellbooten für die Polizei.

Wenn dann ein Einsatz notwendig ist, wird mit den Schultern gezuckt: kein Benzin. Eine Ausrede findet man immer. Über die Korruption und Vetternwirtschaft wird aber kein Wort verloren, denn jeder versucht, etwas in seine Tasche zu wirtschaften – alles auf Kosten der Natur.

Auch wenn sich die Korallenriffe nicht so schnell wieder erholen, so könnten sich die Fischbestände doch wesentlich verbessern, wenn das Dynamitfischen unterbunden würde. Die Diskrepanz zwischen denen, die diese einmaligen Gebiete schützen wollen, und denen, die sie rücksichtslos ausbeuten, ist so groß, daß es kaum Verständigungsmöglichkeiten gibt, weil keiner den anderen begreift. Also wenig Hoffnung, daß sich daran etwas ändern wird.

Es ist bewundernswert, mit welcher Hingabe und Liebe viele Auqarianer ihre tropischen Fische und niederen Tiere in Seewasseraquarien pflegen. Sie scheuen weder Kosten noch Mühe, wenn es um das Wohlbefinden ihrer Pfleglinge geht. Geradezu grotesk dagegen sind die Methoden der Einheimischen, die in den tropischen Riffen die Tiere fangen. Nur wenige der gefangenen Fische erreichen lebend und gesund ihren Bestimmungsort. Wenn die Auqarianer wüßten, daß sie mit dem Kauf der Tiere diese brutalen

Fangmethoden auch noch finanzieren, würden sicher viele von ihnen darauf verzichten.

Die Fangmethoden variieren sehr stark. Die Fänger betrachten ein zu fangendes Tier nicht etwa wie ein Aquarianer, der mit viel Geduld und Vorsicht den Fisch möglichst unbeschadet in ein Aquarium bringen möchte. Tiere sind lediglich eine Einnahmequelle, für die sie keine Emotionen haben. Entsprechend rücksichtslos geht man mit ihnen um.

Bei dem relativ harmlosen Fang mit Netzen benutzen die Fänger meist viel Blei und treten im Raum um den zu fangenden Fisch auf dem Grund herum, daß alle Korallen abbrechen. Der in einem Plastikbeutel verpackte Fisch wird dann auf das Boot gebracht und liegt oft in der prallen Sonne; die Wassertemperatur steigt, der Sauerstoff wird knapp! Dazu kommt der Streß des Fanges und bald schon schwimmen die ersten auf der Seite. Wenn die Fänger erkennen, daß der Fisch für das Aquarium nicht mehr am Leben erhalten werden kann, ist er für sie wertlos. Er fliegt über Bord, manchmal noch im Plastikbeutel, denn Plastik ist billig in der Dritten Welt. Aber selbst wenn ein Fänger sich die Mühe macht und den Fisch ohne Plastikbeutel ins Meer wirft, hat der Fisch kaum eine Überlebenschance.

Aber es gibt noch schlimmere Methoden! Am meisten werden die Riffe durch Gift geschädigt, das zwischen die Korallenstöcke gespritzt wird, damit die Fische ihre Verstecke verlassen müssen. Nur ein sehr kleiner Teil der gefangenen Tiere überlebt. Noch mehr betroffen sind aber die sessilen Lebewesen, etwa Korallen, die nicht aus der Giftwolke fliehen können. Auf diese Weise werden in manchen Ländern (wie Indonesien, Sri Lanka und den Philippinen) große Teile der Riffe zerstört. Das ist sicher nicht im Sinne der Meeresaquarianer. Aber es

ist sehr schwer für uns, zu verzichten. Verzicht ist der einzige Weg, dieses schmutzige Geschäft mit der Natur zu unterbinden.

Es gibt sicher noch viele Themen, die man nicht oft genug erwähnen kann, aber aus Erfahrung wissen wir, daß viel über Umweltschutz geredet, aber viel zu wenig getan wird. Deshalb möchte ich nur noch Punkte anschneiden, auf die Taucher achten könnten, wenn sie das entsprechende Umweltbewußtsein haben.

Leider glauben viele, daß »ihre kleinen Sünden« im Verhältnis zu dem, was heute noch zerstört wird, nicht ins Gewicht fallen. Wenn aber jeder so denkt, dann finden die Verursacher großer Schäden auch eine Begründung für ihre Vergehen. Die Summe der vielen kleinen Fehler ist aufgrund der großen Zahl von Tauchern und Schnorchlern letztlich doch eine große Belastung für manche Gebiete.

Wie verhält man sich richtig?

An bestimmten Tauchplätzen, z.B. vor Sinai, kann man in der Umgebung der Einstiegsstellen der Taucher kaum noch eine lebende Koralle finden. Das liegt aber weniger daran, daß Taucher bewußt rücksichtslos mit der Natur umgehen. Die meisten sind eher naturverbundene Menschen, die Tiere in ihrer natürlichen Umgebung beobachten wollen und aus diesem Grund erst Tauchen gelernt haben. Häufig begegnet man Anfängern, die ganz erstaunt sind, wenn sie erfahren, daß Korallen lebende Tiere sind. Es liegt also in erster Linie daran, daß die wenigsten Tauchschulen den Schülern diese wichtige Kenntnisse vermitteln. Woher soll jemand, der das erste Mal in einem tropischen Meer diese neue Welt sieht, auch wissen, was er da alles vor sich hat.

Es geht hier nicht darum, Schuldige

für die Schäden vergangener Zeiten zu finden, sondern Anregungen zu geben, damit künftig dieses herrliche Stück Natur so unverändert wie möglich erhalten bleibt. Welcher Taucher würde nicht gern einen Tauchplatz, den er in guter Erinnerung hat, genauso schön wieder vorfinden, wenn er ihn nach Jahren wiedersieht? Schon unbedeutende Kleinigkeiten, auf die kaum jemand achtet, können Korallen schädigen.

Fast jeder Taucher wirbelt mit den Flossen Sedimente auf – der eine mehr, der andere weniger. Lebenswichtige Funktionen der Korallenpolypen sind u. a. Nahrung fangen und die Koralle sauberhalten. Wenn eine Koralle versandet, muß sie umgehend wieder von den Polypen gereinigt werden. Wenn in bestimmten Gebieten die Belastung groß ist, sind die Polypen mit der Reinigung der Koralle so beschäftigt, daß sie kaum zur Nahrungsaufnahme kommen und die Kolonie abstirbt.

Es gibt natürlich auch eine Staubentwicklung durch Tiere, z. B. Meerbarben bei der Nahrungssuche. Das geschieht aber in so großen Zeitabständen, daß die Korallen dadurch nicht gefährdet werden.

Die wichtigste taucherische Fähigkeit, die wir beherrschen müssen, ist das Tarieren. Man kann zwar in relativ kurzer Zeit einen Tauchkurs absolvieren, aber richtig Tauchen lernt man, genau wie das Autofahren, durch die Praxis. Schüler und Anfänger sollten nicht sofort in einem Korallenriff tauchen, weil sie oft Grundberührung haben und ungewollt Korallen abbrechen. Es wäre wünschenswert, daß Tauchlehrer weniger Ehrgeiz darauf richten, den Anfängern viele Tiere zu zeigen, sondern mehr Wert darauf legen, daß . . .

• die Bleigewichte ständig so weit wie möglich reduziert werden,
• die Schwimmlage verbessert wird,

• Schüler sich bei ungewollter Bodenberührung ruhig Verhalten und nicht mit den Flossen schlagen,
• Schüler sich richtig vom Grund abheben ohne Korallen abzubrechen und Sedimente aufzuwirbeln.

Beim Abtauchen nimmt das spezifische Gewicht eines Tauchers durch das komprimieren der Luft in der Ausrüstung ständig zu. Wer schnell auf Tiefe gehen möchte, empfindet diesen Abtrieb als angenehm. Man muß nur rechtzeitig vor dem Erreichen des Grundes genügend Luft in die Tarierweste bekommen, damit man nicht hart aufsetzt. **Möglichst Grundberührung vermeiden!**

Ein großer Teil der Taucher nimmt mehr Blei als notwendig. Zum Ausgleich muß deshalb mehr Luft in die Tarierweste. Dadurch liegt der Körper nicht flach, sondern die Beine sinken ab. In dieser schrägen Haltung werden eher Korallen abgebrochen und Staub aufgewirbelt. Also: **Möglichst wenig Blei benutzen!**

Bei vielen Gelegenheiten halten sich Taucher unter Wasser fest. Aus Angst vor Verletzungen ziehen sich auch viele noch Schutzhandschuhe an. Damit greift man aber viel unvorsichtiger und fester zu und beschädigt viel mehr. **Gute Taucher brauchen keine Schutzhandschuhe!**

Viele Schnorchler und Taucher, die vom Ufer ins Wasser gehen, laufen im flachen Wasser so weit wie möglich, damit sie nicht so weit schwimmen müssen. Aber auch im Flachwasser tropischer Meere gibt es viele Korallen und andere empfindliche Organismen. **Nicht auf Korallen stellen!**

Viele Hersteller von Schwimmflossen achten mehr auf Design als auf Zweckmäßigkeit. Seit vielen Jahren werden Flossen mit sogenannten JET-Düsen hergestellt und verkauft. Die Schlitze haben aber den Nachteil, daß man leichter an Korallen hängen bleibt. Viel besser und auch wirkungsvoller sind glatte Flossen mit Peitscheneffekt. **Keine Flossen mit Schlitzen benutzen!**

Immer wieder kann man einzelne Taucher beobachten, die mit dem Messer in der Hand durch das Riff schwimmen, als wenn sie sich gegen einen Feind verteidigen müßten. Leider wird es aber dazu benützt, Seeigel zu zerschlagen, oder Muscheln an Fische zu verfüttern. Das ist ein Eingriff in das ökologische Gleichgewicht der Riffe und genau so schädlich, wie das Sammeln von Muscheln und Schnecken. Dazu gehört natürlich auch das Harpunieren. Eigentlich sollte dieses Thema schon lange ausdiskutiert sein, aber es gibt sie immer noch, die Harpunettis. Es ist seit langem bekannt, daß dadurch die Bestände nicht nur dezimiert, sondern alle Fische scheu werden und nicht mehr aus der Nähe beobachtet werden können. Deshalb: **Keine Tiere töten!** (Angeln schadet den Riffen kaum.)

Der Kauf von toten Muscheln und Schnecken ist scheinbar nicht schädlich für das Meer, aber das trügt, denn die meisten Tiere werden nur wegen der Nachfrage getötet. Wenn keiner Muscheln kaufen würde, hätten sie zumindest eine viel größere Überlebenschance.

Noch rücksichtsloser ist das Töten von Wirbeltieren zum gleichen Zweck. Seepferdchen werden gefangen, getrocknet und an Touristen verkauft. Unser egoistisches Bedürfnis, alles besitzen zu wollen, was uns gefällt, wird vielen Lebewesen zum Verhängnis. So auch den Igelfischen, die als Nahrung wertlos sind. Man füllt sie bei lebendigen Leibe mit trockenem Sand und trocknet sie. Dann werden sie als Lampenschirme oder als Dekoration verkauft. Korallenfächer mit ihren vielen Polypen werden zum gleichen Zweck getrocknet. Käufer dieser Souvenirs fühlen sich erstaunlicher Weise dabei unschuldig!?

Jede Art des Sammelns von Tieren schadet der Natur. Für das Tritonshorn, eine große Meeresschnecke, zahlen Sammler hohe Preise; mit dem Resultat, daß es in vielen Korallenriffen zu einer drastischen Vermehrung der Dornenkrone gekommen ist, da ihr natürlicher Feind, das Tritonshorn, stark dezimiert worden ist. Die Dornenkronen fressen Korallenpolypen und töten ganze Riffgebiete ab. In toten Riffen aber können nur sehr wenige Tierarten leben. Am besten: **Keine Souvenirs aus dem Meer kaufen!**

Das Füttern von Tieren im Meer ist sehr populär und wird vielerorts praktiziert. Korallenfische, Muränen und auch Haie werden von Hand gefüttert und viele dadurch zutraulich. Ich muß gestehen, daß ich das früher selbst gemacht habe, weil es damals keine negativen Erfahrungen gegeben hat. Der Nachteil dabei ist, daß viele Taucher dies sehen und animiert werden, derartige Experimente nachzumachen. Es hat dabei schon genügend versehentliche Bisse mit teilweise erheblichen Verletzungen gegeben.

In Ägypten ist mir an vielen Stellen aufgefallen, daß große Muränen ziemlich aufdringlich werden und Tauchern mehrere Meter ins Freiwasser folgen. Es ist durchaus denkbar, daß unvorbereitete Taucher erschrecken, falsch reagieren und dann gebissen werden. Aber selbst das Füttern der Korallenfische hat Nachteile: Schwärme unterschiedlicher Arten umkreisen die Taucher oft so dicht, daß man nicht dazukommt, die natürliche Lebensweise der Tiere zu beobachten. Besser: **Keine Tiere im Meer füttern!**

Seit langem fangen Taucher Tiere; sie lassen sich von Schildkröten durchs Wasser ziehen, fangen Kugel- und Igelfische, damit sie sich aufblasen, und halten sich zum Spaß an harmlosen Ammenhaien fest. Tauchzeitschriften sind an dieser Entwicklung nicht unschuldig; derartige Action-Fotos wurden noch bis vor wenigen Jahren veröffentlicht. Für die Tiere ist das aber kein Spaß, sondern eine extreme Streßsituation, denn sie wissen nicht, daß die Taucher keine wirklichen Feinde sind. Durch diesen Streß können Kugel- und Igelfische sterben. Ammenhaie, die von Tauchern berührt werden, reagieren nicht spontan, wenn die Berührung nicht zu heftig ausfällt. Sie kommen aber nie wieder an diesen Platz zurück. In kurzer Zeit kann man interessante Tauchplätze auf diese Weise verderben. **Bitte keine Tiere anfassen!**

Filmen und Fotografieren ist ein sehr schönes Hobby und vermittelt vielen, die nicht selbst die Korallenriffe sehen können, die Vielfalt dieses Lebensraumes. Auf den Bildern kann man aber nicht sehen, wie sie entstanden sind. Leider vergessen viele der Fotografen, daß es außerhalb ihres Kamerasuchers auch noch Tiere gibt; denn sie klammern sich manchmal mit ihren Beinen an Korallenstöcken fest, als wenn sie in einer Turnhalle sind. Rücksichtslos quetschen sie sich, in Neopren gehüllt, in Spalten, die dicht mit Organismen bewachsen sind, damit sie auch beim Strömung in Ruhe ihre Fotos machen können. **Bitte etwas mehr Rücksicht auf Niedere Tiere nehmen!**

Bei Nachttauchgängen braucht man Licht. Das Angebot an Lampen ist groß. Für Filmaufnahmen benötigt man relativ starke Lampen, damit die volle Farbenpracht der Unterwasserwelt zur Geltung kommt. Diese Lampen werden aber auch oft für Nachttauchgänge verwendet, obwohl keine Notwendigkeit dazu besteht. Die ruhenden oder schlafenden Tiere werden zum Teil geweckt und taumeln schlaftrunken aus ihrem angestammten Schlafplatz, den sie später nicht wiederfinden. Sie sind dadurch mehr gefährdet, weil sie erst am nächsten Tag ihr Versteck aufsuchen können. **10-Watt-Lampen genügen für einen Nachttauchgang!**

Tauchen und Boote sind eine fast untrennbare Einheit. Nur in wenigen Gebieten ist Tauchen ohne Boot möglich. Ankern kann man weitgehend vermeiden, wenn man an Stammplätzen einen »Hafenanker« auf dem Grund befestigt, der mit einer Boje versehen ist, an der das Boot festgemacht werden kann. Während eines Tauchganges kann das Boot auch in der Nähe bleiben, ohne daß der Anker in die empfindlichen Korallen geworfen wird.

Bei Kreuzfahrten kommt noch das Müllproblem dazu. Alle Küchenabfälle werden vom Meer problemlos verarbeitet. Aber Plastikabfälle, Blechdosen und Batterien sind eine starke Belastung. Wenn bei der Ausfahrt des Bootes Platz dafür da war, ist es auch zumutbar, daß diese Abfälle wieder mit zurückgenommen werden.

Abends in gemütlicher Runde fliegt so mancher Bierverschluß gedankenlos über Bord. Es gibt aber noch genügend Personen, die nicht nur die Verschlüsse, sondern auch die Bierdosen ins Wasser werfen, ohne sich irgendwelche Gedanken dabei zu machen!? **Keine nichtabbaubaren Abfälle ins Meer werfen!**

Seit vielen Jahren werden große Mengen von Konsumgütern für den Tourismus z.B. auf die Malediven befördert. Getränke werden in Massen benötigt. Obwohl bekannt ist, daß Glas für das Meer keine große Belastung ist, werden nach so vielen Jahren Erfahrung immer noch die meisten Getränke in Aluminiumdosen geliefert.

Das Grundwissen über den Schutz der Meere wird bedauerlicherweise nur von wenigen Tauchschulen und Verbänden an Schüler vermittelt. Es ist aber eine der wichtigsten Aufgaben der Ausbilder, diese Kenntnisse den Schülern weiterzugeben, damit jeder Taucher von Anfang an unbewußte Fehler vermeidet.

Literatur

Allen, Gerald R. & Steene, Roger C.: Reef Fisches of the Indian Ocean. T.F.H. Publications, 1987.

Angel, Martin und Heather: Leben im Meer. Emil Vollmer Verlag, Wiesbaden, 1974.

Bone, Q. & Marshall: Biologie der Fische. Gustav Fischer Verlag, Stuttgart und New York, 1985.

Carcasson, Robert H.: Coral Reef Fishes. William Collins Sons & Co., Glasgow, 1977.

Debelius, Helmut: Unterwasserführer Rotes Meer. Band 2, Fische. Verlag Stephanie Nagelschmid, Stuttgart, 1987.

Dozier, Thomas A.: Gefährliche Meeresbewohner. Christian Verlag, München, 1979.

Fricke, Hans W.: Korallenmeer. Chr. Belser Verlag, Stuttgart, 1972.

Fricke, Hans W.: Berichte aus dem Riff. R. Piper & Co. Verlag, München und Zürich, 1976.

Grzimeks Tierleben. Bände 1, 3, 5, 7. Kindler Verlag AG, Zürich, 1970.

Hass, Hans & Eibl-Eibesfeld, Irenäus: Wie Haie wirklich sind. DTV, München, 1986.

Klausewitz, Wolfgang: Handbuch der Meeresauqaristik, Seewasserfische. Bände 1, 2 und 3. Engelbert Pfriem Verlag, Wuppertal-Elberfeld, 1978.

Kühlmann, Dietrich: Das lebende Riff. Landbuch-Verlag, Hannover, 1984.

Lindner, Gert: Muscheln und Schnecken der Weltmeere. BLV Verlagsgesellschaft, München, 1990.

Mayland, Hans J.: Korallenfische und Niedere Tiere. Landbuch-Verlag, Hannover, 1989.

Migdalski, Edward C. & Fichter, Georg S.: Fische. Mosaik-Verlag, München, 1978.

Mioulane, Patrick & Raymond, Sahuquet: Tauchparadiese. BLV Verlagsgesellschaft, München, 1990.

Myers, Robert F.: Micronesian Reef Fishes. Published by Coral Graphics, Guam, 1989.

Riedl, Rupert: Fauna und Flora des Mittelmeeres. Verlag Paul Parey, Hamburg und Berlin 1983.

Schmid, Peter. Gefahr erkannt – Gefahr gebannt! Verlag Stephanie Nagelschmid, Stuttgart, 1985.

Schmid, Peter & Paschke, Dietmar: Unterwasserführer Rotes Meer. Band 1, Niedere Tiere. Verlag Stephanie Nagelschmid, Stuttgart, 1987.

Schumacher, Helmut: Korallenriffe. BLV Verlagsgesellschaft, München, 1991.

Splechtna, Heinz & Hilgers, Helge: Niedere Tiere im Meeresaquarium. Franckh'sche Verlagshandlung, Stuttgart, 1977.

Steene, Roger C.: Falter- und Kaiserfische. Band 1. Mergus Verlag, Hans A. Baensch, Melle, 1977.

Stevens, John, D.: Haie. Jahr-Verlag, Hamburg, 1987.

Tardent, Pierre: Meeresbiologie. Georg Thieme Verlag, Stuttgart, 1979.

Toulemont, Annig & Rives, Claude: Welt unter Wasser. Belsen Verlag, Stuttgart und Zürich, 1982.

Valentin, Claus: Faszinierende Unterwasserwelt. Verlag Paul Parey, Hamburg und Berlin, 1986.

Vine, Peter: Red Sea Invertebrates. Immel Publishing, London, 1986.

Wheeler, Alwyne: Das große Buch der Fische. Verlag Eugen Ulmer, Stuttgart, 1977.

White, Alan: Philippine Coral Reefs. New Day Publishers, Quezon City, 1987.

Fachwortverzeichnis

Ambulakralsystem flüssigkeitsgefülltes Röhrensystem der Stachelhäuter

Benthos auf dem Boden von Gewässern lebende Tiere oder Pflanzen

Ciguatera Vergiftung durch Ciguateratoxin, das in einzelligen Algen (Dinoflagellaten) vorkommt, die von Vegetariern gefressen werden. Die größte Konzentration befindet sich in Raubfischen, die am Schluß der Nahrungskette stehen

Cilien (biol.) Flimmerhaare, die in eine Richtung schlagen

Cirren tentakelartige Körperanhänge von Tieren mit Bewegungsfunktion

Cuviersche Schläuche drüsige Anhangsgebilde im Enddarm verschiedener Seegurkenarten

Detritus zerfallene Gewebsteile von Tieren und Pflanzen

endemisch Verbreitung auf ein bestimmtes Gebiet beschränkt

Hermaphrodismus siehe Zwitter

hermatypisch riffbildend

Klasper zapfenartige Gebilde an der Afterflosse männlicher Haie, von denen einer bei der Kopulation in die Kloake des Weibchens eingeführt wird

Klebekapseln kleine Bläschen der Nesseltiere, die bei Berührung platzen und einen klebrigen Faden ausschleudern, der Beutetiere festhält

Kloake Afteröffnung, in die auch das Geschlechtsorgan mündet

Larven Jugendstadien von Tieren, die meist der Gestalt der erwachsenen Tiere nicht gleichen; die Ausbildung der Organe kann unvollständig sein

Medusen Quallen; eine pelagische Generation, die sich geschlechtlich fortpflanzt

Nekton im Wasser lebende Tiere, die sich gegen die Wasserbewegung vorwärtsbewegen können

Nesselkapseln kleine Bläschen der Nesseltiere, die bei Berührung platzen und einen Schlauch (zur Verteidigung oder zum Beutefang) einem Lebewesen in die Haut injizieren, durch den das Nesselgift fließt

Operculum 1. Deckel zum Verschließen von Schneckengehäusen, 2. Kiemendeckel der Fische

ovipar Eier legend; vor der Befruchtung oder in einem frühen Entwicklungsstadium

ovovivipar Eier legend; die Embryonen sind bei der Eiablage schon entwickelt und schlüpfbereit

pelagisch im Freiwasser lebend

Phytoplankton pflanzliches Plankton

Polyp 1. festsitzendes Hohltier mit sackförmigem Körper und einer Mundöffnung, die von Tentakeln umgeben ist, 2. volkstümliche Bezeichnung für Kraken

rezent gegenwärtig lebend

Sedimente Stoffe, die sich am Boden eines Gewässers ablagern

sessil festsitzend

solitär einzeln lebend

Spermatophore kompliziertes Gebilde von zusammengeklebten Samenzellen

Tetrodontoxin starkes Gift der Kugelfische, welches sich in den inneren Organen und der Haut befindet

vagil frei beweglich

vivipar lebendgebärend

Weidegänger Tiere, die den pflanzlichen oder tierischen Bewuchs vom Untergrund abweiden

Zooplankton tierisches Plankton

Zooxanthellen Algen, die in Geweben von Tieren eingebettet sind und mit diesen in Symbiose leben

Zwitter zweigeschlechtliche Lebewesen, die sowohl Samenzellen als auch Eizellen hervorbringen; entweder im gleichen Lebensstadium oder hintereinander durch Geschlechtsumwandlung (bei Fischen sehr häufig)

Register